Stefan F. Gross
Party Service mit System

Stefan F. Gross

Party Service mit System

Weniger Belastung – Mehr Gewinn

5. Auflage

DEUTSCHER FACHVERLAG

Party Service mit System
Stefan F. Gross
Gesellschaft für Führungstechnik mbh München–Zürich
Mauerkircherstraße 22, 81679 München, Telefon 089/9828695

Dieses Buch ist ein GFT-Projekt und wurde entwickelt auf
Anregung des Bedford-Traiteur-Club.

Die Deutsche Bibliothek – CIP-Einheitsaufnahme

Gross, Stefan F.:
Party-Service mit System : weniger Belastung, mehr Gewinn /
Stefan F. Gross. [Gesellschaft für Führungstechnik mbH
München, Zürich]. – 5. Aufl. – Frankfurt am Main : Dt.
Fachverl., 1999
ISBN 3-87150-665-6

ISBN 3-87150-665-6

Umschlag: Bayerl & Ost, Frankfurt am Main
Satz: FotoSatz Pfeifer, Gräfelfing
Druck und buchbinderische Verarbeitung: Druckhaus Beltz, Hemsbach

Inhaltsverzeichnis

Vorwort

Party Service ist ein eigenständiger Geschäftsbereich. Er ist nicht die Fortführung des Tagesgeschäftes unter anderem Namen. Zusätzliche Erfolgsfaktoren müssen berücksichtigt werden. Neue, andersartige Aufgaben kommen hinzu. Er erfordert ein hohes Maß an Kreativität und persönlichem Einsatz.

Mit Party Service befinden Sie sich in einem Wachstumsmarkt. Außergewöhnlichen Gewinnchancen stehen zentrale Belastungsfaktoren und Engpässe gegenüber.

Auch erfolgreiche Kollegen stellen sich deshalb immer wieder folgende Fragen:

- Wie steigern wir den Umsatz und Gewinn bei Party Service? Wie gewinnen wir profitable Aufträge mit hohem Auftragswert?
- Auf welche Weise können wir Party Service zu einem professionell und systematisch geführten »Profit Center« und Geschäftsbereich entwickeln?
- Was müssen wir tun, um unsere persönliche Belastung zu senken? Wie können wir Party Service so organisieren, daß wir uns unsere Energie und Arbeitsfreude erhalten?

Die Antwort lautet: Betreiben Sie »Party Service mit System«.

Für Party Service ist eine Vielzahl spezieller Funktionen zu erfüllen. Sie gehen über das hinaus, was für die Produktion und den Verkauf im Tagesgeschäft erforderlich ist.

Jede einzelne Funktion muß umsichtig und systematisch wahrgenommen werden. Langfristig kann dies nicht »nebenbei« und ohne grundlegende Konzeption geschehen. Vielmehr benötigen Sie ein regelrechtes »Party Service-Betriebssystem «.

Das vorliegende Buch soll Sie bei dieser Aufgabe unterstützen. Es enthält eine Vielzahl ausgewählter Praxis- und Realisierungs-Programme für Ihren Party Service-Geschäftserfolg.

Jedes Programm dient der Erfüllung zentraler Party Service-Funktionen. Es beschreibt die hierfür erforderlichen Grundsätze, Methoden und Werkzeuge. Es sagt, auf welche Erfolgsfaktoren im einzelnen zu achten ist.

»Party Service mit System« liefert Praxis-Programme für folgende Aufgabenbereiche Ihres Party Service-Geschäftes:

- Party Service-Strategie
- Positionierung im Wettbewerb: Abhebung von Mitbewerbern und Gewinnung der richtigen Kunden
- Professionelle Werbung
- Beratung und Verkauf
- Angebots-Strategie
- Produkt- und Dienstleistungsgestaltung
- Unternehmerische und professionelle Mitarbeiter
- Praxisforschung und Ideengewinnung

Ihr beruflicher Erfolg, Ihre Leistungsfähigkeit und Ihre Freude am Beruf hängen vom Umgang mit Ihren persönlichen Ressourcen ab – Ihrer Zeit, Ihrer Kraft und Ihrer Stimmung. Je intensiver Sie Party Service betreiben, desto wichtiger wird es deshalb für Sie, gezielt und systematisch vorzugehen.

Das vorliegende Buch, nun bereits in fünfter Auflage, soll Sie in diesem Sinne unterstützen, nicht allein kurzfristig finanzielle Gewinne zu erzielen, sondern darüber hinaus Ihre langfristige Erfolgsfähigkeit auf dem Gebiet des Party Service zu erhalten und massiv zu stärken.

Stefan F. Gross
München, im Juni 1999

I. Party Service-Strategie

Nutzen Sie Ihre Chancen für professionellen Party Service

1. Party Service ist der Geschäftsbereich mit den größten Wachstumsmöglichkeiten und Gewinnchancen.

2. Mit außergewöhnlichen Leistungen bei Party Service begründen Sie außergewöhnliche Beziehungen zu Ihren Kunden.

Jede Party ist für den Gastgeber ein besonderes Ereignis. Deshalb bietet sie Ihnen die Chance, außergewöhnliche Beziehungen zu Ihren Kunden zu entwickeln.

- In keinem anderen Bereich können Sie ihm größeren Nutzen bieten, beispielsweise, indem Sie seinen Erfolg als Gastgeber sichern.
- Mit beeindruckendem Party Service binden Sie Ihren Kunden und verwandeln ihn in einen »Freund«.
- Bei keinem anderen Anlaß können Sie einen derart intensiven und persönlichen Kontakt herstellen.
- Die Zuneigung und Wertschätzung eines Kunden werden auch nach Jahren des Einkaufs nie so hoch sein wie nach einer professionell und begeisternd organisierten Party.

3. Mit Party Service gewinnen und binden Sie Stammkunden.

Viele Kunden wenden sich bei einem größeren Einkauf oder am Wochenende gezielt an ihr Fleischerfachgeschäft und Delikatessengeschäft.

Der »schnelle Einkauf« für den täglichen Bedarf erfolgt aber häufig an anderer Stelle, im Supermarkt oder im Warenhaus. Hier werden dann der Einfachheit halber auch Fleischwaren »mitgekauft«.

Ein Teil des Umsatzes geht so an andere Anbieter verloren. Mit erfolgreichem Party Service können Sie Ihre Kunden enger binden und für das Tagesgeschäft zurückgewinnen.

4. Sie stellen Ihre Kreativität und Leistungsfähigkeit deutlich heraus.

Sie verfügen über eine enorme Bandbreite an Möglichkeiten, Außergewöhnliches zu bieten, das von anderen nicht nachgeahmt werden kann.

Dies gilt speziell für die Produktseite. Im Geschäft sehen Ihre Kunden »nur« halbfertige Produkte. Diese können möglicherweise auch von Mitbewerbern beeindruckend präsentiert werden.

Mit Party Service können Sie dagegen die gesamte Breite und Tiefe Ihres fachlichen Könnens beweisen und Ihren Kunden unmittelbar vor Augen führen.

5. Sie können für Ihre Produktqualität werben.

Bei einer Party verbringen Ihre Kunden weit mehr Zeit als während eines Einkaufs im Geschäft.

Auf dem Buffet können Speisen und Gerichte showmäßig präsentiert werden. Sie werden von den Gästen ausgiebig gekostet und intensiv genossen.

Dies geschieht in einem stimulierenden Umfeld und in bester Stimmung. Bei keiner anderen Gelegenheit können Sie Ihre Kunden mit der gelieferten Produktqualität so wirksam ansprechen und beeinflussen wie bei einer Party.

6. Erfolg bei Party Service erhöht den Erfolg im Tagesgeschäft.

Jede Party ist ein »Multiplikator« für die Kundengewinnung.

Ihre Produkte und Leistungen sind ein zentrales Gesprächsthema während jeder Party. Sie präsentieren sich nicht nur den Gastgebern, sondern auch allen Gästen.

Von der Qualität Ihres Party Service wird auf die Qualität Ihrer Leistungen im Tagesgeschäft geschlossen. Hiermit erhalten Sie eine enorme »Multiplikatorwirkung«: Untersuchungen beweisen, daß ein zufriedener Kunde mindestens fünf weiteren Personen von seinem positiven Eindruck erzählt.

Für Ihre Kundengewinnung bedeutet dies: Nach einer erfolgreichen Party für dreißig Personen erhalten etwa 150 mögliche Kunden eine positive Botschaft über Sie.

7. Alle Erfolgsfaktoren bei Party Service lassen sich auf das Tagesgeschäft übertragen.

Die Grundsätze, Methoden und Werkzeuge für die Erfolgssicherung bei Party Service dienen in gleicher Weise der Profitabilität und Belastungsminderung im Tagesgeschäft.

Sämtliche Erfolgsregeln, Verhaltensweisen und Arbeitsmittel können auch eingesetzt werden, um im Laden aus Kunden Stammkunden und aus Stammkunden Geschäftskunden zu entwickeln.

Machen Sie sich die zentralen Belastungsfaktoren bewußt

1. Es existieren Belastungsfaktoren, die hauptsächlich für Party Service gelten.

Sie bilden grundlegende Hindernisse und Engpässe für die Ausübung des Party Service-Geschäftes an sich.

Sie belasten Ihre Kollegen und Sie zeitlich und kräftemäßig. Sie rauben Ihnen einen Teil Ihrer Stimmung und Leistungsfähigkeit. Sie behindern Ihr Vorankommen bei Party Service.

2. Jeder Auftrag bedeutet eine Spitzenbelastung.

Die Qualität des Party Service entscheidet über den Erfolg des Gastgebers bei seinen Gästen. In keinem anderen Bereich werden Sie deshalb derart aufmerksam und intensiv von Ihren Kunden beurteilt.

Jede Party erhält den Charakter eines »Ausstellungswettbewerbes«, bei dem einem kritischen Publikum die eigenen Leistungen präsentiert werden.

3. Jede Veranstaltung erfordert einen neuen Anlauf.

Jeder Auftrag ist ein neues Projekt. Jeder Auftrag macht eine »Spezialanfertigung« für einen individuellen Auftraggeber nötig.

Leistungen für Party Service können schwer »vervielfältigt« werden. Es kann nicht einfach eine größere Menge produziert werden, wenn die Nachfrage steigt.

Jede Veranstaltung ist ein abgeschlossenes Einzelprojekt, das zeitliche und personelle »Fixkosten« verursacht.

4. Party Service muß zusätzlich zum Tagesgeschäft erbracht werden.

Ihre Kollegen und Sie stehen unter einer Doppelbelastung. Party Service ist ein eigenständiger Geschäftsbereich, der zusätzlich zum Tagesgeschäft existiert.

Nachdem alle Arbeiten für die Produktion und beim Verkauf im Geschäft erbracht worden sind, beginnen die Aufgaben für Party Service.

Wenn ein Geschäftsbereich erfolgreich abgeschlossen ist, benötigen Sie von neuem Ihre ganze Kraft für einen »zweiten Beruf«.

5. Party Service wird geballt am Abend und am Wochenende verlangt.

Die Nachfrage kann nur schwer zeitlich gleichmäßig verteilt werden. Sie konzentriert sich auf den Abend, das Wochenende oder auf Feiertage.

Viele Traiteur-Ehepaare versuchen, diesen Engpaß mit einer Aufgabenteilung zu sprengen. Die Folge ist aber, daß ein Ehepartner immer unterwegs ist. Es geht fast jede Möglichkeit verloren, gemeinsam für die anstehenden Aufgaben Kraft zu schöpfen.

6. Die Kapazität wird gesprengt.

Da sich die Aufträge auf bestimmte Zeiten konzentrieren, kommt es immer wieder zu einer Überlastung.

Bis zu einer bestimmten Zahl können die Aufträge an einem Abend bewältigt werden. Mit einer zusätzlichen Party bricht alles zusammen.

»Ein Auftrag mehr« bedeutet nicht nur eine erhöhte Belastungs-»Quantität«, sondern eine veränderte Belastungs-»Qualität«. Es fällt nicht nur schwer, den zuletzt hinzugekommenen Auftrag unterzubringen. Vielmehr geht die Fähigkeit für Party Service insgesamt verloren.

Den Engpaß schaffen die »letzten 10 Prozent«, mit denen die Belastungsgrenze überschritten wird.

7. Party Service erfordert Ihre persönliche Anwesenheit.

Nur ein Teil der Aufgaben kann an Mitarbeiter delegiert werden. Erfolg bei Party Service hängt von Ihrer persönlichen Beziehung zum Auftraggeber ab.

Bei vielen Veranstaltungen wünschen die Gastgeber Ihre Anwesenheit. Selbst wenn Sie Teilaufgaben delegieren, werden Sie bei fast jedem Auftrag persönlich eingebunden, von der Beratung über die Lieferung bis hin zur Zubereitung von Speisen während der Veranstaltung.

Eine Erhöhung der Auftragszahl erhöht damit Ihre persönliche Belastung. Mehr Erfolg bedeutet noch mehr Einsatz.

Sie können Party Service als Geschäftsbereich mit »individueller Auftragsfertigung« nur ausbauen, wenn Sie über ausreichende Zeit und Kraft für Ihren persönlichen Einsatz verfügen.

8. Geeignete Mitarbeiter sind schwer zu finden.

Vielen Kollegen fällt es schwer, die notwendige Zahl von Mitarbeitern für die Arbeit am Abend und am Wochenende zu gewinnen und zu motivieren.

Gleichzeitig fehlen Methoden und Werkzeuge, mit denen ein vollständiges Party-Projekt an zuverlässige Mitarbeiter übertragen werden kann.

Treffen Sie eine Grundsatzentscheidung für oder gegen Party Service

1. Viele Kollegen befinden sich in einem Dilemma.

Einerseits erzielen sie bei Party Service beeindruckende Gewinne. Sie erkennen die Chancen, die sich ihnen hier bieten.

Andererseits haben sie ihre zeitliche, kräftemäßige und personelle Kapazitätsgrenze erreicht. Trotz ihrer Freude am Beruf fühlen sie sich überlastet. Sie sehen, daß sie Party Service nicht wie bisher weiterführen, geschweige denn ausbauen können.

2. Viele Kollegen stellen sich deshalb immer wieder die gleichen Fragen:

- Sollen wir Party Service weiter ausbauen? Lohnt sich das wirklich?
- Sollen wir daraus einen eigenständigen Geschäftsbereich machen? Lohnen sich die Investitionen für Arbeitsmittel, für Werbung und für neue Partymittel, wie Stühle, Tische und Dekorationsmaterial?
- Ist unsere Belastung nicht viel zu hoch? Verlieren wir nicht den letzten Rest an Zeit für uns?
- Sollen wir uns auf unser Stammgeschäft konzentrieren und nur noch ab und zu einen besonders lukrativen Auftrag annehmen?
- Wie können wir die Bedingungslage bei uns ändern? Was können wir unternehmen, um noch erfolgreicher zu werden und gleichzeitig unsere Belastung zu senken?

3. Party Service kann auf Dauer nicht »nebenbei« geführt werden.

Bei Party Service gibt es keine »partielle Professionalität«. Sie benötigen einen sorgfältigen Entwicklungsplan und ein regelrechtes »Betriebssystem«, um diesen Geschäftsbereich als »Profit Center« zu führen.

Die Voraussetzung hierfür ist, daß Sie eine konsequente Entscheidung für (oder gegen) Party Service treffen. Nur so können Sie die genannten Fragen beantworten.

4. Sie benötigen zuverlässige Entscheidungskriterien.

Nötig ist eine realistische Beurteilung dessen, was läuft. Hierzu ein Beispiel:

Viele schließen vom Grad ihrer Belastung auf den erzielten Erfolg. »Ein Auftrag nach dem anderen« sagt aber noch nichts darüber aus, ob es sich tatsächlich um einen profitablen Geschäftszweig handelt. Es besagt noch nicht, daß Party Service tatsächlich professionell geführt werden kann.

Möglicherweise werden zu viele kleine Aufträge angenommen. Es werden zu viele Sonderwünsche erfüllt.

Es fehlen Methoden und Werbemittel, um an die wirklich gewinnbringenden Veranstaltungen und Kundengruppen heranzukommen.

Möglicherweise fehlen Arbeitsmittel und Standards, um die eigene Belastung zu senken. Es wird zuwenig delegiert.

Überprüfen Sie deshalb mit Hilfe der folgenden Fragen die »Profitabilität« Ihres Party Service. Analysieren Sie, welche Bedeutung er wirklich für Sie hat. Überdenken Sie, welche Chancen für Verbesserungen und die Entwicklung eines eigenständigen Geschäftsbereiches existieren.

5. Stellen Sie Ihren Erfolg in Zahlen dar: Welche Bedeutung hat Party Service für Ihr Gesamtgeschäft?

- Welchen Umsatz und welchen Gewinn machen Sie mit Party Service im Jahr?

- Wie viele Veranstaltungen haben Sie pro Woche/Monat?
- Welchen prozentualen Anteil hat Party Service an Ihrem Gesamtumsatz und Gesamtgewinn?
- Wie war die Geschäftsentwicklung im vergangenen Jahr: Wie stark sind Auftragszahl, Umsatz und Gewinn gestiegen?

6. Beurteilen Sie die »Qualität« Ihrer Aufträge: Was bringt die einzelne Veranstaltung?

- Wie hoch ist der durchschnittliche Auftragswert?
- Lassen sich Ihre Veranstaltungen in »Größenklassen« einteilen? Welche sind dies?
- Für wie viele Gäste liefern Sie im Durchschnitt Party Service? Wie viele »große« Veranstaltungen haben Sie?
- Welchen Gewinn machen Sie im Durchschnitt bei einem Auftrag?
- Wie hoch ist der Anteil wirklich gewinnbringender Aufträge im Vergleich zu den restlichen Veranstaltungen?
- Nehmen Sie viele kleine Aufträge an, die zwar den Gesamtumsatz erhöhen, bei denen aber nur ein geringer Gewinn möglich ist?
- Wie viele Veranstaltungen mit hohem Auftragswert und hohem Gewinn haben Sie im Monat?
- Kalkulieren Sie Ihren »Unternehmerlohn« mit ein? Lassen Sie sich Ihren persönlichen Arbeitseinsatz mitbezahlen?
- Sind Ihre Kunden bereit, dies zu tun? Welchen Gewinn machen Sie, wenn Sie Ihre Arbeitszeit als Kostenfaktor mitberechnen?

7. Ziehen Sie Ihr Tagesgeschäft als Vergleichsgröße heran.

- Welcher der beiden Geschäftsbereiche hat sich in der Vergangenheit besser entwickelt?

- Wäre eine größere Umsatz- und Gewinnsteigerung beim Ladengeschäft möglich, wenn Sie Party Service reduzieren würden – oder umgekehrt?
- Welcher Bereich ist profitabler?
- In welchem Verhältnis stehen Zeiteinsatz und Gewinn bei Party Service – im Vergleich zum Tagesgeschäft?
- Wie lange und intensiv müssen Sie bei Party Service arbeiten, um auf einen entsprechenden Ertrag und Gewinn wie im Tagesgeschäft zu kommen?

8. Stellen Sie sich einmal vor, Sie würden auf Party Service völlig verzichten.

Party Service bindet Ressourcen. Sie investieren Zeit und Kraft. Sie setzen finanzielle Mittel ein. Sie binden Ihre Mitarbeiter.

Alle diese »Produktionsmittel« könnten Sie auch für andere Ziele einsetzen. Nehmen wir deshalb einmal an, Sie würden auf Party Service verzichten. Welche Situation würde dann entstehen?

- Wie wäre die finanzielle Situation?
- Wieviel Zeit hätten Sie dann mehr zur Verfügung?
- Für welche anderen Ziele und Geschäftsbereiche würden Sie die freigewordenen Ressourcen einsetzen?
- Womit würden Sie den Party Service-Umsatz wieder hereinholen?
- Gibt es Leistungen, bei denen Sie mit geringerem Aufwand die gleichen oder höhere Gewinne erzielen könnten?
- Was würden Sie privat mit der gewonnenen Zeit anfangen?
- Würden Sie möglicherweise sofort wieder mit dem Aufbau eines Party Service-Geschäftes beginnen? Was würden Sie dann anders machen als bisher?

9. Überdenken Sie, wie sich Party Service in Zukunft entwickeln wird: Wie schätzen Sie Ihre Erfolgsaussichten ein?

- Wird die Nachfrage steigen?
- Wie viele Aufträge pro Monat halten Sie für realistisch, wenn Sie Party Service zu einem eigenständigen Geschäftsbereich entwickeln?
- Welchen Umsatz und welchen Gewinn halten Sie dann für realistisch?
- Welche neuen Produkte und Dienstleistungen sehen Sie, mit denen Sie die Profitabilität erhöhen können?
- Was bedeutet »steigende Nachfrage« im einzelnen: Kann sie in Exklusivität, höhere Qualität und höhere Preise umgewandelt werden, oder nimmt nur die Zahl unprofitabler Einzelaufträge zu?
- Können Sie so hohe Gewinne erzielen, daß Sie sich qualifizierte Mitarbeiter für Party Service leisten können, von denen Sie in Zukunft entlastet werden?

Überprüfen Sie die Profitabilität jedes Auftrags

1. Viele Aufträge werden angenommen, obwohl sie sich nicht lohnen.

- Die meisten Kollegen möchten den Geschäftsbereich Party Service ausbauen. Ihr Ziel ist es, den Umsatz zu erhöhen. Sie betrachten ihr Party Service-Geschäft als »erfolgreich«, wenn sie so viele Aufträge wie möglich erhalten.
- Jeder Auftrag wird als Chance gesehen. Er bietet die Möglichkeit, neue Kunden und Folgeaufträge zu gewinnen.
- Je mehr Aufträge angenommen werden, desto größer wird das Sicherheitsgefühl. Je stärker die Auslastung ist, desto größer wird der Glaube, auf dem richtigen Weg zu sein.

  Es wird selten gesehen, daß dieses Gefühl täuschen kann. Wenn die falschen Aufträge angenommen werden, steigt das Risiko der persönlichen Überlastung und des Qualitätsverlustes. Die Kunden spüren eine solche Entwicklung sofort.
- Aufträge werden angenommen, um Kunden nicht zu verärgern oder zu verlieren.

  Besonders bei Stammkunden fällt es schwer, abzulehnen, auch wenn der Auftrag kaum bewältigt werden kann und finanziell wenig bringt.
- Es wird befürchtet, daß jeder abgelehnte Auftrag an einen Konkurrenten geht. Die eigene Überlastung wird in Kauf genommen, um die Konkurrenz nicht zu stärken.

2. Im Moment der Annahme ist jede Veranstaltung eine Bereicherung und Herausforderung.

Traiteure sind Enthusiasten. Sie haben Freude am Party Service.

Die wenigsten können an ein Projekt mit »kalter Logik« herangehen. Sie werden von ihrer eigenen Kreativität und unternehmerischen Energie angetrieben.

Sie nehmen Aufträge an, die sich nicht lohnen, aber reizvoll sind. Sie entwickeln im Verkaufsgespräch von sich aus Vorschläge, die den Kunden begeistern, die Mitarbeiter aber entsetzen, weil sie zeitlich und kräftemäßig kaum zu bewältigen sind.

Für die meisten Kollegen gilt: Sie benötigen Ablehnungsargumente nicht nur gegenüber einem Kunden, sondern speziell gegenüber sich selbst.

3. Untersuchen Sie die Wirtschaftlichkeit jedes Auftrages.

Jeder Auftrag steigert den Umsatz. Fast jeder Auftrag wirft Gewinn ab. Unter diesem Aspekt erscheinen die meisten Projekte sinnvoll.

Nach Aussage fast aller Kollegen gilt aber: Der Auftragswert und die Gewinnhöhe sind von Party zu Party höchst unterschiedlich. Wirklich lukrative Veranstaltungen wechseln sich mit vielen kleinen Aufträgen ab, von denen jeder einzelne letztlich nur wenig Gewinn bringt. Dennoch werden auch diese angenommen.

Analysieren Sie deshalb konsequent die Wirtschaftlichkeit jedes Auftrages. Jedes Projekt, das Sie annehmen, kostet Zeit und Kraft. Stellen Sie sich daher die Frage: »Lohnt sich dieser Auftrag wirklich?«

4. Beziehen Sie Ihren »Unternehmerlohn« in die Kalkulation mit ein.

Sie empfinden Leistung und persönlichen Einsatz als etwas Selbstverständliches. Sie betrachten diese als Grundlagen Ihrer Tätigkeit überhaupt.

Nur wenige Kollegen können sich mit dem Gedanken anfreunden, für den persönlichen Einsatz genauso »nüchtern« Kosten anzusetzen, wie es beispielsweise bei Produktionsmitteln geschieht.

Gleichzeitig fehlt die Hoffnung, die Bezahlung der eigenen Arbeitszeit verlangen zu können. Nur ein Teil hat bisher die Entschlossenheit, Party Service-Kunden diese mit in Rechnung zu stellen.

Bei der Berechnung der Wirtschaftlichkeit eines Projektes wird deshalb häufig eine entscheidende Kostengröße vernachlässigt: Der »Unternehmerlohn«, also die Kosten für den persönlichen Einsatz und die Arbeitszeit des Traiteurs. Dies führt zu einer entsprechenden »Fehlkalkulation«.

- Die Gesamtkosten eines Auftrages werden zu niedrig angesetzt. Es werden Projekte angenommen, bei denen eigentlich an der »Verlustgrenze« gearbeitet wird.
- Die Preise werden zu niedrig angesetzt. Es werden zu wenige Anstrengungen unternommen, um ein höheres Preisniveau sicherzustellen.
- Der »Wert« der eigenen Tätigkeit wird falsch eingeschätzt. Da sie nicht in einer finanziellen Größe zum Ausdruck kommt, fehlt ein wirtschaftlicher Maßstab für die Bewertung der eigenen Leistung.

  Möglicherweise arbeiten viele Kollegen bei bestimmten Aufträgen zu einem »Stundenlohn«, für den kaum ein Mitarbeiter für Party Service zu gewinnen wäre.

5. Die Prüfung der Profitabilität ist eine Voraussetzung für die Machbarkeit von Party Service an sich.

Nur wenn Sie die Wirtschaftlichkeit jedes Auftrages überprüfen und Ihren Unternehmerlohn mit in die Berechnung einbeziehen, haben Sie eine Chance, Party Service langfristig erfolgreich als Geschäftsbereich zu führen.

Dies gilt auch für die Erhaltung Ihrer beruflichen und auch privaten Lebensfreude:

Je größer Ihre »kostenlose« Einsatzbereitschaft ist, desto ungehemmter nehmen viele Kunden Ihre Zeit, Kraft und persönliche Präsenz als selbstverständliche Leistung entgegen.

Die »Wirtschaftlichkeits-Prüfung« ist deshalb nicht alleine ein Kriterium für die Beurteilung eines einzelnen Auftrages. Von der Prüfung hängt die »Machbarkeit« von Party Service insgesamt ab.

Lehnen Sie die Aufträge ab, die Sie am stärksten belasten

1. Führen Sie eine »Belastungs-Analyse« durch.

Aufträge unterscheiden sich nicht nur nach ihrer Profitabilität, sondern anhand der Zeit, Mühe und Kraft, die ihre Ausführung kostet. Der Engpaß hierbei lautet: Ein einzelner »belastender« Auftrag kann die Kapazität und das Realisierungsvermögen für eine Vielzahl gewinnbringender Projekte sprengen.

Sie werden in Ihrer Tätigkeit nicht von allen Aufträgen in gleicher Weise in Anspruch genommen. Es gibt einzelne Veranstaltungen, deren Realisierung nahezu Ihre gesamte Kraft kostet und die Ihnen einen Großteil Ihrer Stimmung und Ihres Enthusiasmus für Party Service rauben.

Untersuchen Sie deshalb, welche Art von Aufträgen Sie am meisten belastet. Treffen Sie eine Grundsatzentscheidung, diese Aufträge nur noch in »Ausnahmefällen« anzunehmen. Bitte stellen Sie sich hierzu einmal folgende Fragen:

- Welche Aufträge kosten die meiste Zeit?
- Welche Aufträge benötigen die größte Vorbereitung?
- Bei welchen Veranstaltungen ist eine lange persönliche Anwesenheit erforderlich?
- Bei welchen Projekten ist ein überdurchschnittlicher Personaleinsatz nötig?
- Welche Auftraggeber bereiten die größte Mühe oder verursachen Ärger? Welche Art von Kunden wollen wir nicht mehr haben?
- Welche Art von Aufträgen führt zu einer »geistigen Besetztheit« und zu einer überdurchschnittlichen psychischen Belastung? Was wollen wir nicht mehr ertragen?
- Welche Produkte und Dienstleistungen erfordern zu großen Auf-

wand? Gibt es Aufträge, bei denen immer wieder »Sonderwünsche« zu erfüllen sind?

- Welche Termine für Aufträge sollten wir ablehnen?
- Von welcher Zahl an sollten wir weitere Projekte konsequent ablehnen, weil sie unsere Kapazität mit Sicherheit sprengen?
- Welche Aufträge müssen wir ablehnen, weil sie finanziell zu wenig bringen?

2. Sie benötigen eine Konzeption für die Ablehnung von Aufträgen.

Für viele Kollegen ist das Ablehnen eines Auftrages ein zentrales Problem. Sie fürchten, gute Kunden zu verärgern.

Viele wissen nicht, wie sie reagieren sollen, wenn sie aus zeitlichen Gründen einen Auftrag ablehnen müßten. Hierzu ein Beispiel.

Ein Kollege aus Stuttgart hat an einem Abend bereits Aufträge für zwei umfangreiche Veranstaltungen. Kurzfristig ruft ein guter Kunde an, um für denselben Abend eine Bestellung aufzugeben. Der Traiteur sieht sich gezwungen, auch diesen Auftrag anzunehmen. Er fürchtet, den Kunden bei einer Ablehnung an einen Mitbewerber zu verlieren.

Viele Kunden nutzen diesen Engpaß aus. Sie reagieren mit Unverständnis, wenn ihr Auftrag nicht mehr »dazwischengeschoben« werden kann.

Sie benötigen daher eine standardisierte Vorgehensweise, um belastende Aufträge ablehnen oder »verändern« zu können, ohne befürchten zu müssen, einen Kunden zu verlieren. Betrachten Sie hierzu bitte die folgenden Lösungsmöglichkeiten:

- Schildern Sie den zeitlichen Engpaß ausführlich. Sagen Sie dem Kunden, daß es sich um eine »Ausnahmesituation« handelt, in der Sie bereits andere Aufträge ablehnen mußten.

  Zeigen Sie ihm, wie sehr Sie es bedauern, seinen Auftrag nicht mehr annehmen zu können. Sagen Sie ihm, wie sehr Sie sich darüber freuen, daß er Sie als Anbieter ausgewählt hat.

- Erläutern Sie, daß Sie gerade ihm hervorragende Qualität liefern möchten. Nennen Sie die Zeit, die hierfür erforderlich wäre. Beschreiben Sie im einzelnen, wieviel Zeit die Vorbereitung, Herstellung und Lieferung kostet.

  Nennen Sie anschließend die Zeit, die Ihnen tatsächlich zur Verfügung steht. Schildern Sie die Abstriche an Qualität, die er hinnehmen müßte und die Sie in keinem Fall akzeptieren würden.

- Bieten Sie eine Ausweichlösung oder eine Zwischenlösung an. Bieten Sie etwas an, was leichter herzustellen ist.

  Beispielsweise können Sie ihm vorschlagen, ausgewählte Produkte aus Ihrem Laden beziehungsweise Ihrer Theke zu bestellen, die nicht weiter zubereitet werden müssen.

- Häufig fällt es leichter, von einem Gericht eine größere Menge zuzubereiten als ein zweites, anderes Gericht herzustellen. Bieten Sie ihm in diesen Fällen Produkte an, die Sie bereits für andere Veranstaltungen liefern müssen.

- Bitten Sie den Kunden um seine Mithilfe. Machen Sie die Party zu einem echten »Kooperationsprojekt«.

  Beispielsweise kann er bestimmte Produkte selbst hinzukaufen, für deren Herstellung bei Ihnen keine Zeit mehr bleibt. Bestimmte Gerichte kann die Hausfrau nach Absprache mit Ihnen persönlich zubereiten.

  Der Kunde kann den Aufbau des Buffets vorbereiten. Er kann die Speisen und Gerichte bei Ihnen abholen, so daß die Anlieferung entfällt.

  Schildern Sie also dem Kunden, unter welchen Umständen das Projekt doch noch realisiert werden könnte. Fragen Sie ihn, ob er zu einer Mithilfe bereit wäre.

- Überreichen Sie guten Kunden bei einer Ablehnung ein kleines Präsent. Versprechen Sie, beim nächsten Auftrag eine »besondere Spezialität« oder eine »Überraschung« zu liefern, um sich hiermit für sein Verständnis zu revanchieren.

II. Positionierung im Wettbewerb: Abhebung von Mitbewerbern und Gewinnung der richtigen Kunden

Setzen Sie sich »strategische Ziele«, um die Rahmenbedingungen für Ihren Geschäftserfolg zu verbessern

1. Die wenigsten verfügen über eine Strategie für die Gewinnung der »richtigen« Aufträge.

Auch bei vielen erfolgreichen Kollegen gibt es einen ständigen Wechsel zwischen kleinen, mühevollen Aufträgen und wirklich gewinnbringenden Veranstaltungen.

Die wenigsten verfügen über eine Strategie, mit der sie gezielt die »richtigen« Kunden und »richtigen« Aufträge gewinnen können:

- Es gibt einen ständigen Konkurrenzkampf um jeden einzelnen Auftrag. Es fehlt eine Konzeption, um sich erkennbar von Mitbewerbern abzuheben und aus Kundensicht »unvergleichbar« zu werden.
- Die wenigsten haben entschlossen festgelegt, für welche Art von Party Service sie zuständig sind, beispielsweise für die Lieferung exclusiver Produkte und außergewöhnlicher Serviceleistungen.
- Die wenigsten stellen diese »Positionierung« ihren Kunden gegenüber deutlich heraus.

  Es fällt ihnen schwer, sich auf einen einheitlichen Kundenkreis zu konzentrieren.
- Deshalb werden immer wieder Aufträge erhalten, die abgelehnt werden müssen. Der »Akt des Ablehnens« verursacht Ärger. Er kostet Zeit und Kraft.
- Bisher läuft zuviel über den Preis. Es fehlt eine Konzeption, um Produkte und Leistungen so zu präsentieren, daß der Preis als Verkaufsargument an Bedeutung verliert.

  Es fällt noch zu schwer, wirklich gewinnbringende Produkte und Dienstleistungen zu verkaufen.

2. Positionieren Sie sich im »gewinnbringenden Bereich« von Party Service.

Es ist dies eine Grundvoraussetzung für die »Machbarkeit« von Party Service. Sie können Party Service langfristig nur dann erfolgreich führen, wenn Sie die oben beschriebene Situation grundlegend verändern.

Hierzu ein Beispiel. Party Service wird immer eine Belastung bleiben, wenn es nicht gelingt, Produkte zu verkaufen, die eine hohe Gewinnspanne haben. Nur dann können Sie Mitarbeiter einsetzen, um sich selbst zu entlasten.

Einige Kollegen sind beispielsweise erfolgreich mit der Lieferung besonders wertvollen Geschirrs oder dem Verkauf ausgefallener Tisch- und Menukarten.

Das Ziel lautet: Es geht um Aufträge, bei denen gewinnbringende »zusätzliche Leistungen« mitverkauft werden können. Ziehen Sie sich dagegen von Veranstaltungen zurück, bei denen mit großem Aufwand ein »besonders preisgünstiges« Buffet geliefert werden soll.

Auch hierzu ein Beispiel. Eine Traiteur-Ehefrau aus Kassel hat einmal in ihrem Leben den Fehler begangen, eine »Examensfeier« von Studenten zu übernehmen. Gewünscht wurde ein »fleischloses« Buffet mit möglichst vielen Gemüsevarianten. Die Vorbereitung hat einen ganzen Tag gekostet. Für jedes Gericht mußte sie in einem Rezeptbuch nachschlagen. Der Arbeitseinsatz war so groß, daß kein Gewinn übrigblieb.

3. Mit Ihren »strategischen Zielen« bestimmen Sie die Rahmenbedingungen Ihrer Tätigkeit.

Mit Ihrer langfristigen Zielsetzung legen Sie die Rahmenbedingungen Ihrer Arbeit fest. Sie entscheiden ein für allemal, wofür Sie bei Party Service zuständig sein möchten und wofür nicht.

Sie heben sich von allen Mitbewerbern ab. Sie bieten aus Kundensicht einzigartige, unvergleichbare Leistungen.

Sie gewinnen von Anfang an die »richtigen« Kunden und »richtigen« Aufträge.

Die »strategischen Ziele« für langfristig erfolgreichen Party Service lauten hierbei im einzelnen:

4. Besetzen Sie gezielt das »Marktsegment« von Party Service, in dem profitable Aufträge möglich sind.

Konzentrieren Sie sich verstärkt auf qualitativ hochwertige Produkte und außergewöhnliche Serviceleistungen, mit denen Sie höhere Gewinne erzielen können. Lehnen Sie Veranstaltungen ab, die finanziell und werblich wenig bringen, dafür aber Zeit und Mühe kosten.

Möglicherweise ist diese »Positionierung« eine langfristige Aufgabe. Sie ist aber eine Voraussetzung, um Party Service zu einem erfolgreichen Geschäftsbereich zu entwickeln, ohne daß die persönliche Belastung noch mehr steigt.

5. Erhöhen Sie den »Auftragswert«.

Entwickeln Sie kreativ Produkte und flankierende Dienstleistungen, mit denen Sie den Wert jedes Auftrages steigern.

Liefern Sie beispielsweise »Gastgeschenke« für die Teilnehmer der Party. Arbeiten Sie mit einem Zeltverleih zusammen, um einen besonderen Service für Sommerparties zu bieten.

Legen Sie ein konkretes Wachstumsziel fest: »Wir steigern den Wert jedes Auftrages um 20 Prozent!«

6. Schieben Sie notwendige Investitionen nicht zu lange auf.

Alle mittelständischen Unternehmen, unabhängig von Größe und Branche, stehen immer wieder vor dem gleichen Problem: Um weiter zu wachsen und die Qualität der eigenen Leistungen zu erhöhen, sind Investitionen nötig. Gleichzeitig gibt es keine absolute Gewißheit, daß kurzfristig sämtliche Erfolgsziele erreicht werden.

Das gleiche gilt für Party Service. Beispiele zeigen aber, daß erfolgreiche Anbieter notwendige und sinnvolle Investitionen in Betriebs- und Partymittel nicht gescheut haben.

So hat Gerd Käfer den Grundstein für seine Party Service-Karriere gelegt, indem er für eine Großveranstaltung die Investition in Partymittel für mehrere tausend Personen gewagt hat. Dies geschah zu einem Zeitpunkt, als seine Erfolgsstory noch längst nicht abzusehen war.

Auch wenn das Beispiel möglicherweise eine andere Größenordnung betrifft, läßt sich folgender Ansatz ableiten: Sofern Sie eine eindeutige Entscheidung für Party Service getroffen haben, nehmen Sie auch alle »erfolgsnotwendigen« Investitionen vor.

7. Wählen Sie Ihre Produkte und Dienstleistungen sorgfältig aus.

Für Produkte und Dienstleistungen existiert eine sogenannte »Preiselastizität«. Bei bestimmten Produkten sind Kunden eher bereit, einen höheren Preis zu zahlen, als bei anderen. Möglicherweise existieren Leistungen, bei denen der Preis für den Gastgeber fast »gar keine« Rolle mehr spielt.

So werden Ihre Kunden bei einer ungewöhnlichen »Spezialität des Hauses« einen höheren Preis und damit eine höhere Gewinnspanne akzeptieren als bei einem altbekannten »Braten«, unabhängig von der Qualität.

Ebenso werden Sie mit Leistungen überdurchschnittliche Gewinne erzielen, mit denen Sie den Gastgeber bei seinen Gästen herausstellen und den Erfolg seiner Party sichern.

8. Versuchen Sie, sich auf eine bestimmte Zielgruppe zu konzentrieren.

Sie haben ein Recht darauf, mit Kunden zusammenzuarbeiten, die Ihre Leistungen anerkennen und wertschätzen. Gleichzeitig wird sich eine erfolgreiche Party im Bekanntenkreis dieser Kunden schnell herumsprechen.

Sie haben deshalb die Chance, sich auf Kunden zu konzentrieren, die bereit sind, für überdurchschnittliche Leistungen auch einen angemessenen Preis zu bezahlen.

9. Entwickeln Sie ein »Image«, das Ihren Leistungen und Zielen entspricht.

Ihre Kunden müssen auf Anhieb erkennen, für welche Art von Party Service Sie zuständig sind. Sie erreichen dies mit einer passenden Werbestrategie und einer entsprechenden Darstellung nach außen.

Hierzu ein Beispiel. Die Aussage »Wir liefern Party Service« schafft keine klare Positionierung.

Bei einer solchen Formulierung werden Sie auch zukünftig mit unattraktiven Aufträgen konfrontiert, die Sie möglicherweise nur mit Mühe ablehnen können.

Die Aussage »Wir bieten First-Class-Party Service« erzeugt ein anderes Image.

Diese Formulierung enthält eine deutliche »Botschaft«, mit der von vornherein eine bestimmte Art von Kunden und Veranstaltungen angesprochen wird.

Stellen Sie Ihre »einzigartigen Produktvorteile« heraus, mit denen Sie sich von Ihren Mitbewerbern erkennbar abheben

1. Beschreiben Sie die unnachahmlichen Vorzüge Ihres Party Service gegenüber anderen Anbietern.

Was antworten Sie auf die Frage eines Kunden: »Weshalb sollte ich gerade bei Ihnen bestellen und nicht bei einem Ihrer Konkurrenten?«

Aus Kundensicht sind die meisten Leistungen für Party Service ähnlich und leicht »vergleichbar«.

Es fällt deshalb schwer, sich überzeugend und wirkungsvoll von anderen abzuheben. Es bereitet Mühe, im einzelnen zu beschreiben, welcher »außergewöhnliche« Nutzen geboten wird.

Gerade dies entscheidet aber darüber, ob Sie einen Kunden gewinnen und den Auftrag erhalten.

2. Sie benötigen »einzigartige Verkaufsargumente«.

Um sich deutlich von Ihren Mitbewerbern abzuheben, benötigen Sie spezielle Verkaufsargumente, mit denen Sie Ihre Produktvorteile bei Party Service beschreiben.

Dies gelingt Ihnen, indem Sie sich zwei zentrale Fragen stellen:

»Welche besonderen, unverwechselbaren Erzeugnisse und Leistungen liefern wir?«

»Welche speziellen Vorteile hat ein Kunde, der mit uns zusammenarbeitet?«

Ein besonders erfolgreicher Traiteur hat diese Fragen beantwortet. Damit hat er seine »einzigartigen Produktvorteile« bei Party Service beschrieben und in beeindruckende Verkaufsaussagen verwandelt:

- »Wir stellen den Gastgeber völlig in den Mittelpunkt der Party. Wir richten alle Leistungen auf die Person und das Wesen des Gastgebers aus.«
- »Wir übernehmen alles. Die Auftraggeber sind ihre eigenen Gäste. Sie können sich am Abend umziehen und als Gäste zu ihrer eigenen Party kommen. Wir nehmen ihnen alles ab.«

3. Mit außergewöhnlichen Verkaufsaussagen begründen Sie Ihren Wettbewerbsvorsprung.

- Sie demonstrieren von Anfang an das Niveau und den Stil Ihres Party Service.
- Sie besetzen ein bestimmtes Gebiet. Sie werden aus Kundensicht »unvergleichbar«. Ihre Mitbewerber können Sie nur schwer nachahmen.
- Sie vermitteln Ihren Kunden einen grundsätzlichen Eindruck Ihrer Leistungen. Sie liefern Argumente »vor der Klammer«, mit denen Sie die Kunden gewinnen und binden.
- Sie stellen Ihre Leistungen und den gelieferten Nutzen in den Mittelpunkt. Der Preis verliert als Verkaufsargument an Gewicht.

4. Entwickeln Sie Ihre zentralen Verkaufsaussagen mit Zeit und Sorgfalt.

Tun Sie dies gemeinsam mit Ihren Mitarbeiterinnen. Überdenken und besprechen Sie bitte folgende Fragen, um Anregungen und Ideen zu gewinnen:

- Welche »Qualitätsphilosophie« bestimmt unsere Leistungen?

- Welche besonderen Produkte und Erzeugnisse liefern wir? Was bietet kein anderer?
- Welche außergewöhnlichen Serviceleistungen? Welchen Nutzen bieten diese?
- Womit haben wir den größten Erfolg?
- Womit verblüffen und beeindrucken wir unsere Kunden?
- Womit beweisen wir außergewöhnliche Fachkenntnisse und besonderen Qualitätssinn?
- Was nehmen wir den Kunden in ihrer Rolle als Gastgeber ab? Womit sichern wir ihren Erfolg bei den Gästen?
- Mit welchen Leistungen entwickeln wir persönliche Beziehungen zu unseren Kunden?
- Auf welchen Gebieten haben wir die größte Erfahrung?
- Welche Bedürfnisse unserer Kunden erfüllen wir?
- Wofür erhalten wir bereits jetzt Dank und Anerkennung?
- Was liefern wir zusätzlich, das andere nicht bieten können?

5. Informieren Sie Ihre Kunden über Ihre zentralen Leitsätze und Leistungen.

Halten Sie Ihre zentralen Verkaufsaussagen schriftlich fest. Stellen Sie diese in den Mittelpunkt Ihrer Werbung.

- Entscheiden Sie sich für drei bis fünf zentrale Aussagen und Leitsätze.
- Alle Mitarbeiterinnen müssen darüber Bescheid wissen.
- Lassen Sie Ihre Verkaufsargumente schriftlich auf ein »Party Service-Plakat« setzen. Befestigen Sie das Plakat im Schaufenster und im Geschäft.
- Stellen Sie die Aussagen in Ihrer Party Service-Broschüre heraus. Verteilen Sie die Broschüre an Ihre Kunden.

- Informieren Sie besonders neue Kunden zu Beginn des Verkaufsgespräches: »Unser spezieller Ansatz für Party Service lautet: ...«

Entwickeln Sie begeisternde Namen: »Benennen und berechnen« Sie jede Ihrer Leistungen

1. Verleihen Sie jeder Leistung einen Namen.

Der Ansatz lautet: Sie können keine Leistung berechnen und erfolgreich verkaufen, für die kein Begriff existiert.

Es reicht nicht aus, eine Leistung zu beschreiben. Es reicht nicht aus, Erklärungen über den Nutzen abzugeben. Nötig ist ein präziser und begeisternder Name.

Hierzu ein Beispiel. Sie können einem Kunden sagen: »Selbstverständlich nehmen wir Ihnen gerne einen Großteil der Arbeit ab, so daß die Party zu keiner Belastung für Sie wird.« Anschließend können Sie beschreiben, worin Ihre Unterstützung im einzelnen besteht.

Für viele Kunden klingt dies bereits verlockend. Die wenigsten werden Ihr Angebot aber als »Produkt« betrachten, das einen »geldwerten Nutzen« bietet. Erst wenn Sie der Leistung einen Produktnamen geben, zum Beispiel »Gastgeber- Bequemlichkeitsservice«, ändert sich die Einstellung der Kunden.

- Erst wenn ein Leistungsangebot einen Namen erhält, wird es zum »Produkt« oder zur »Dienstleistung«, für die Sie eine Bezahlung verlangen können.
- Mit dem Namen schaffen Sie einen Begriff. Erst mit dem Begriff wird die Leistung für den Kunden »be-greifbar«. Er erkennt ihren Wert. Er sieht, daß es sich um ein »echtes Produkt« mit entsprechendem Produktnutzen handelt.

  Er akzeptiert, daß der gelieferte Wert mit einem angemessenen Preis verbunden ist.
- Der Name eines Produktes oder einer Serviceleistung ist der »Kristallisationspunkt« dessen, was geliefert wird. Er ist stellvertretend für den Inhalt. Mit einem Begriff wird gesagt, worin die Leistung besteht.

Dies gilt auch aus Kundensicht. Mit Hilfe des Produktnamens kann ein Kunde seine Wünsche und Vorstellungen genau formulieren. Er erkennt auf Anhieb, daß beispielsweise ein »Gastgeber-Bequemlichkeitsservice« das passende Angebot für seinen Wunsch nach Entlastung und Bequemlichkeit ist.

- Indem Sie Ihren Leistungen Namen verleihen, besetzen Sie die entsprechenden Bereiche. Sie machen aus Ihren Produkten regelrechte »Markenartikel«. Sie heben sich von vergleichbaren Angeboten wirkungsvoll ab.

2. Analysieren Sie einmal, welche Leistungen Sie tatsächlich bieten.

Als »Kernleistung« liefern Sie Produkte in Form von Gerichten und Buffets. Gleichzeitig bieten Sie Serviceleistungen und ergänzende »Partymittel«, beispielsweise den Entwurf von Tischkarten, die Gestaltung der Dekoration, die Lieferung von Geschirr oder von Tischen und Stühlen.

Für diese Leistungen werden mit Erfolg beeindruckende Namen gewählt. Die Kunden erkennen, daß es sich um Produkte und Dienstleistungen im klassischen Sinne handelt. Sie akzeptieren, daß hierfür ein angemessener Preis verlangt wird.

Gleichzeitig liefern Sie eine Vielzahl von »kostenlosen Leistungen«, die zwar für Ihren Geschäftserfolg von großer Bedeutung sind, die aber im Verkauf beziehungsweise als »eigenständiges Produkt« kaum erwähnt werden.

Obwohl ihr Nutzen offensichtlich ist, werden diese Leistungen von vielen Kunden nicht ausreichend zur Kenntnis genommen und gewürdigt. Hierzu einige Beispiele.

- Sie bieten eine umfassende und professionelle Beratung im Geschäft oder im Hause des Kunden, die von vielen Auftraggebern als selbstverständlich entgegengenommen wird.

- Im Zusammenhang mit Ihren »sachlichen Produkten« liefern Sie Zuverlässigkeit, Sicherheit, Schnelligkeit, Bequemlichkeit und Sauberkeit.
- Mit Ihren Produkten und Serviceleistungen bieten Sie Fröhlichkeit, Heiterkeit, Stimmung und Atmosphäre bei einer Party. Sie liefern die »Lösung« für eine bestimmte Aufgabe, beispielsweise dem Herausstellen einzelner Gäste.

3. Für zentrale Leistungen fehlen Namen und Preise.

Gerade mit dieser Art von Leistungen heben Sie sich von Mitbewerbern ab. Gerade hier ist hohe »Qualität«, beispielsweise »Beratungsqualität«, nicht selbstverständlich.

Bisher wird zuwenig unternommen, um diese Art von Leistungen bei der Angebotsgestaltung und im Verkauf deutlich herauszustellen:

- Es sind Leistungen, die bisher »nebenbei« erbracht werden und bei denen Kunden nicht bereit sind, einen »Einzelpreis« zu bezahlen. Von den meisten Kollegen werden sie deshalb nicht als »echte Produkte und Dienstleistungen« erkannt und behandelt.
- Es werden keine begeisternden »Produktnamen« entwickelt.
- Es werden keine »fiktiven Preise« festgelegt. Es wird nicht berechnet und mitgeteilt, was beispielsweise ein »Beratungspaket für Party Service« kosten würde, wenn es bezahlt werden müßte.
- Ohne Produktnamen und ohne »Preis« erkennen Kunden aber nicht den »wahren Wert« einer Leistung. Sie sehen zuwenig, welche Zeit, Kraft und auch finanzielle Mittel ihr Traiteur hierfür einsetzt.

4. Benennen und berechnen Sie auch Ihre »kostenlosen Leistungen«.

- Verleihen Sie auch »kostenlosen Serviceleistungen« einen Produktnamen. Lassen Sie beispielsweise das Beratungsgespräch nicht mehr »nebenbei« ablaufen.

Sprechen Sie hier von der »Dienstleistung« eines »Traiteur-Beratungsservice« für Parties. Sagen Sie im einzelnen, auf welche Bereiche sich Ihre Beratung bezieht, von der Besprechung des Buffets bis hin zu einer möglichen Besichtigung der Räume.

- Ein anderes Beispiel: Erwähnen Sie nicht mehr »nebenbei«, daß Sie besonders auf Frische achten.

  Sprechen Sie vielmehr von Ihrem »Frische-Programm«, das Sie als Service entwickelt haben. Beschreiben Sie, welche Elemente enthalten sind, wie die frische Zubereitung der Speisen erst kurz vor Beginn der Party.

  Ihre Kunden betrachten dann die Lieferung von »Frische« nicht mehr als kostenlose Selbstverständlichkeit, sondern als speziellen Service, der von Mitbewerbern nicht geboten wird.

- Legen Sie für Ihre Leistungen »fiktive« Preise fest. Beschreiben Sie zum Beispiel den »finanziellen Wert« Ihres »Traiteur-Beratungsservice«.

  Erst wenn Ihre Kunden den finanziellen Wert kennen, betrachten sie die Leistung mit der angemessenen »Wert-Schätzung«.

- Selbstverständlich müssen Kunden für die Beratung nichts bezahlen. Der Gesamtwert des gelieferten Party Service erhöht sich aber aus ihrer Sicht um diesen »kostenlosen« Service.

- Hiermit erhöhen Sie Ihre Machtmöglichkeiten bei der Preisgestaltung.

  Sie können für Ihre üblichen Produkte und Dienstleistungen höhere Preise verlangen, da Sie den »Wert-Vorteil« beschreiben können, den Sie einem Kunden insgesamt liefern.

5. Nutzen Sie sprachliche Machtmittel, um Ihren Party Service zu beschreiben.

Auf der Produktseite bieten viele Kollegen hervorragende Qualität. Häufig fällt es deshalb schwer, sich mit fachlichen Leistungen von anderen erkennbar abzuheben.

Bei der Nutzung sprachlicher Machtmöglichkeiten besteht dagegen noch ein großes Potential. Die wenigsten haben diese Chance bisher erkannt und ergriffen, um das eigene Angebot auf außergewöhnliche Weise darzustellen. Kaum ein anderer Bereich bietet so viele Möglichkeiten, erkennbar eine »einzigartige« Position zu besetzen.

Hierzu ein Beispiel: »Wir liefern Party Service« reicht als Überschrift für die eigenen Leistungen nicht aus.

Fast »jeder« bietet Party Service an. Mit einer allgemeinen Formulierung ist keine Unterscheidung gegenüber anderen Anbietern möglich.

Der »sprachliche« Ansatz lautet: Wählen Sie eine Formulierung, mit der Sie von Anfang an »Ihre besondere Leistung« zum Ausdruck bringen. Werden Sie so speziell wie möglich.

- »Wir veranstalten begeisternde Feiern – für Ihren Geburtstag, Ihre Hochzeit oder die Konfirmation Ihrer Kinder.«
- »Wir sichern den Erfolg Ihrer Party bei besonders wichtigen Gästen.«
- »Wir sind Spezialisten für die Lieferung von Stimmung und Fröhlichkeit bei Ihrer Party.«
- »Wir nehmen Ihnen die gesamte Vorbereitung und Durchführung ab. Sie kommen als Ihre eigenen Gäste zu Ihrer Party.«
- »Wir bieten Ihnen eine Auswahl aus fünf italienischen Delikatessen-Buffets für Ihren persönlichen Party-Anlaß.«

6. Entwickeln und sammeln Sie systematisch »Bestformulierungen« für Ihren Party Service.

Für die Beschreibung von Leistungen bei Party Service existieren konventionelle Begriffe und Formulierungen. Sie sind seit langem üblich und werden von den meisten Anbietern mit großer Selbstverständlichkeit verwendet.

Viele dieser Begriffe lassen sich aber durch bessere ersetzen. Arbeiten Sie deshalb mit einem Stufenplan, um für die Beschreibung und den Verkauf Ihres Party Service die besten Formulierungen zu finden:

- Halten Sie alle Begriffe schriftlich fest, die Sie bisher bei Party Service verwenden. Sammeln Sie die üblichen Begriffe und Formulierungen anderer Anbieter.
- Entscheiden Sie, welche Formulierungen sich nur auf der »Überschriftsebene« bewegen und letztlich ohne Aussagekraft sind. Erfassen Sie die Begriffe, die »von allen« verwendet werden und die damit keine Unterscheidung zu Mitbewerbern zulassen.
- Untersuchen Sie, welche Formulierungen und Namen Ihre Kunden nicht mehr »hören« können. Entscheiden Sie, welche Begriffe Ihnen selbst nicht mehr gefallen.

  Viele Kollegen können beispielsweise die Bezeichnung »Kalte Platten« für ihre Produkte nicht mehr ertragen.
- Machen Sie anschließend einen »Begriffs- Entrümpelungsplan«. Entwickeln Sie eine »Tabu-Liste« mit Begriffen, die gegenüber Kunden nicht mehr verwendet werden sollen.
- Suchen Sie systematisch nach »Bestformulierungen«, mit denen Sie Ihre Leistungen beeindruckend beschreiben.

  Studieren Sie unter anderem das Anzeigen- und Werbematerial verwandter Branchen, wie Restaurants, Hotels, und auch Fluggesellschaften.
- Lassen Sie sich von befreundeten Kunden helfen. Häufig ist es so, daß Kunden im privaten Sprachgebrauch längst einen »idealen« Namen für eine von ihnen geschätzte Leistung benutzen, während man selbst noch nach dem besten Begriff sucht.
- Besprechen Sie diese Aufgabe mit Ihren Mitarbeiterinnen. Setzen Sie eine Prämie für die Mitarbeiterin aus, die die besten Begriffe und Namen für Produkte liefert. Veranstalten Sie einen regelrechten »Ideenwettbewerb«.
- Suchen Sie nach heiteren und fröhlichen Begriffen. Sie demonstrieren damit Ihren Kunden den Enthusiasmus, mit dem Sie Party Service betreiben.

Bieten Sie Party Service in Premium-Qualität: »Wir liefern ›Drei Sterne‹-Party Service«

1. Der Begriff »Qualität« wird für Party Service noch zuwenig genutzt.

Mit kaum einem anderen Begriff sind Ihre Leistungen derart eng verbunden. Ihre Kollegen und Sie bilden bereits jetzt eine »Qualitätselite«.

Die Beschreibung von Qualität beschränkt sich aber meist auf die Güte der angebotenen Fleisch- und Wurstwaren. Rohstoffe und Produkte werden in Qualitäts- und Handelsklassen eingeteilt. Hierfür existieren Standards und Regeln.

Damit wird nur ein Teil der möglichen Anwendungsgebiete begrifflich erfaßt. Wenige nutzen den Qualitätsbegriff für eine ausführliche Beschreibung ihrer Leistungen bei Party Service.

2. Entwickeln Sie eine Qualitätsstrategie.

Legen Sie entschlossen fest: »Wir bieten Party Service in Premium-Qualität. Wir bieten ›Drei Sterne‹-Party Service«.

- Mit der Betonung des Qualitätsbegriffes positionieren Sie sich im Wettbewerb. Sie besetzen ein bestimmtes Feld.

  Aus Kundensicht gewinnen Sie ein »Qualitätsprofil«. Sie heben sich deutlich von anderen Anbietern ab.
- Sie sprechen gezielt einen ausgewählten Kundenkreis an. Sie richten den Blick Ihrer Kunden auf den Wert Ihrer Leistungen. Sie fördern Produkte und Aufträge, bei denen höhere Gewinne möglich sind.
- Sie vermeiden Preiskämpfe. Sie lassen sich nicht in einen erschöpfenden Wettbewerb mit »Billiganbietern« ein.

– Im Beratungsgespräch tritt der Preis als Verkaufsargument in den Hintergrund. Qualität und Leistungsmerkmale gewinnen aus Kundensicht eine größere Bedeutung als der reine Preis.

3. Stellen Sie die Qualität Ihrer Leistungen konsequent heraus.

Beschreiben Sie die Qualität Ihrer Party Service-Leistungen so konkret und anschaulich wie möglich.

Sagen Sie Ihren Kunden im Detail, was Sie unter »Qualität« verstehen. Vermeiden Sie allgemeine Begriffe, die wenig auslösen.

Hierzu das Beispiel eines Düsseldorfer Traiteurs, der erläutert, worin der »Qualitätsvorteil« für seine Kunden liegt:

»Für uns bedeutet Qualität absolute ›Frische‹ unserer Buffets. Die Speisen werden unmittelbar vor der Party zubereitet. Dies ist etwas, was große Anbieter, wie Kaufhäuser, nicht bieten können. Für uns ist es ein entscheidender Vorteil, den wir unseren Kunden liefern.«

Das bestimmende Qualitätsmerkmal lautet hier also »Frische«. Auch diese kann gegenüber den Kunden noch näher erläutert werden:

– »Wir haben eine perfekte Kühlung, von der Produktion über den Lieferwagen bis hin zu funktionellen Transportbehältern.«
– »Wir kaufen das Gemüse für die Beilagen stets gartenfrisch.«
– »Von der Fertigstellung der Speisen und Gerichte bis zum Start der Lieferung zu Ihnen vergehen bei uns maximal 10 Minuten.«
– »Bestimmte Gerichte bereiten wir direkt bei Ihnen à la minute zu.«
– »Die Säfte pressen wir mit einer Profimaschine unmittelbar vor dem Start der Party bei Ihnen, damit keine Vitamine verlorengehen.«

4. Beschränken Sie sich bei der Qualitätsbeschreibung nicht nur auf Speisen und Getränke.

Sie begeistern Ihre Kunden besonders, wenn Sie auch Informationen über Ihre »Servicequalität« und über Ihr »handwerkliches Können« liefern. Entwickeln Sie deshalb im Laufe der Zeit eine Liste mit beeindruckenden Aussagen zu diesen Themen.

- »Wir fertigen unsere Pasteten noch per Hand und nicht mit großen Maschinen. Hierdurch bleiben alle Geschmacksstoffe erhalten.«
- »Wir haben unsere eigene Methode, um unsere Braten und Spanferkel aufzuschneiden. Ihre Gäste werden begeistert sein, wenn sie bei der Party zusehen.«
- »Wir liefern absolut pünktlich. Sollten wir uns verspäten, schenken wir Ihnen eine Kiste Champagner.«
- »Wir beraten Sie ausführlich. Für uns ist dies Bestandteil unserer Servicequalität.«
- »Wir räumen nach der Party blitzsauber auf. Nachdem wir unser Geschirr und unsere Partymittel abgeholt haben, sieht alles aus wie neu. Auch dies verstehen wir unter Service.«
- »Wir haben speziell für Party Service geschulte Mitarbeiter. Wir haben Party Service-Spezialisten, die das Buffet anliefern und Ihnen beim Aufbau behilflich sind.«

5. Entwickeln Sie ein regelrechtes Qualitäts-Programm.

- Verwenden Sie Zeit und Sorgfalt, um die zentralen Qualitätsmerkmale Ihres Party Service zu entwickeln und zu beschreiben. Halten Sie diese schriftlich fest.
- Entwickeln und beschreiben Sie auch Ihre persönliche »Qualitäts-Philosophie«, beispielsweise »Frische, Sauberkeit und Harmonie von Speisen und Getränken.«
- Stellen Sie für Ihre Kunden Ihre drei bis fünf zentralen Qualitätsgrundsätze zusammen.

- Entwickeln Sie ein »Qualitäts-Symbol«, beispielsweise in Form eines Qualitäts-Siegels für alle von Ihnen gelieferten Speisen und Gerichte.
- Schaffen Sie die Position eines »Qualitäts-Inspektors« für eine Ihrer Mitarbeiterinnen. Sie hat die Aufgabe, bei der Ausführung jedes Auftrages auf die Einhaltung der festgelegten Qualitäts-Standards zu achten. Hierzu einige Beispiele.

  Sie hat zu prüfen, ob die Speisen für den Transport ordentlich verpackt sind. Sie stellt sicher, daß nichts vergessen wird. Sie überwacht den Aufbau des Buffets. Sie hält alle Informationen fest, die für den reibungslosen Ablauf von Produktion, Lieferung und Party nötig sind.

  Nennen Sie Ihren Kunden den Namen der Mitarbeiterin, die hierfür verantwortlich ist. Teilen Sie mit, um welche Aufgaben sie sich im einzelnen kümmert.

Liefern Sie Informationen zum Thema »Warenkunde«: Die »Traiteur-Qualitätskunde«

1. Mit »Warenkunde« begeistern Sie Ihre Kunden.

Kunden sind an Produktinformationen außerordentlich interessiert. Mit kaum einer anderen Maßnahme können Sie ihre Aufmerksamkeit so nachhaltig gewinnen wie mit der Lieferung von faszinierendem Fachwissen.

Die vorhandenen Produktkenntnisse sind dagegen erstaunlich gering, selbst bei ausgesprochenen »Genießern« unter den Gastgebern und Gästen.

2. Im Bereich »Warenkunde« wird den Kunden bisher wenig geboten.

In den Fleisch- und Wursttheken fehlen häufig selbst die Produktnamen. Ausführliche Beschreibungen gibt es auch bei Feinkostsalaten kaum.

Einige Hersteller liefern kleine Broschüren über ihre Produkte. Diese befinden sich meist unbeachtet an der Stelle, an der sie im Geschäft am wenigsten »stören«.

Die meisten haben den Charakter von Werbeschriften und weniger das Wesen »spannender« Produktinformationen.

Bei Party Service-Erzeugnissen ist dies kaum anders. Vielfach existieren nur Photos von Buffets, die nicht weiter erläutert werden. Ein Name wie »Bayerisches Buffet« liefert ebenfalls keine weiterführenden Kenntnisse.

3. Gastgeber und Gäste schätzen die Qualität von Speisen und Gerichten um so stärker, je mehr sie über diese wissen.

Beeindruckende Produktinformationen heben Ihr Buffet aus dem Bereich der »Normalität«. Es wird aus Kundensicht zu etwas Besonderem und Außergewöhnlichem.

- Gastgeber und Gäste werden sich der gelieferten Qualität bewußt. Sie werden überhaupt erst in die Lage versetzt, die Produkteigenschaften zu erkennen und zu beurteilen.
- Ihre Produkte werden »unvergleichbar«. Die beschriebenen Eigenarten heben sie vom Angebot der Mitbewerber ab.
- Die Kunden erkennen Ihre Warenkenntnis und die »Liebe«, die Sie zu Ihren Produkten haben.
- Die Kunden erkennen die Mühe und Sorgfalt, die auf die Zusammenstellung des Buffets verwendet werden.
- Gastgeber und Gäste werden die Gerichte während der Party weit mehr genießen und ein positives Urteil fällen, je besser sie vorher informiert worden sind.
- Mit der Lieferung von Warenkenntnissen fördern Sie den Erfolg Ihres Kunden als Gastgeber.

  Sie machen ihn gegenüber seinen Gästen zum Fachmann. Er erhält seinerseits die Möglichkeit, im Detail sagen zu können, welche außergewöhnlichen Leistungen »sein Traiteur« mit dem Buffet geschaffen hat.

4. Nutzen Sie Ihre Warenkunde für Beratung und Verkauf.

Das Verkaufsgespräch bietet Zeit und Gelegenheit, persönlich Informationen zum Thema Warenkunde zu liefern. Schriftliche Produktinformationen können von Ihnen oder Ihren Mitarbeiterinnen überreicht werden.

Kunden überdenken den Party Service-Einkauf gründlicher als den des täglichen Bedarfs. Speziell bei Party Service sind sie an Produktinformationen und einer ausführlichen Beratung interessiert.

Der Ansatz für Beratung und Verkauf lautet deshalb: »Nach dem Verlassen unseres Geschäftes hat ein Kunde weit mehr Warenkenntnisse als beim Betreten!«

Machen Sie dies gegenüber Ihren Kunden deutlich: »Wir liefern Ihnen nicht nur Speisen und Getränke, sondern alles Wissenswerte über Warenkunde.«

5. Entwickeln Sie Ihre »Traiteur-Qualitätskunde«.

Gestalten Sie Ihre Warenkunde in Form schriftlicher Produktinformationen. Bei allen Ihren Erzeugnissen liefern Sie Qualität. Geben Sie Ihrer schriftlichen Warenkunde deshalb einen Titel: »Traiteur-Qualitätskunde«.

Hierzu ein Beispiel. Ein Hotelier aus Darmstadt bietet zusätzlich Party Service. Gleichzeitig führt er gemeinsam mit seiner Frau eine erfolgreiche Weinhandlung. Dort hat er den »Warenkunde-Ansatz« auf meisterhafte Weise verwirklicht.

In sorgfältiger Arbeit hat er für jeden Wein eine beeindruckend gestaltete Informationskarte entwickelt. Sie liefert dem Kunden warenkundliches Wissen über die Rebsorte, den Charakter des Weines, die passenden Speisen, die richtige Lagerung, das Anbaugebiet und den Erzeuger. Schließlich werden der Alkoholgehalt, der Restzucker- und der Säurewert genannt.

Die Informationskarten befinden sich vor den zugehörigen Weinen im Regal. Sie liefern nicht nur faszinierende Informationen, sondern ermöglichen seinen Kunden den Aufbau einer eigenen »Weinkartei«.

Gleichzeitig enthalten die Karten den Namen und das Signet der Weinhandlung. Sie sind ein Mittel ständiger Präsenz bei den Kunden, die den Service begeistert aufgenommen haben.

Übertragen Sie dieses Erfolgsbeispiel auf Ihren Party Service. Andere Kollegen haben bereits gehandelt. So bietet ein Schweizer Traiteur seinen Kunden schriftliche Informationen zu den Themen Braten, Geflügel und Pasteten, einschließlich faszinierender Kochrezepte.

- Alle schriftlichen Party Service-Angebote sollten Produktinformationen im Sinne einer »Qualitätskunde« enthalten.
- Beginnen Sie bei den Produkten, mit denen Sie den größten Erfolg haben oder deren Verkauf Sie fördern möchten.

  Hiermit erhöhen Sie gezielt den Verkauf gewinnbringender Erzeugnisse. Sie können die schriftliche Warenkunde im Beratungsgespräch einsetzen.

  Gleichzeitig ist sie ein »Mittel ständiger Präsenz«, das von Ihren Kunden aufbewahrt wird.
- »Verpersönlichen« Sie Ihre Produktinformationen, indem Sie diese unterschreiben. Setzen Sie handschriftlich den Namen des Empfängers darauf, bevor sie überreicht werden.

Verkaufen Sie »Produkt-Stories«

1. Kunden begeistern sich immer für die »Geschichte« eines Produktes.

Es ist dies eine der wichtigsten Erfolgsregeln für den Verkauf überhaupt. Kunden begeistern sich selten für ein Produkt als »Sache«. Sie werden aber fasziniert von der Historie, der Geschichte, der »Story«, mit der das Produkt verbunden ist.

Dies gilt auch für Party Service an sich. Mit nüchternen Zahlen können Sie zwar Ihren Geschäftserfolg belegen. Wenn Sie aber im Verkaufsgespräch Ihre ausgefallensten und erfolgreichsten Partyprojekte im Sinne einer »Story« schildern, vermögen Sie, Ihre Kunden zu begeistern.

Der Ansatz lautet: Verkaufen Sie keine Speisen und Gerichte. Verkaufen Sie vielmehr »faszinierende Stories«, zu denen Sie anschließend die passenden Produkte liefern!

2. Die »Produkt-Story« ergänzt Ihre Warenkunde.

Beeindruckende Informationen zur Warenkunde bilden einen Bestandteil einer »Produkt-Story«. Letztere geht aber noch darüber hinaus.

Sie erzählt die Geschichte des Produktes. Sie verbindet eine Speise oder ein Gericht mit einem besonderen Erlebnis. Sie schafft den Zusammenhang zu Menschen und Ereignissen.

Faszinierende Produkt-Stories verändern die Einstellung und Wertschätzung eines Kunden gegenüber dem Speiseangebot. Sie machen ihn mit einem Gericht vertraut. Sie wecken seinen Wunsch, speziell dieses Gericht für sein Buffet und seine Party zu bestellen.

3. Entwickeln Sie für ausgewählte Party Service-Produkte begeisternde »Stories«.

Beginnen Sie mit den Speisen und Gerichten, die Sie am stärksten fördern möchten. Halten Sie Ihre Ideen und Informationen schriftlich fest.

Jede Produktgeschichte enthält eine Vielzahl von Elementen. Nutzen Sie hierzu den folgenden »Leitfaden«:

- Was gibt es Wissenswertes zum Thema »Warenkunde«?
- Weshalb besitzt gerade dieses Gericht außergewöhnliche Qualität?
- Welchen ausgefallenen Namen hat es?
- Wie lauten das Herkunftsland und der genaue Herkunftsort?
- Welches Herstellungsverfahren gibt es?
- Wie frisch wird das Gericht zubereitet?
- Wie groß ist die Zeitdauer der Herstellung und der Reifung?
- Welche Gewürze und Zutaten werden verwendet?
- Wann wurde es erfunden?
- Zu welchem Anlaß?
- Wo wurde es erfunden?
- Von wem stammt das Rezept?
- Zu welcher Gelegenheit wurde es zum ersten Mal der »Öffentlichkeit« präsentiert, zum ersten Mal gegessen?
- Wie haben Sie vom Rezept und vom Gericht erfahren?
- Wie und weshalb haben Sie es in Ihr Angebot aufgenommen?
- Wessen Lieblingsgericht ist es, von bekannten Persönlichkeiten, von Kunden, von Mitarbeitern des Geschäftes?
- Zu welchen anderen Speisen und Getränken besteht die größte »geschmackliche Harmonie«?

- Liefert möglicherweise nur ein einziger Hersteller die Zutaten?
- Ist es möglicherweise nur bei Ihnen exklusiv erhältlich?
- Bieten Sie es nur zu einer bestimmten Jahreszeit oder für einen bestimmten Anlaß an?
- Bei welchen Parties hatten Sie mit diesem Gericht den größten Erfolg?
- Wie haben die Gastgeber und Gäste reagiert?
- Welche Anstrengungen haben andere Kunden unternommen, um an das Rezept zu kommen?
- Ist es ein »neues Gericht«, das Sie als erster anbieten?
- Hat das Gericht eine »lange Tradition«, die Sie schildern können?

Fördern Sie das, was gut läuft

1. Analysieren Sie genau, welche Produkte und Serviceleistungen überdurchschnittlichen Erfolg haben.

Immer wieder gibt es das »Phänomen«, daß bestimmte Produkte überdurchschnittlich erfolgreich sind, ohne daß man viel an Werbung oder Verkaufsförderung für sie betreibt.

Es wird wenig getan, um mit diesen Leistungen, für die offensichtlich ein großer Bedarf besteht, noch erfolgreicher zu werden. Der gedankliche »Fehlschluß« lautet: »Das läuft ja sowieso von alleine.«

Oft wird dagegen unterstützt, was im Verkauf Mühe bereitet. Hier werden die größten Anstrengungen unternommen. Hier werden Zeit und Kreativität eingesetzt, um »Schwächen« in »Stärken« umzuwandeln. Machen Sie sich deshalb bitte bewußt, mit welchen Produkten und Leistungen Sie Erfolg haben, ohne viel dafür zu tun:

- Was verkaufen wir ohne Anstrengung? Was bereitet uns beim Verkauf die geringste Mühe?
- Welche Leistungen fragen die Kunden immer »von selbst« nach?
- Welche Erfolge nehmen wir kaum noch bewußt zur Kenntnis, weil sie für uns selbstverständlich sind?
- Womit haben wir den größten Erfolg überhaupt?

2. Konzentrieren Sie Ihre Kräfte auf Ihre erfolgreichsten Produkte und Dienstleistungen.

Fördern Sie das, womit Sie bereits erfolgreich sind. Halten Sie fest, welche Zeit und welche Ressourcen sie einsetzen, um hier noch stärker zu werden.

Möglicherweise stellen Sie fest, daß Sie bisher zuwenig unternommen haben. Möglicherweise bestehen noch unausgenutzte Potentiale und Chancen.

Dieser Gedanke bedeutet nicht, Leistungen zu vernachlässigen, die erst in der Zukunft Gewinn bringen werden. Diese Entwicklungsaufgabe besteht nach wir vor, zumal das eigene Sortiment ständig weiter entwikkelt werden sollte.

3. Stellen Sie Ihre Stärken in den Blickpunkt Ihrer Kunden.

Stellen Sie eine Liste mit Maßnahmen zusammen, mit denen Sie Ihre »Erfolgsleistungen« noch stärker als bisher fördern können.

Schaffen Sie einen regelrechten »Ressourcen-Einsatzplan« für die Steigerung des Verkaufserfolges:

- Wie können wir unsere gewinnbringendsten Produkte und Dienstleistungen noch stärker herausstellen?
- Welche Werbemittel müssen wir entwickeln – schriftliche Produktbeschreibungen, Photos, Produkt-Stories? Welche warenkundlichen Informationen sollten wir liefern?
- Können wir Kostproben ausgeben?
- Auf welche Weise können unsere Mitarbeiterinnen im Geschäft für diese Leistungen werben? Worüber sollten sie mit Kunden sprechen?

4. Überprüfen Sie, ob möglicherweise für die »falschen Erzeugnisse« großer Aufwand betrieben wird.

Möglicherweise werden Erzeugnisse herausgestellt, deren Verkauf zuviel Aufwand erfordert. Überprüfen Sie dies bitte einmal anhand folgender Fragen:

- Was lief in der Vergangenheit gut und läßt sich heute nur noch schwer verkaufen? Warum ist dies so?

- Gibt es unter Umständen andere Produkte, bei denen eine ähnliche Entwicklung vorherzusehen ist? Bei welchen Erzeugnissen sollten wir überlegen, sie mit neuen zu ersetzen?
- Worauf konzentrieren wir uns noch immer, obwohl wir längst mit neuen Entwicklungen größeren Erfolg haben? Was behalten und fördern wir nur aus »Gewohnheit«?
- Bei welchen Gerichten sind Erfolg und Nachfrage für die Zukunft vorherzusehen? Welche neuen Spezialitäten liefern kreative Anbieter bereits jetzt?

  Welche Produkte sollten wir jetzt fördern, um mit ihnen langfristig Erfolg zu haben?

Entwickeln Sie Ihre »Top Ten der Party Service-Köstlichkeiten«

1. Präsentieren Sie Ihre erfolgreichsten Produkte in Form einer »Hitparade der Party Service-Köstlichkeiten«.

Der Begriff der »Top Ten der Party Service-Köstlichkeiten« liefert Ihnen eine Konzeption, mit der Sie Ihre erfolgreichsten Produkte herausstellen und neue Erzeugnisse bei Ihren Kunden bekanntmachen können.

Die »Top Ten« entsprechen einer Art »Hitparade« ausgewählter Produkte und Leistungen für Party Service.

2. Alle Kunden sind ständig auf der Suche nach den »besten« Produkten.

Es gibt wenige Informationen, die für Ihre Kunden so spannend sind wie eine aktuelle »Rangfolge« der beliebtesten Party Service-Gerichte und -Buffets. Die Kunden möchten erfahren, »was gut läuft«.

Jeder Kunde hat bestimmte Vorlieben. Er möchte wissen, ob sie von anderen geteilt werden. Er wird deshalb die Rangfolge einer »Top Ten« genau studieren, um herauszufinden, ob er die Hitliste genauso festlegen würde.

Alle Gastgeber suchen die Produkte, mit denen sie ihre Gäste am stärksten begeistern können. Die meisten Fragen bei der Beratung zielen hierauf ab.

Eine »Party Service-Hitparade« zeigt Gastgebern, welche Speisen bei anderen Kunden den größten Anklang finden. Dies liefert ihnen die Sicherheit, die »richtigen« Produkte zu wählen. Gleichzeitig verspüren sie den Anreiz, die genannten Gerichte selbst zu testen.

Das Interesse an einer »Top Ten« wird von der Entwicklung »neuer« Speisen von Restaurants und Medien verstärkt. Neben »Klassikern« entstehen neue »In- Produkte«, während andere Gerichte an Reiz verlieren.

3. Andere Hersteller haben sich die Idee bereits zunutze gemacht.

Das Schweizer Schokoladenhaus »Lindt & Sprüngli« bietet in seinem Geschäft in der Züricher Bahnhofstraße verschiedene Spezialitäten, deren Namen auf dieser Idee basieren. Beispielsweise heißt eine Pralinenmischung »Unsere Top Ten«. Ein anderes Sortiment trägt den Namen »Number One«.

Jeder Kunde von »Lindt & Sprüngli« weiß, daß es sich um die bekanntesten Spezialitäten des Hauses handelt. Es sind besonders erfolgreiche Produkte.

Ein zweites Beispiel hat die Fernsehserie »Essen wie Gott und Deutschland« geliefert. Parallel zur Sendereihe gab es eine großangelegte Untersuchung bei den Zuschauern. Die Frage hat gelautet: »Was ist Ihr Lieblingsgericht«?

Aus den Antworten entstand eine »Hitparade der Lieblingsgerichte« in Deutschland. Das Ergebnis wurde mit großer Spannung erwartet und bei der Abschlußsendung im Restaurant des »Kochs des Jahres 1988«, Alfons Schubeck in Waging, bekanntgegeben. (Auf den ersten Platz kamen Rouladen.)

4. In Ihrer »Top Ten« können Sie alle Elemente Ihres Party Service herausstellen.

- Die Rangfolge der am meisten geschätzten Einzelgerichte.
- Die am meisten geschätzten Buffet-Typen.
- Die Anlässe, für die am häufigsten Party Service bestellt wird. Hiermit demonstrieren Sie, daß Sie Spezialist für diese Anlässe sind.

- Eine Rangfolge der Mottos, die Sie entwickelt haben und die von Ihren Kunden am häufigsten gewünscht werden.
- Neue Produkte, die Sie in Ihrer »Hitliste« besonders hervorheben.

  »Diese hausgemachte Spezialität bieten wir erst seit sechs Monaten an. Jetzt liegt sie schon an dritter Stelle der von unseren Kunden am meisten geschätzten Speisen bei Parties.«

5. Die »Top Ten« erleichtern einen offensiven Verkauf.

Sie erhalten Anknüpfungspunkte für Verkaufsgespräche. Allein die Präsenz einer solchen »Party Service-Hitliste« im Geschäft oder im Schaufenster verführt die Kunden, sich mit Ihrem Angebot zu beschäftigen.

Viele Kunden werden von sich aus Party Service ansprechen. Sie werden fragen, weshalb ein bestimmtes Buffet so häufig gewünscht wird. Sie werden erzählen, daß sie eine ganz andere Rangfolge erwartet hätten. Sie werden ihr eigenes Lieblingsgericht nennen, mit dem Vorschlag, es in die »Hitparade« aufzunehmen.

Für den Verkauf von Party Service ist dies eine enorme Erleichterung. Die Unterhaltung über die »Top Ten« liefert genügend Ansatzpunkte, um auf »indirektem« Weg ein Verkaufsgespräch zu beginnen. Ihre Kunden sprechen von sich aus die Produkte an.

Sie verlassen die Ebene der »nüchternen Werbung«. Eine graphisch hervorragend gestaltete »Top Ten-Liste« ist ein Werbemittel mit »Show-Charakter«. Nicht umsonst stammt der Begriff aus dem Bereich des Show Business.

6. Führen Sie eine Befragung bei Ihren Party Service-Kunden durch.

- Nutzen Sie hierfür jeden Auftrag. Sagen Sie dem Gastgeber, daß Sie eine »Party Service-Top Ten« erstellen werden und hierzu sein Urteil gewinnen möchten.

Bitten Sie ihn, die drei Gerichte zu nennen, die ihm und seinen Gästen am besten geschmeckt haben.

- Sie können einem Kunden kaum eine größere Anerkennung liefern, als ihn um seine Meinung zu bitten. Die »Top Ten« erleichtern die Fragestellung und zeigen ihm, daß sein Urteil nicht nur geschätzt, sondern auch genutzt wird.
- Gleichzeitig betreiben Sie »Marktforschung«. Sie gewinnen handfeste Informationen darüber, was Ihre Kunden wirklich schätzen.

7. Setzen Sie Ihre »Top Ten der Party Service-Köstlichkeiten« gezielt für den Verkauf ein.

- Nutzen Sie nicht allein die Antworten Ihrer Kunden. Stellen Sie auch sich und Ihren Mitarbeiterinnen die Frage: »Was läuft bei uns am besten?«
- Entwickeln Sie ein Plakat, das Sie im Schaufenster und im Geschäft befestigen. Es trägt den Titel »Die Top Ten unserer Party Service-Köstlichkeiten«. Den aktuellen Stand können Sie dann handschriftlich eintragen.
- Nennen Sie das Datum, an dem Sie Ihre »Top Ten« erstellt haben. Vermerken Sie auf dem Plakat, wie häufig Sie diese »Hitparade« ermitteln, beispielsweise alle drei bis vier Monate.

  Auf diese Weise erkennen Ihre Kunden die Aktualität und »Ernsthaftigkeit« der Informationen.
- Veröffentlichen Sie in Ihren Anzeigen in Tageszeitungen oder »Stadtteil-Zeitungen« Ihre »Party Service-Top Ten«.

  Dies vermag kein Mitbewerber nachzuahmen. Es wird mit Sicherheit eine der erfolgreichsten Anzeigen sein, die Sie bisher veröffentlicht haben.
- Senden Sie Ihren Stammkunden die aktuelle »Hitliste« schriftlich zu.

Sorgen Sie für einen einheitlichen Stil Ihres Party Service

1. Verleihen Sie Ihrem Party Service einen einprägsamen Stil.

Ein zentraler Erfolgsfaktor ist die »Wieder-Erkennbarkeit« Ihres Party Service. Die Besonderheit und Exklusivität dessen, was Sie bieten, müssen auf Anhieb zu identifizieren sein.

Sie erreichen dies, indem Sie Ihrem Party Service-Geschäft und Ihren Produkten und Dienstleistungen einen außergewöhnlichen und einheitlichen Stil verleihen.

2. Ihr Stil wird geprägt vom Inhalt und vom Erscheinungsbild Ihrer Leistungen.

Hierzu ein Beispiel. Ein junger und kreativer Kollege aus Hannover verfolgt für seinen Party Service konsequent einen individuellen Stil.

Er dekoriert seine Buffets in den Farben Schwarz und Gold. Auch das Geschirr trägt diese Farben. Was auf den ersten Blick ungewöhnlich erscheint, hat bei den Kunden großen Erfolg. Sie empfinden das Buffet als elegant und stilvoll.

Seine eigentliche »Party Service-Farbe« ist aber Orange. Sie verbindet alle Elemente seines Party Service, vom Prospekt über die Verpackung bis hin zum Dekorationsmaterial.

Auch bei seinen Speisen und Getränken hat er sich auf einen einheitlichen Stil festgelegt, indem er sich auf italienische Delikatessen spezialisiert hat.

Seine Kunden wissen seinen ausgeprägten Stil zu schätzen. Er hebt sich deutlich von allen Mitbewerbern ab. Die Gäste sind von der Qualität und der äußeren Form seiner Produkte und Dienstleistungen so angetan, daß er bei jeder Party neue Kunden gewinnt.

3. Vom Stil schließen die Kunden auf die Professionalität.

Gastgeber wünschen sich bei der Auswahl von Party Service zuallererst Sicherheit. Sie sind ständig auf der Suche nach Indikatoren, die ihnen Informationen über die Qualität der zu erwartenden Leistungen liefern.

Ein einheitlicher Stil gibt ihnen dieses Sicherheitsgefühl. Er verbindet die ihnen angebotenen Produkte und Dienstleistungen zu einem »durchdachten Ganzen«.

Sie schließen daraus, daß Party Service ein eigenständiger, professionell geführter Geschäftsbereich ist.

Die Entwicklung eines unnachahmlichen Stils ist eine langfristige Aufgabe. Sie erfaßt sämtliche Elemente des Geschäftsbereiches. Im folgenden werden die Bereiche und Erfolgsfaktoren genannt, die von besonderer Bedeutung sind.

4. Sichern Sie ein einheitliches Qualitätsniveau in allen Bereichen.

Kunden haben ein ausgeprägtes Gespür dafür, ob auf allen Gebieten das gleiche Leistungsniveau herrscht oder ob auf einzelne Elemente weniger Sorgfalt verwendet wird.

Einzelne Minderleistungen wirken zerstörerisch auf den Gesamteindruck. Sie beeinflussen die positive Beurteilung auch der Gebiete, bei denen Spitzenleistungen erbracht werden.

Hierzu ein Beispiel. Ein hervorragend besuchtes Geschäft in Berlin verfügt über einen stets ausgelasteten Bistrobereich. Die angebotenen Speisen sind von hoher Qualität. Von innen wirkt alles sauber und gepflegt.

Von außen sieht man aber direkt hinter den Fensterscheiben große, überquellende Plastikmülleimer, die sich unter den Stehtischen befinden. Offenbar hat niemand im Geschäft die Aufgabe, die Eimer regelmäßig zu leeren und zu säubern.

Ein einheitlicher Stil entsteht, indem Sie bei allen Elementen Ihres Party Service ein gleich hohes Qualitätsniveau sicherstellen.

Untersuchen Sie hierzu beispielsweise, ob Ihre »Partymittel« und Dienstleistungen der hohen Qualität Ihrer Speisen und Gerichte angemessen sind:

- Gibt es möglicherweise veraltetes und »unschönes« Kochgeschirr, mit dem Gerichte während der Party zubereitet werden?
- Paßt das gelieferte Geschirr zu der Qualität Ihrer Speisen?
- Liegen Produktqualität und Servicequalität auf dem gleichen Niveau? Werden die wohlschmeckenden Gerichte auch pünktlich angeliefert?
- Wie gut ist die Beratungsqualität? Erhalten Ihre Kunden alle notwendigen Informationen?
- Welches Aussehen und welche Wirkung hat die Party Service-Kleidung Ihrer Mitarbeiter?

5. Entwickeln Sie Verhaltensstandards gegenüber Kunden.

Ihr Party Service-Stil kommt besonders im Verhalten gegenüber Kunden zum Ausdruck. Legen Sie deshalb die Stilregeln fest, die im Umgang mit Kunden gelten sollen.

Entscheiden Sie beispielsweise: »Wir bieten den freundlichsten Party Service in der ganzen Stadt.« Besprechen Sie anschließend mit Ihren Mitarbeitern, was »freundliches und höfliches Verhalten« im einzelnen bedeutet. Legen Sie fest, worauf zu achten ist:

- Welche Grundregeln gelten im Umgang mit Kunden?
- Welche Begriffe und Formulierungen sollen vermieden und durch bessere ersetzt werden?
- Welche Informationen und zentralen Aussagen sind bei Beratungs- und Verkaufsgesprächen zu liefern?

- Was geschieht bei schwierigen Fragen oder bei Beschwerden von Kunden?
- Wofür werden wir uns bei Kunden bedanken?
- Worauf ist bei der Anlieferung von Party Service zu achten? Worauf beim Abholen des Geschirrs?
- Welche Regeln gelten für die Anwesenheit bei einer Party, beispielsweise als Koch, Kellner oder Unterstützung für die Gastgeber?
- Welcher Stil gilt für den Umgang untereinander? Die Kunden schließen aus dem Verhalten der Mitglieder des »Traiteur-Teams« untereinander auf den Verhaltensstil insgesamt.

6. Sorgen Sie dafür, daß alle schriftlichen Werbe- und Kommunikationsmittel »aus einem Guß« sind.

Achten Sie darauf, daß alle schriftlichen Werbe- und Informationsmittel aufeinander abgestimmt sind. Nötig ist eine »Gestaltungskonstante«.

Dies reicht von Ihrer Werbebroschüre über Briefpapier bis hin zu Visitenkarten und Party Service-Aufklebern mit Ihrer Telefonnummer.

Bestimmen Sie hierzu alle notwendigen Elemente, also den Schrifttyp, die Farben, die Druckqualität und die graphische Gestaltung.

7. Entwickeln Sie auch bei Produkten einen persönlichen Stil.

Sicher können Sie bei Speisen und Gerichten nahezu alles bieten, was Ihre Kunden wünschen. Doch gerade hier besteht die Gefahr der »Verzettelung«. Legen Sie deshalb auch für Ihr Speisenangebot eine Stilrichtung fest, wie es in Spitzenrestaurants längst der Fall ist.

Sie werden keineswegs daran gehindert, in Ausnahmefällen Sonderwünsche zu erfüllen oder Ihr Angebot kreativ weiterzuentwickeln. Aus der Sicht Ihrer Kunden aber werden Sie für Ihre ausgewählten Spezialitäten bekannt.

8. Legen Sie Stilelemente für Ihre Buffet-Dekoration fest.

Hierzu ein Beispiel. Einer der erfolgreichsten Schweizer Traiteure ist gleichzeitig Restaurateur. Sein weiterhin bekanntes Restaurant ist nach einer Blume benannt.

Genau diese Blume verwendet er als zentrales Dekorationselement seiner Buffets, ohne sie aufdringlich einzusetzen. Die meisten Gäste müssen nur einen kurzen Blick auf das Buffet werfen, um zu erkennen, wer »dahintersteckt«.

Entwickeln Sie ein »Markenzeichen« für Ihren Party Service

1. Zu wenige Kunden erkennen Party Service als eigenständigen Geschäftsbereich.

Auch in den Geschäften erfolgreicher Anbieter taucht Party Service in einem Atemzug mit »täglich warme Speisen« und »Lieferservice« auf. Party Service erscheint als eine »Normalleistung« neben anderen.

Der Geschäftsname selbst ist mit Sorgfalt gestaltet. Viele Läden tragen beeindruckende Schriftzüge als Firmenzeichen. Ein spezielles Zeichen für Party Service ist dagegen die Ausnahme.

In einigen Fällen existiert nur ein kurzer Hinweis im Schaufenster, häufig als handschriftliche Notiz, mit Tesafilm an die Innenseite der Eingangstür geklebt.

Sollte es tatsächlich ein professionelles Signet geben, handelt es sich meist um einen unpersönlich gestalteten »Standardaufkleber« ohne Bezug zum Namen des Traiteurgeschäftes.

2. Entwickeln Sie Ihr eigenes »Markenzeichen« für Party Service.

Entwickeln Sie Ihr eigenes Signet und Ihren eigenen Slogan, mit dem Sie für Ihren Party Service werben.

Gestalten Sie ein einprägsames Markenzeichen, das ganz speziell Ihren Namen trägt.

Der Ansatz lautet: Ein professionell betriebener Geschäftsbereich erfordert ein ebenso professionell gestaltetes Symbol.

Sie verwenden Mühe, Sorgfalt und Zeit auf die Führung Ihres Party Service. Hier binden Sie einen großen Teil Ihrer Energie und Ressourcen.

Dies rechtfertigt die Investition in die Entwicklung Ihres »persönlichen« Markenzeichens.

3. Mit Ihrem Markenzeichen stellen Sie Ihren Party Service gegenüber den Kunden heraus.

- Das Signet trägt Ihren Namen, die Party Service-Telefonnummer und Ihr Firmenzeichen. Der Slogan enthält Ihre zentrale »Party Service-Botschaft«.
- Das Markenzeichen ist ein entscheidendes Gestaltungselement Ihrer Darstellung nach außen und Ihrer Werbung. Es taucht bei allen Party Service- Leistungen auf.
- Aus Kundensicht ist es ein »Gütesiegel« für höchste Qualität. Bei einer Party erkennen die Gäste sofort, wer den Service geliefert hat.
- Mit einem Markenzeichen demonstrieren Sie, daß Party Service ein eigenständiger, professionell geführter Geschäftsbereich ist. Das Vertrauen der Kunden, speziell der Neukunden, in die zu erwartenden Leistungen wird sichergestellt.

III. Professionelle Werbung

Werben Sie in Ihrem Geschäft offensiv für Party Service

1. Gewinnen Sie Ihre Ladenkunden für Party Service.

Nach Aussage vieler Kollegen sind bislang nur fünf bis fünfzehn Prozent ihrer Laden-Stammkunden gleichzeitig Stammkunden bei Party Service.

Hier liegt ein ungenutztes Potential. Es sollte leichter fallen, von vertrauten Kunden Aufträge für Party Service zu gewinnen als von völligen Neukunden.

Stammkunden im Geschäft kennen bereits die Qualität Ihrer Produkte. Sie haben akzeptiert, daß ein hohes Leistungsniveau auch höhere Preise bedeutet. Sie werden Ihnen und Ihren Leistungen auch bei Party Service vertrauen.

2. In vielen Geschäften geht »Party Service« völlig unter.

Bei einem Teil der Kollegen ist die Zahl der gewonnenen Party Service-Kunden sicher größer. Dennoch nutzen die wenigsten konsequent die Chancen, die eine werbliche Darstellung von Party Service im Geschäft bietet.

- Vielen fehlt eine Konzeption für Party Service-Werbung im Laden.
- Es gibt kein »Party Service-Schaufenster«.
- Die eingesetzten Werbemittel bleiben hinter dem zurück, was für den Tagesverkauf getan wird.
- Viele Kunden wissen nicht, inwieweit Party Service ein eigener Geschäftsbereich ist, in den die gleiche Sorgfalt und Mühe gesteckt werden wie in das Ladengeschäft.

  Sie haben keine Vorstellung und Sicherheit bezüglich der Professionalität.

- Sie kennen das Angebot nicht im einzelnen. Sie wissen nicht, was im Detail an Produkten und Serviceleistungen geboten wird.
- Ihnen fehlen genaue Preisvorstellungen.

  Im Geschäft sind sie zwar bereit, höhere Preise zu bezahlen. Sie haben aber ein Unsicherheitsgefühl bezüglich des Preisniveaus bei Party Service. Hier fehlen ihnen die Informationen.

  Häufig befürchten sie zu hohe Preise. Sie sind überrascht und begeistert, wenn sie das wahre Preis-Leistungs-Verhältnis erfahren.
- Es gibt nichts, was Kunden »animiert«, von sich aus Party Service anzusprechen. Es fehlen »Auslöser«, mit denen Interesse und Bedarf geweckt werden.

3. Analysieren Sie, was in Ihrem Geschäft an Party Service-Werbung existiert.

Überprüfen Sie, welche Elemente einer Verkaufs- und Werbestrategie bei Ihnen existieren. Stellen Sie fest, wie »präsent« Party Service ist.

- Welche schriftlichen Hinweise gibt es, beispielsweise Party Service-Plakate?
- Welches schriftliche Informationsmaterial liegt aus oder wird dem Kunden übergeben?
- Wie auffällig sind die Werbemittel?
- Welche »Qualität« haben sie bei Inhalt und Gestaltung?
- Für welche Speisen und Gerichte wird geworben?
- Was wird an Kostproben angeboten?
- Welche Informationen gibt es über Serviceleistungen?
- Sind unsere Qualitäts-Grundsätze und Qualitäts-Philosophie in Form eines Plakates oder einer Urkunde für die Kunden sichtbar?
- Haben wir einen beeindruckend gestalteten »Party Service-Informationsband« ausgelegt?

- Was existiert an Party- und Buffetphotos im Geschäft?
- Wer ist im Geschäft für Party Service-Beratung zuständig?
- Ist diese Mitarbeiterin als »Spezialistin« erkennbar, beispielsweise anhand einer besonderen Kleidung?
- Spricht sie gezielt Kunden auf Party Service an?
- Verfügen wir über einen speziellen »Beratungsplatz«?
- Nutzen wir ein »Party Service-Schaufenster«?
- Welche Informationen und Werbemittel enthält es?

4. Party Service hat einen »Wettbewerbsnachteil« im Laden.

Das Geschäft und seine Ausstattung dienen dem Verkauf von Fleischwaren und Delikatessen. Auf die Präsentation dieser Waren wird größte Sorgfalt verwendet.

In den Theken und Regalen kann der Kunde genau erkennen, was ihm angeboten wird. Die meisterhaft dekorierten Waren machen »Werbung für sich selbst«. Sie sind unmittelbar präsent. Sie sind im wahrsten Sinne des Wortes für den Kunden »greifbar«.

Party Service-Leistungen sind dagegen nahezu »unsichtbar«. An keiner Stelle des Geschäftes ist ein beeindruckendes Buffet aufgebaut. Die Verkaufsräume sind nicht mit Party-Dekorationsmitteln geschmückt.

Es fehlen Party-Stühle und -Tische, an denen der Kunde Platz nehmen könnte. Ihm werden keine Party Service-Speisen auf Party-Geschirr serviert.

5. Präsentieren Sie auch Produkte und Leistungen für Party Service im Geschäft.

Eine mündliche Beschreibung reicht nicht aus. Fotos und schriftliche Informationen bieten hervorragende Unterstützung, haben aber nicht die gleiche Wirkung wie tatsächlich vorhandene Erzeugnisse.

Der Ansatz lautet: Sorgen Sie dafür, daß ein Teil Ihres Party Service-Sortiments im Geschäft präsent ist.

- Sie schaffen bei Ihren Kunden eine klare Vorstellung über Ihr Party Service-Angebot. Sie gewinnen die Aufmerksamkeit für Party Service an sich.
- Sie erhalten einen idealen Anknüpfungspunkt für Beratungs- und Verkaufsgespräche.

  Sie können am einzelnen Produkt ansetzen, um Ihre Leistungen im ganzen zu schildern.
- Sie können am konkreten Beispiel beeindruckende Produktinformationen liefern. Sie demonstrieren Ihre Fachkenntnisse und das Qualitätsniveau Ihrer Leistungen auch bei Party Service.

6. Reservieren Sie einen Teil Ihrer Theke für Party Service-Produkte.

Selbstverständlich können Sie nicht Ihre ganze Angebotspalette bereithalten. Greifen Sie aber gezielt einige Produkte heraus, beispielsweise Kanapees oder Feinkostsalate.

- Präsentieren Sie Party Service-Produkte in Ihrer Theke, von denen eine besondere »Suggestivwirkung« ausgeht.
- Wechseln Sie dieses Angebot regelmäßig.
- Die Kunden betrachten sehr aufmerksam, was Neues in der Theke angeboten wird. Sie werden sich erkundigen, um was es sich im einzelnen handelt.

- Bieten Sie eine Kostprobe an. Liefern Sie gleichzeitig Informationen über das Gericht, auch schriftlich.

  Verbinden Sie das Gespräch mit einem gezielten Hinweis auf Ihr Party Service-Gesamtangebot. Nennen Sie weitere Produkte und Serviceleistungen.

- Verkaufen Sie das aktuelle Angebot als »Spezialität des Tages«, beispielsweise einen bei Parties besonders erfolgreichen Braten.

7. Veranstalten Sie regelmäßig »Party Service-Aktionen«.

Betreiben Sie im Geschäft »Verkaufsförderung für Party Service«. Veranstalten Sie beispielsweise von Zeit zu Zeit einen »Party Service-Tag«.

Bauen Sie hierzu ein kleines Buffet auf, an dem eine Mitarbeiterin ausgewählte Spezialitäten verteilt. Dekorieren Sie das Buffet mit Ihren Party-Tischdecken und Ihrem Party-Geschirr.

Für die Kunden ist dies von großem Reiz. Es wird das Interesse geweckt, die angebotenen Produkte auch in Form von Party Service nach Hause geliefert zu bekommen.

Genauso können Sie eine »Party Service-Woche« einführen. An diesen Tagen stellen Sie ausgewählte Party Service-Produkte in den Mittelpunkt Ihres Ladenverkaufs. Sie können dann auch Erzeugnisse präsentieren, deren Herstellung zu aufwendig ist, um sie das gesamte Jahr über im Laden anzubieten.

8. Stellen Sie Ihre »Partymittel« aus.

Das Aussehen und die Wirkung von Geschirr, Platten und Dekorationsmaterial sind für viele Kunden genauso interessant wie der Geschmack von Speisen und Gerichten. Von der Qualität der Partymittel schließen sie auf das Qualitätsniveau insgesamt.

Kunden möchten nicht nur über das Speiseangebot Bescheid wissen, sie möchten auch eine Vorstellung über die Präsentation der Gerichte erhalten.

Stellen Sie deshalb Geschirr und Platten im Geschäft aus, beispielsweise in einer Vitrine. Auch hiermit gewinnen Sie das Interesse und die Aufmerksamkeit Ihrer Kunden für Party Service.

9. Sprechen Sie Ihre Stammkunden gezielt auf Party Service an.

Die meisten Kunden sind außerordenlich interessiert, mehr zu erfahren. Bei fast allen existieren Anlässe für Party Service. Die wenigsten Ladenkunden sprechen dieses Thema aber von sich aus an.

Informieren Sie deshalb Ihre Kunden persönlich und ausführlich über Ihr Angebot. Weisen Sie aktiv auf Ihre Leistungen hin. Überreichen Sie schriftliche Informationen.

Ziel ist es nicht, jeden möglichen Interessenten anzusprechen. Die Aufgabe liegt vielmehr darin, die Kunden zu gewinnen, die für gewinnbringende Aufträge in Frage kommen.

Stellen Sie sich hierzu bitte einmal folgende Fragen:

- Wieviel Prozent unserer Laden-Stammkunden sind gleichzeitig Party Service- Stammkunden?
- Wer kauft bei uns mit besonderere Begeisterung ein? Wer setzt Zeit und Mühe ein, für zu Hause das richtige Essen zusammenzustellen?
- Wer läßt sich gerne von uns beraten?
- Wer schätzt Qualität und ist bereit, hierfür einen angemessenen Preis zu bezahlen?
- Wer von unseren Kunden erzählt häufiger von Anlässen und Ereignissen, für die wir Party Service liefern könnten?

- Wer von unseren Kunden hat einen Beruf, mit dem regelmäßig »gesellschaftliche Verpflichtungen« verbunden sind, wie beispielsweise ein Abendessen für eine größere Personenzahl?
- Von wem sollten wir den Namen und die Adresse erfragen?
- Wem sollten wir eine »Kostprobe« unserer Party Service-Speisen mit nach Hause geben?
- An wen sollten wir gezielt Informationsmaterial verteilen?
- Welche unserer Kunden haben einen Bekanntenkreis, in dem oft Parties und Feste gefeiert werden?

Präsentieren Sie ein »Party Service-Schaufenster«

1. Kaum ein anderer Teil des Geschäftes bietet so viele Werbemöglichkeiten wie Ihr Schaufenster.

Nur wenige Kollegen nutzen die Chance, konsequent im Schaufenster für Party Service zu werben. Nur wenige verfügen über die Konzeption eines »Party Service- Schaufensters«.

Die Zahl der Menschen, die täglich in das Fenster Ihres Geschäfts blikken, ist weit größer als die Zahl der Kunden, die das Geschäft betreten. Werbung für Party Service sollte sich deshalb nicht auf das Ladeninnere beschränken.

Bisher aber ist von Party Service im Schaufenster wenig zu sehen. Meist steht der Verkauf des üblichen Produktsortiments im Vordergrund.

2. Was tut sich am Wochenende in Ihrem Schaufenster?

Was tut sich zwischen Samstag 13 Uhr und Montag 9 Uhr in Ihrem Schaufenster? Wie viele Anziehungspunkte bietet es, um auf Party Service aufmerksam zu machen?

Während des Wochenendes sind die meisten Geschäfte »leblos«. Sie sind menschenleer. Die Beleuchtung ist ausgeschaltet. Die meisten frischen Waren sind in die Kühlung geräumt worden.

Die verbliebene Dekoration und die hinter die Scheibe geklebten Texte vermögen kaum, das Interesse und die Begeisterung von Kunden zu wecken. Vor viele Fenster sind Jalousien oder Gitter gezogen. Das gleiche gilt für viele Läden nach Geschäftsschluß während der Woche.

Kaum einmal wird die Chance genutzt, mit einer meisterhaften Schaufenstergestaltung auf Party Service aufmerksam zu machen.

3. Machen Sie eine »Schaufenster-Analyse«.

Ihre Mitarbeiter und Sie sehen Ihr Schaufenster meist nur »von hinten«. Machen Sie einen Test. Stellen Sie sich 5 Minuten vor Ihr Schaufenster, und betrachten Sie aufmerksam, was Sie sehen.

Führen Sie diesen Test bei Ihrem eigenen Geschäft durch. Machen Sie ihn bei anderen Fleischerfachgeschäften und Delikatessengeschäften in Ihrer Umgebung.

Testen Sie auch die Schaufenster von Geschäften aus anderen Branchen, beispielsweise Kosmetikgeschäften und Apotheken.

Stellen Sie sich hierbei bitte folgende Fragen:

- Was müssen wir sofort entfernen? Was ist überflüssig?
- Wie ist die Beleuchtung in den Abendstunden?
- Wie lebendig wirkt unser Schaufenster am Wochenende?
- Wofür werben wir zur Zeit?
- Wie wirkt unsere Werbung auf unsere Kunden? Werden Passanten animiert, das Geschäft zu betreten, um sich nach Party Service zu erkundigen?
- Ist im Schaufenster deutlich erkennbar, daß wir Party Service bieten?
- Welche Party Service-Leistungen bieten wir im Schaufenster konkret an?
- Trägt unser Schaufenster unser »Party Service-Markenzeichen«?
- Was erfahren unsere Kunden über unsere Qualitäts-Philosophie und Qualitäts-Standards?

4. Werben Sie mit einem »Party Service-Plakat«.

Lassen Sie ein außergewöhnliches Party Service-Plakat gestalten. Es enthält Ihren Firmennamen und Ihr Firmenzeichen.

Besonders deutlich ist Ihre »Party Service-Telefonnummer« zu erkennen. Sie ist auch von weitem gut lesbar.

Auf dem Plakat können Sie handschriftlich ausgewählte Produkte und Leistungen eintragen, so daß Sie ständig aktuelle Informationen liefern.

5. Beschreiben Sie die Projekte, die gerade laufen.

Präsentieren Sie die Speise- und Menukarten der interessantesten Parties, die sie am selben Tage oder am folgenden Tage beliefern werden.

Beschreiben Sie, was Sie zusätzlich liefern werden, beispielsweise an Dekorationsmaterial oder an Serviceleistungen.

Für Ihre Kunden gibt es kaum etwas Spannenderes. Jeder möchte wissen, was andere Gastgeber bieten.

Ihre Kunden können gar nicht anders, als vor dem Schaufenster stehenzubleiben, um die Informationen zu studieren. Selbstverständlich werden der Name des Gastgebers oder der Ort der Party nicht genannt.

Auf diese Weise beschreiben Sie Ihre Leistungen mit einem Fallbeispiel. Ein Beispiel wirkt immer interessanter als eine »sachliche« Auflistung möglicher Buffet-Typen.

6. Präsentieren Sie Dankschreiben.

- Bitten Sie gute und vertraute Kunden um ein kurzes Dankschreiben für Party Service. Bitten Sie Kunden, das Schreiben im Schaufenster veröffentlichen zu dürfen.
- Präsentieren Sie das Anerkennungsschreiben in einem außergewöhnlichen Bilderrahmen. Beschreiben Sie daneben, was Sie für diese Party im einzelnen an Produkten und Leistungen geliefert haben.
- Zeigen Sie Photos von der betreffenden Party beziehungsweise vom Buffet.

– Es reicht völlig aus, mit einem einzelnen Dankschreiben zu werben. Selbstverständlich sollte es von Zeit zu Zeit gewechselt werden.

7. Stellen Sie Sonderangebote heraus.

Werben Sie für »Party Service-Spezialangebote«.

Diese Angebote sind saisonal begrenzt. Sie bieten Spezialitäten, die nur zu einer bestimmten Jahreszeit oder in einem bestimmten Zeitraum erhältlich sind. Im Ladengeschäft gibt es das seit langem, beispielsweise »italienische Wochen«.

Auch hier werden Kunden vom Schaufenster angezogen, um zu erfahren, worin das »besondere Angebot« im einzelnen besteht.

8. Gestalten Sie Ihr Schaufenster mit Dekorationsmitteln für Party Service.

Hierzu ein Beispiel. Ein Traiteur aus Hamburg stellt in einem Teilbereich seines Schaufensters silberfarbene Platten aus, auf denen üblicherweise kalte Speisen angerichtet werden. Die Platten im Schaufenster sind dagegen mit Photos unterschiedlicher Buffets »belegt«.

Mit dieser Idee hat er großen Erfolg. Viele Kunden sprechen ihn an, um zu erfahren, um welche Buffets es sich im einzelnen handelt.

Präsentieren auch Sie von Zeit zu Zeit ausgewähltes Party-Geschirr und andere Partymittel. Dekorieren Sie Ihr Schaufenster mit Tischdecken, Servietten und Platten, die Sie bei Party Service liefern.

Beschildern Sie die Dekoration. Nennen Sie den Namen des »Dekorationstyps«, und machen Sie Vorschläge, zu welchem Anlaß er am besten paßt. Bitten Sie den Kunden schriftlich, sich weitere Informationen im Geschäft zu holen.

9. Entwickeln Sie eine Liste mit »Party-Anlässen« für Ihr Schaufenster.

Je spezieller Sie bei Ihrem Angebot werden, desto größer ist der Verkaufserfolg. Fast jeder Kunde bietet Anlässe für Party Service.

Indem Sie Ihre Kunden bereits im Schaufenster auf die »häufigsten« Anlässe ansprechen, wecken Sie gezielt Bedarf. Sie präsentieren im Schaufenster, für welche besonderen Ereignisse und Feste Sie der Spezialist sind.

Gestalten Sie einen beeindruckenden Bildband über Party Service

1. Viele Kollegen setzen einen Bildband über Party Service als Werbemittel ein.

Das Album enthält Abbildungen der verschiedenen Buffets. In vielen Fällen ist es das zentrale Werbemittel. Es soll von Kunden in Ruhe studiert werden.

Aber: Wenige Partybücher sind wirklich professionell gestaltet.

- Das Buchformat und die Abbildungen sind zu klein.
- Meist fehlt ein Inhaltsverzeichnis.
- Viele Photos erscheinen amateurhaft. Sie wirken unscharf. Es gibt unterschiedliche Formate und Papierqualitäten.

  Oft wird nicht beachtet, daß sich bei Gesamtaufnahmen von Buffets die Einzelelemente bis zur Unkenntlichkeit verkleinern. Die Kunden erkennen nur noch eine »bunte Fläche« und nicht mehr das sorgfältig gestaltete Detail.
- Wenige Abbildungen sind beschriftet. Man sieht zwar verlockende Speisen, erfährt aber nicht den Namen.
- Die Seiten mancher Bücher sind abgegriffen oder lösen sich heraus. In einigen Fällen sind die Photos in Klarsichthüllen verrutscht.
- Viele Einbände wirken einfallslos und unattraktiv.

2. Heben Sie sich bei der Nutzung Ihres Informationsbandes von Ihren Mitbewerbern ab.

Kunden schließen von der »Qualität« und Sauberkeit dieses Werbemittels auf die Qualität der gelieferten Speisen. Schließlich enthält der Informationsband Aufnahmen und Beschreibungen von Buffets und Gerichten.

Übergeben Sie den Informationsband nicht kommentarlos. Erläutern Sie die Gliederung. Ein Kunde sollte nicht das Gefühl erhalten, daß Sie sich mit der Übergabe von einem Beratungsgespräch »freikaufen«.

Schlagen Sie einige besonders interessante Seiten auf, und erläutern Sie anhand eines Fotos den Grundaufbau des Buffets. Nennen Sie die Namen der abgebildeten Speisen.

Sorgen Sie dafür, daß Ihr Kunde Ruhe und Muße hat, den Bildband zu studieren. Sollten Sie ihm anschließend nicht sofort für ein Beratungsgespräch zur Verfügung stehen, weil andere Kunden bedient werden müssen, servieren Sie ihm eine kleine Kostprobe oder ein Glas Wein.

Eine solche Geste und Vorleistung ist nicht nur eine Frage der Höflichkeit, sie verändert auch die Atmosphäre und erleichtert das Verkaufsgespräch.

3. Gestalten Sie Ihren Party-Band mit größter Sorgfalt.

- Wählen Sie das größte erhältliche Format.
- Wählen Sie einen beeindruckenden Einband, zum Beispiel aus Leder. Lassen Sie mit goldfarbenen Buchstaben Ihren Namen und den Buchtitel auf den Umschlag prägen.
- Legen Sie ein Inhaltsverzeichnis bei. Der Kunde sollte gezielt nachschlagen und eine bestimmte Stelle wiederfinden können.
- Lassen Sie sämtliche Aufnahmen von einem Profi machen.
- Verwenden Sie lieber wenige Photos, die dann aber um so beeindruckender sind. Jede nicht gelungene Aufnahme ist eine »Negativwerbung«.
- Achten Sie darauf, daß die photografierten Objekte groß genug abgebildet werden, so daß der Kunde erkennt, was er sieht.
- Wechseln Sie »Totalaufnahmen« mit Detailphotos ab.

Liefern Sie zu jeder Gesamtaufnahme eines Buffets auch Detailbilder einzelner Gerichte, die zeigen, mit welcher Sorgfalt und welchem handwerklichen Geschick die Produkte zubereitet werden.

- Verzichten Sie auf Füllmaterial. Jedes Photo ohne beeindruckende Wirkung ist überflüssig.
- Arbeiten Sie mit einer »Doppelseite«: Auf der einen Seite befinden sich die Abbildungen, auf der anderen die schriftlichen Erläuterungen. Die Kunden möchten wissen, was sie sehen.
- Versehen Sie, wenn möglich, jedes Bild mit einem Datum. Aktualisieren Sie den Bildband von Zeit zu Zeit. Je aktueller eine Aufnahme ist, desto beeindruckender wirkt sie.

  Das gilt beispielsweise für den Wechsel der Jahreszeiten. Kunden fühlen sich im Winter von sommerlichen Gartenbuffets weniger angesprochen.
- Zeigen Sie gezielt Photos von Buffets und Parties für bestimmte Anlässe.

  Erläutern Sie: »Dies ist unser Hochzeitsbuffet, unser Geburtstagsbuffet, unser Frühlingsbuffet und unser Sonntag-Mittagsbuffet.«
- Zeigen Sie nicht einfach Photos, sondern dokumentieren Sie »Party-Projekte«, die Sie abgewickelt haben.

  Wählen Sie eine besonders beeindruckende Veranstaltung aus. Beschreiben Sie kurz, um was für eine Party es sich gehandelt hat.

  Anstelle von üblichen Einzelphotos liefern Sie hiermit eine »Story«, die Ihr Kunde mit größtem Interesse liest.
- Schildern Sie mit Bild und Text anhand eines Fallbeispiels den konkreten Ablauf einer ausgewählten Veranstaltung.

  Zeigen Sie von jeder Phase ein Photo. Dies beginnt mit dem Beratungsgespräch und endet mit einer Aufnahme der Mitarbeiter beim Abholen des Geschirrs.

  Das letzte Photo zeigt die perfekt aufgeräumten und gesäuberten Räume der Gastgeber.

- Versehen Sie jede Abbildung mit einem Namen oder einer Kennziffer, so daß sich Ihr Kunde leichter Notizen machen und leichter erinnern kann.
- Legen Sie neben dem Bildband Schreibmaterial für Notizen bereit.
- Gestalten Sie das Schreibmaterial gleichzeitig als Werbemittel für Ihren Party Service.

  Der ausgelegte Notizblock muß von gleicher Qualität sein wie der Bildband selbst. Es darf sich nicht um eine Art »Schmierzettel« handeln.

  Jedes Notizblatt sollte Ihren Namen, Ihr Party Service-Zeichen und Ihre Party Service-Telefonnummer tragen.

Nutzen Sie die Chancen einer professionellen Briefwerbung

1. Informieren Sie Ihre besten Kunden regelmäßig schriftlich über Ihre Angebote.

Nutzen Sie die Adressen Ihrer Kundenkartei für schriftliche Direktwerbung.

Betreiben Sie hierbei Werbeerfolgskontrolle. Notieren Sie sich bei einer Aktion, an wen Sie geschrieben haben. Prüfen Sie dann, von wem Sie in der Folgezeit Aufträge erhalten.

Briefwerbung dient nicht nur der unmittelbaren Auftragsgewinnung. Ziel ist auch, bei Kunden »präsent« zu sein, wenn aktueller Bedarf für Party Service entsteht. Möglicherweise wird erst Wochen nach der Aktion ein Auftrag erteilt.

2. Werben Sie so »persönlich« wie möglich.

- Unterschreiben Sie vorgedruckte Briefe handschriftlich. Unterschreiben Sie mit einer Farbe, die sich von der Druckfarbe abhebt.

  Schreiben Sie auch die Anrede handschriftlich. Da sich kaum ein Anbieter diese Mühe macht, verleihen Sie Ihren Briefen eine persönliche Note.
- Unter Journalisten gilt Schreibmaschinenschrift als »heiße« Schrift, das heißt als sehr gut für aktuelle Informationen geeignet.

  Achten Sie darauf, daß Ihre Schreibmaschinentexte sauber geschrieben sind. Es darf keine »verrutschten« Buchstaben vorsintflutlicher Schreibmaschinen geben.
- Brechen Sie den »Lesewiderstand«, indem Sie mit Unterstreichungen und Absätzen arbeiten.
- Verwenden Sie gutes Papier, auch bei Photokopien. Setzen Sie farbiges Kopierpapier ein, das aber nicht zu dunkel sein darf.

3. Nutzen Sie die Bandbreite möglicher Werbemittel.

Neben dem reinen »Informationsbrief« existiert eine Vielfalt von Werbemitteln, mit denen Sie Ihre Kunden beeindrucken können. Entscheiden Sie, für welche Werbeaktion Sie welches Werbemittel wählen möchten.

- Ihre neue Werbebroschüre für Party Service.
- Eine »Menukarte« mit den Speisen eines Buffets.
- Eine echte »Tischkarte« mit dem Namen des Empfängers. Auf der Rückseite werden ausgewählte Produkte angeboten.

  Ihrem Kunden wird es schwerfallen, dieses Werbemittel wegzuwerfen, da die Tischkarte ja seinen Namen trägt.
- Verbinden Sie die Direktwerbung mit einer Einladung in Ihr Geschäft oder mit einem Gutschein für eine Kostprobe.
- Legen Sie stets eine Bestellkarte bei. Legen Sie eine Karte bei, mit der Ihr Kunde weitere Informationen anfordern kann.
- Senden Sie einen Aufkleber für das Telefon oder Notizbuch mit, der Ihre Party Service-Telefonnummer trägt.
- Versenden Sie Rezepte. Die Rückseite trägt Ihre Party Service-Werbung. Kaum eine Hausfrau bringt es übers Herz, ein interessantes Rezept wegzuwerfen.

4. Entscheiden Sie, wofür Sie werben möchten.

Ihre Briefwerbung kann Imagewerbung für Ihren Party Service im ganzen enthalten. Genauso können gezielt einzelne Buffets angeboten werden. Entscheiden Sie deshalb sorgfältig, welche Leistungen Sie in den Mittelpunkt Ihrer Werbung stellen möchten.

- Speisen und Gerichte, die Sie neu in Ihr Sortiment aufgenommen haben.
- Saisonale Angebote, zum Beispiel ein »Frühlingsbuffet«.

- Konkrete Anlässe. Hier werben Sie für Ihr »Spezialistentum« bei bestimmten Ereignissen, beispielsweise Geburtstagen, Hochzeiten und Konfirmationsfeiern.
- Neue Serviceleistungen.
- Senden Sie auch persönliche Dank-, Anerkennungs-, und Gratulationsschreiben an gute Kunden, beispielsweise mit Hilfe einer »Geburtstagskartei«.
- Erinnern Sie Kunden an erfolgreiche Veranstaltungen der Vergangenheit: »Vor 12 Monaten durften wir bei Ihnen die Party für Ihre Verlobungsfeier ausrichten. Gerne möchten wir nun mit Ihnen die ›ersten 12 Monate zusammen‹ mit einer fröhlichen Party feiern!«

Setzen Sie Ihr Fahrzeug als Werbeträger ein

1. Mit Fahrzeugwerbung gewinnen Sie überdurchschnittliche Aufmerksamkeit für Ihren Party Service.

Mit sorgfältig gestalteter Werbung auf Ihrem Fahrzeug erreichen Sie eine Vielzahl potentieller Kunden. Sie sind praktisch täglich in der Stadt unterwegs, um Aufträge auszuführen.

Sie halten vor dem Haus der Gastgeber. Die Nachbarn beobachten sehr genau, wer hier Party Service liefert. Ihr Fahrzeug parkt vor Ihrem Geschäft. Sie gewinnen die Aufmerksamkeit aller Passanten und Kunden.

2. In anderen Branchen ist »Fahrzeugwerbung« längst üblich.

Ein erfolgreicher amerikanischer Unternehmer ist unter anderem Inhaber einer Papierfabrik. Er hatte den Einfall, nicht nur die Seitenflächen, sondern das Dach und die Oberseiten seiner Lastwagen als Werbeflächen zu nutzen.

Seine Überlegung war, daß in einer Stadt täglich Tausende von Menschen am Fenster stehen und auf die Straße blicken. Üblicherweise sehen sie nur »leere« Wagendächer. Seine Transporter sind die einzigen, die hier eine riesenhafte Aufschrift tragen.

Es war dies einer seiner besten Werbeeinfälle überhaupt. Die erzielte Aufmerksamkeit war enorm.

Schließlich haben Zeitungen von seiner Idee und damit über sein Unternehmen berichtet.

Eine führende deutsche Autovermietung parkt alle Mietlaster, die nicht von den Kunden genutzt werden, während des Wochenendes an stark befahrenen Straßen, beispielsweise auf einer Autobahnbrücke. Auf diese Weise erkennen Tausende von Autofahrern den Firmenschriftzug. Es ist eine wirkungsvolle und nahezu kostenfreie Werbemethode.

3. Manche Kollegen nutzen diese Chance noch nicht.

Auch viele erfolgreiche Kollegen verzichten auf diese Möglichkeit der Kundenbeeinflussung. Sie bieten bei Party Service beeindruckende Qualität, nicht aber bei ihren Transportmitteln.

Hierzu ein Beispiel. Ein großes Café in München bietet einen Buffetservice mit Kanapees und belegten Brötchen. Der Lieferwagen trägt den Namen und die Telefonnummer des Cafés. Der Gesamteindruck des Fahrzeuges verursacht aber eher eine Negativwerbung.

In die Rück- und Seitenfenster sind Fotos von kalten Platten und Buffets geklebt. Die Bilder sind längst vergilbt. Einige haben sich gelöst und hängen schief. Andere sind eingerissen. Das Ganze wirkt ungepflegt und schlampig.

4. Sorgen Sie bei Ihrem Fahrzeug für äußerste Gepflegtheit.

Speziell in Deutschland schließen die Menschen vom Zustand eines Autos auf den Zustand des Fahrers. Das gilt auch für Party Service.

Mit Party Service sind Sie im Bereich von »Genuß und Ästhetik« tätig. Sauberkeit ist ein entscheidendes Qualitätmerkmal. Im Inneren des Fahrzeugs werden Speisen und Gerichte transportiert. Ein ungepflegter Lieferwagen zerstört einen Teil des »Qualitätsimage«, das mit fachlichen Leistungen aufgebaut wird.

Die Qualität und Sauberkeit eines Buffets sind besonders aus der Nähe gut zu sehen. Die Sauberkeit und Gepflegtheit Ihres Fahrzeuges sind dagegen auch aus der Ferne gut zu erkennen.

5. Heben Sie sich von Ihren Mitbewerbern dort ab, wo es besonders schwierig erscheint.

Es erscheint ausgesprochen mühevoll, stets mit einem sauberen Auto vorzufahren. Bei einem Teil der Lieferungen wird dies allein aus Witterungsgründen nicht möglich sein.

Gerade deshalb heben Sie sich aus Kundensicht auf verblüffende Weise von Ihren Mitbewerbern ab, wenn Sie auch an »trüben Tagen« mit einem strahlend sauberen Fahrzeug Party Service liefern. Scheuen Sie sich daher nicht, vor wichtigen Veranstaltungen eine Waschanlage zu nutzen.

6. Wählen Sie für Ihr Fahrzeug eine beeindruckende Gestaltung.

- Lassen Sie das Fahrzeug in Ihrer »Firmenfarbe« lackieren. Wählen Sie ein ungewöhnliches Design.
- Achten Sie darauf, daß Ihr Firmenname und Ihr Signet deutlich erkennbar sind.
- Achten Sie darauf, daß Ihre Party Service-Telefonnummer von weitem lesbar ist.
- Ihr Fahrzeug erfüllt neben dem Transport weitere Funktionen für die Qualitätserhaltung der gelieferten Speisen. Nennen Sie diese Funktionen am Heck Ihres Fahrzeuges, wie es beispielsweise bei Reisebussen längst der Fall ist.

  Geben Sie einen Hinweis auf die Kühlung. Erwähnen Sie die »Rutschsicherheit« der Transportbehälter.

  Erwähnen Sie die Kapazität: »Wir transportieren Speisen und Getränke für 100 fröhliche Gäste.«
- Werben Sie mit der Qualität Ihrer Produkte. Nennen Sie beispielsweise Ihre größten Spezialitäten, die Sie regelmäßig mit dem Fahrzeug transportieren.

7. Rüsten Sie vorhandene Fahrzeuge um.

Häufig ist es nicht möglich, sich sofort mit einem speziell gestalteten Fahrzeug auszurüsten. Häufig wird ein Auto eingesetzt, das auch anderen Zwecken dient.

Nutzen Sie in diesem Fall »Magnettafeln«, wie sie beispielsweise auch Fahrschulen verwenden.

Diese Tafeln können Sie nach Ihren Wünschen gestalten lassen. Wenn Sie Ihr Fahrzeug für Party Service einsetzen, heften Sie die Tafeln einfach an die Türen und an den Kofferraum. Hiermit erhalten Sie eine preiswerte, aber werbewirksame Lösung.

Achten Sie auch hier darauf, daß Ihr Name und Ihre Telefonnummer von weitem erkennbar sind.

Entwickeln Sie eine Konzeption für Ihre »werbliche Präsenz« bei Parties

1. Nutzen Sie jede Party für die Gewinnung von Folgeaufträgen.

Für viele Kollegen ist dies der entscheidende Ansatz überhaupt. Bei jeder Veranstaltung können neue Kunden und neue Aufträge gewonnen werden.

Voraussetzung ist aber Ihre »werbliche Präsenz« bei der Veranstaltung. Ihr Name muß gleich einem »Markenzeichen« herausgestellt werden. Die Gäste müssen klar erkennen, wer für Party Service zuständig ist.

Die Lieferung von Qualität reicht nicht aus, um aktiv und gezielt Kunden zu gewinnen.

2. »Eigenwerbung« bei Parties wird häufig erschwert.

Viele Gastgeber wünschen nicht, den Lieferanten herauszustellen. Ein Teil der Gäste ist nicht von sich aus interessiert, mehr über Party Service zu erfahren.

Manchen Kollegen fehlen begeisternde Werbemittel, die von den Gästen angenommen und genutzt werden. Beispielsweise werden ausgelegte Visitenkarten häufig ignoriert.

Zu vieles wird dem Zufall überlassen. Chancen werden nicht konsequent genutzt. Beispielsweise werden »neutrale« Servietten geliefert, ohne den eigenen Namen und das Party Service-Zeichen als Aufdruck.

3. Einige Kollegen sind mit ihrer werblichen Präsenz bereits erfolgreich.

Ein Traiteur aus Kassel hat im Laufe der Zeit eine spezielle Vorgehensweise entwickelt. Bei fast allen Parties ist er zu Beginn persönlich anwesend, um das Buffet zu präsentieren.

Im Anschluß an die Begrüßungsrede des Gastgebers tritt er vor das Buffet und erklärt, was alles geboten wird. Besonders hebt er die Güte und Qualität der Speisen hervor.

Mit der Beschreibung der Produktqualität stellt er auch den Gastgeber heraus, der hocherfreut ist. Der Erfolg bei den Gästen ist so groß, daß der Kollege inzwischen fast bei jeder Veranstaltung um diesen Service gebeten wird.

Gleichzeitig nutzt er die Gelegenheit, die Gäste zu einem Besuch seines Geschäfts und seiner Produktion einzuladen.

4. Ihre Werbemittel sind dann erfolgreich, wenn sie einen Bestandteil der Party bilden.

Der Ansatz lautet: Liefern Sie »Partymittel«, die gleichzeitig als Werbeträger für Ihren Namen dienen.

- Außergewöhnliche Speisekarten und Tischkarten, die von den Gästen als Erinnerung mitgenommen werden.
- Streichhölzer mit Ihrem Namen und Signet.
- Kleine Schreibblöcke, auf denen sich die Gäste Notizen machen können.
- »Showmittel«, die einen dekorativen Bestandteil des Buffets oder einen Teil der Dekoration bilden.

  Beispielsweise Luftballons, die von den Gästen mit nach Hause genommen werden können.
- Gutscheine als »Gastgeschenk« für einen Einkauf im Geschäft.

5. Erhöhen Sie den Erfolg Ihrer Party Service-Visitenkarten.

Setzen Sie konsequent Visitenkarten für Ihre Werbung ein. Stellen Sie insbesondere sicher, daß die Karten von den Gästen mitgenommen werden.

Legen Sie hierzu die Visitenkarten einzeln auf die Teller. Jeder Gast, der einen Teller nimmt, muß dann auch nach der Karte greifen. Er wird sie automatisch einstecken.

Geben Sie Ihren Mitarbeitern den Auftrag, zufriedenen Gästen eine Visitenkarte zu überreichen. Bestimmen Sie die Formulierung, mit der die Gäste hierbei anzusprechen sind:

»Darf ich Sie fragen, welches Gericht Ihnen am besten geschmeckt hat? Darf ich mir erlauben, Ihnen eine Visitenkarte unseres Party Service zu überreichen?«

Erbitten Sie im Austausch die Visitenkarte des Gastes. Versprechen Sie, ihm Informationen über Party Service zuzusenden.

Nehmen Sie im darauffolgenden Werbebrief Bezug auf die gemeinsame Veranstaltung. Danken Sie dem Gast für das Lob, das er Ihrem Party Service gemacht hat.

6. Entwickeln Sie andere Werbeträger als die übliche Visitenkarte.

Der Einsatz von Visitenkarten ist eine Selbstverständlichkeit. Gleichzeitig gibt es weitere Möglichkeiten für preiswerte »Mittel ständiger Präsenz« bei den Gästen.

Legen Sie kleine Taschenkalender in Kartenform aus. Das Entscheidende ist, daß diese Kalender nicht nur das laufende Jahr zeigen, sondern die folgenden vier Jahre.

Kein Gast wird widerstehen können, diesen Kalender einzustecken und in seiner Brieftasche bei sich zu behalten.

Legen Sie kleine Horoskopkarten aus. Kaum ein Gast wird widerstehen können, die Karte herauszugreifen und bei sich zu behalten, die sein persönliches Horoskop für die nächste Zeit beschreibt.

7. Sorgen Sie dafür, daß die gelieferten »Partygeräte« Ihren Namen tragen.

Stellen Sie sicher, daß alle mitgelieferten Geräte Ihren Namen tragen. Es gibt keinen Grund, Werbung für den Gerätehersteller zu betreiben.

Verwenden Sie hierzu Aufkleber oder Etiketten. Befestigen Sie beispielsweise ein kleines Metallschild mit Ihrem Namen an Ihrem Grill oder an den Wärmeplatten.

8. Gestalten Sie die Tischdekoration mit Ihrem Namen und Signet.

Prüfen Sie, ob Sie Geschirr, Tischdecken und Servietten mit Ihrem Namen und Ihrem Party Service-Symbol versehen können.

Einige Kollegen verkaufen das gelieferte Geschirr an die Gastgeber. Die Teller und Tassen werden dann zu einem »Mittel ständiger Präsenz« bei den Kunden.

9. Ziel aller Maßnahmen ist es, Ihren Namen bei den Gästen bekanntzumachen.

Hierzu ein Beispiel. Das Münchner Haus einer berühmten US-Hotelkette hat vor Jahren den Party Service für die Präsentation eines neuen Automobils eines süddeutschen Herstellers übernommen.

Unter den Gästen befand sich der damalige bayerische Ministerpräsident Franz Josef Strauß. Er war von der Qualität der Speisen begeistert.

Trotz des Hotelsignets auf den Jacken der Kellner wußte er aber nicht, wer für Party Service verantwortlich war. Er mußte bei seinem Tischnachbarn nachfragen, um es herauszufinden. Sein Tischnachbar war zufälligerweise der Hoteldirektor selbst.

Das Beispiel zeigt, daß auch ein Party Service-Zeichen häufig für eine »Identifizierung« nicht ausreicht. Ihr Name muß deshalb bei der Party so häufig wie möglich auftauchen, ohne daß dies aufdringlich wirkt.

Veranstalten Sie für Ihre besten Kunden selbst eine Party

1. Werden Sie zum Gastgeber für Ihre wichtigsten Kunden.

Bestimmte Auftraggeber sind besonders wichtig für Sie. Zu anderen haben Sie ein ausgesprochen freundschaftliches Verhältnis. Laden Sie Ihre wichtigsten und engsten Kunden ein, und veranstalten Sie selbst eine Party.

- Es gibt kaum eine andere Methode, mit der Sie Ihre Kunden so begeistern können. Sie gewinnen nicht nur ihr Interesse, sondern ihre Wertschätzung.

  Eine solche Einladung ist ein zentrales Element der »Beziehungspflege« gegenüber guten Kunden.

- Sie können die Qualität Ihrer Produkte und Ihrer Leistungen beeindruckend präsentieren. Sie erhalten die Gelegenheit, im einzelnen zu demonstrieren, was Sie unter professionellem Party Service verstehen.

  Ihre Kunden werden begeistert sein, selbst einmal als Gäste »hinter die Kulissen« blicken zu dürfen.

- Sie schaffen eine persönliche Beziehung und ein freundschaftliches Verhältnis zwischen Ihrem Party Service-Team und Ihren Kunden. Sie binden die Kunden noch enger an sich.

- Bei der Veranstaltung werden Sie nicht vom Tagesgeschäft abgelenkt. Sie können sich uneingeschränkt auf Party Service konzentrieren. Legen Sie deshalb die Veranstaltung auf einen Abend, an dem Sie und Ihre Kunden ausreichend Zeit haben.

- Die »Multiplikatorwirkung« einer solchen Veranstaltung ist enorm.

  Jeder Teilnehmer wird einer Vielzahl von Personen von seinem Erlebnis erzählen. Die Werbewirkung beschränkt sich nicht nur auf alle Anwesenden. Vielmehr wird nahezu der ganze engere Bekanntenkreis der Teilnehmer mit erfaßt.

2. Wählen Sie Ihre Gäste gezielt aus.

- Treue und gute Party Service-Auftraggeber.
- Gute »Ladenkunden«, die Sie für die Vielzahl von Einkäufen und ihre Treue belohnen möchten. »Laden-Stammkunden«, die nun auch für Party Service gewonnen werden sollen.
- Kunden, die Ihnen Aufträge vermittelt haben. Die Einladung ist Bestandteil eines »Bedank-Programms«.
- Kunden, die Sie zu (Geschäfts-) Freunden entwickeln möchten. Neukunden, die enger gebunden werden sollen.
- Firmen-Mitarbeiter, die im Unternehmen entscheiden, bei wem Party Service bestellt wird.
- Kunden, die eine Einladung »gewonnen« haben, weil sie beispielsweise eine bestimmte Einkaufssumme im Geschäft überschritten oder eine bestimmte Zahl von Parties im Jahr gegeben haben. Diese Kunden werden im Sinne eines »Belohnungs-Programms« eingeladen.
- Auftraggeber, die Ihnen mit Informationen oder Anerkennungs- und Dankschreiben besonders geholfen haben.

3. Machen Sie aus der Party ein »Gesamtprojekt«.

Nutzen Sie nicht nur die Veranstaltung selbst für die Beeinflussung Ihrer Kunden, sondern auch den Zeitraum vor und nach der Party.

- Gestalten Sie die Einladung besonders sorgfältig. Ihre Kunden müssen von Anfang an das Gefühl haben, daß es sich um ein wichtiges Ereignis handelt, das Ihnen am Herzen liegt.
- Bedanken Sie sich einige Tage nach der Veranstaltung mit einem kurzen Schreiben bei Ihren Gästen für die Teilnahme.
- Geben Sie Ihren Gästen ein kleines Präsent mit für die Familienmitglieder, die nicht teilnehmen konnten, beispielsweise für die Kinder Ihrer Gäste.

- Laden Sie einen Journalisten Ihrer Regionalzeitung ein, der über die Party und Ihr Buffet einen Artikel und Fotos veröffentlicht.

  Sprechen Sie vorher im Detail ab, welchen Inhalt der Artikel haben soll. Liefern Sie dem Journalisten gezielt Informationen über Ihren Betrieb und Ihr Party Service-Angebot.

  Hängen Sie anschließend den veröffentlichten Artikel in das Schaufenster Ihres Geschäftes.

- Lassen Sie sich nicht von der Befürchtung bremsen, einige Kunden könnten möglicherweise verärgert sein, weil sie nicht eingeladen worden sind.

4. Sichern Sie sich die Unterstützung von Sponsoren.

Eine große Zahl von Unternehmen ist bereit, Sie bei Ihrer Veranstaltung zu unterstützen. Sichern Sie als Gegenleistung zu, daß die Produkte der Firma während der Einladung herausgestellt werden.

Dies gilt besonders für die Unterstützung bei Getränken. Entwickeln Sie gemeinsam mit Ihrem Firmenpartner ein Programm, wie seine Produkte mit Hilfe Ihrer Party anschließend im Geschäft und bei Party Service stärker verkauft werden können.

Studieren Sie bitte einmal die folgenden Beispiele von Anlässen, zu denen Sie Ihre Kunden einladen können. Einige der Veranstaltungen werden bereits von Kollegen für die Kundenbindung genutzt.

5. Veranstalten Sie eine »Showparty«, bei der Sie Ihr Party Service-Können demonstrieren.

- Simulieren Sie, Sie hätten von einem Kunden einen Party Service-Auftrag. Veranstalten Sie dann die Party einfach persönlich.
- Laden Sie den ausgewählten Personenkreis frühzeitig ein. Achten Sie darauf, daß auch Laden-Stammkunden teilnehmen, damit sich diese nicht übergangen fühlen.

- Viele Kunden, die sich nur vom Sehen her aus der Nachbarschaft kennen, erhalten bei Ihrer Party die Gelegenheit, sich persönlich kennenzulernen.

  Machen Sie deshalb die Gäste, wenn möglich, miteinander bekannt. Dies ist eine Ihrer Aufgaben als Gastgeber und schafft eine besondere Atmosphäre.

- Präsentieren Sie nicht nur Ihr Buffet. Präsentieren Sie alle Partymittel, die Sie anbieten, vom Geschirr über Tische bis hin zur Dekoration.

- Es müssen alle Mitarbeiterinnen anwesend sein, die für Party Service zuständig sind. Stellen Sie die Mitarbeiterinnen persönlich vor. Sorgen Sie dafür, daß sie Namensschilder tragen.

- Geben Sie Ihren Gästen schriftliches Informationsmaterial über Ihren Party Service mit:

  Visitenkarten

  Prospekte und Produktinformationen

  Bestellformulare und Preislisten

  Schriftliches Werbematerial mit »Mehrfachnutzung«, zum Beispiel einen kleinen »Party Service-Notizblock«.

6. Geben Sie eine »improvisierte« Party.

Es ist nicht immer nötig, eine »perfekte« Party zu inszenieren. Die Kunden sind von einer Einladung mit »improvisiertem Charakter« genauso begeistert.

Beispielsweise können Sie Ihre Kunden zu einer Besichtigung der Arbeits- und Produktionsräume einladen, in denen Sie die Herstellung von Party Service-Produkten demonstrieren. Anschließend können Ihre Gäste die verschiedenen Speisen ausgiebig kosten.

Gerade hier entsteht eine Atmosphäre der Vertrautheit und »Gemütlichkeit«, mit der Sie eine enge Beziehung zu Ihren Kunden aufbauen.

7. Bieten Sie einen »Tag der offenen Tür«.

Einige Kollegen haben bei sich einen »Tag der offenen Tür« eingeführt. Einmal im Jahr stellen sie verschiedene kalte Buffets im Geschäft aus. Jedes Buffet ist etwa für zwanzig Personen gemacht.

Die Kunden können bei der Herstellung und Präsentation zusehen. Das handwerkliche Können wird eindrucksvoll demonstriert. Die Kunden erfassen auf einen Blick das gesamte Buffet-Angebot.

Nach der Veranstaltung werden die Buffets entweder gestiftet, beispielsweise an Altersheime, oder zum Selbstkostenpreis verkauft.

8. Veranstalten Sie für Ihre besten Kunden »Traiteur-Seminare«.

Laden Sie Ihre besten Kunden zu einem sogenannten »Traiteur-Seminar« ein.

Kunden haben eine Vielzahl von Fragen zum Thema »Essen und Trinken«. Bisher hat sich kaum jemand dieser Fragen angenommen. Ein »Traiteur-Seminar« bietet Ihnen hierzu die Gelegenheit.

Sie demonstrieren einen Teil Ihres fachlichen Könnens und informieren Ihre Kunden über die Zubereitung und Präsentation ausgewählter Gerichte.

- Wählen Sie einen kleinen Kreis von Personen aus. Laden Sie diese Kunden persönlich zu Ihrem »Traiteur-Seminar« ein. Die Veranstaltung muß nicht länger dauern als eine bis anderthalb Stunden.
- Bieten Sie den Teilnehmern Kostproben aus Ihrem Party Service-Angebot und passende Getränke an.
- Wählen Sie ein interessantes Thema aus, das Sie frühzeitig bekanntgeben:

  Zubereitung ausgewählter warmer Gerichte.

  Zubereitung besonders delikater Party-Spezialitäten.

Ihr persönliches »Fleisch-Qualitäts-Seminar«: Zu welchem Fleisch paßt welche Zubereitung am besten? Zu welchem Fleisch passen welche Weine aus Ihrem Angebot am besten?

Erfolgsregeln für Gastgeber bei der Veranstaltung von Parties.

9. Bieten Sie guten Kunden einen »Traiteur-Kochkurs«.

Veranstalten Sie für Ihre besten Kunden Kochkurse. Hiermit schaffen Sie eine herzliche und enge Beziehung zu Ihren wichtigsten Kunden.

Stellen Sie eine kleine Urkunde aus, mit der Sie einem Kunden seine erfolgreiche Teilnahme am »Traiteur-Kochkurs« bestätigen. Verteilen Sie schriftliche Rezepte zu den besprochenen Gerichten. Urkunde und Rezept enthalten auf der Rückseite Informationen über Ihren Party Service.

Hierzu ein Beispiel. Zeigen Sie Ihren Kunden, wie man wirklich professionell einen außergewöhnlichen Braten zubereitet:

- Wie wird das beste Fleisch ausgewählt? Worauf muß man achten?
- Welche Vorbereitung ist nötig?
- Welche Gewürze passen am besten?
- Wie läuft die Zubereitung im einzelnen ab?
- Welche Beilagen passen am besten? Wie werden die Beilagen zubereitet?
- Wie bereitet man eine köstliche Sauce?
- Wie wird der Braten am besten serviert?
- Was macht man mit Teilen des Bratens, die übrigbleiben? Welche Gerichte kann man hieraus entwickeln?
- Welche Arten von Braten gibt es überhaupt?
- Welche Unterschiede bei der Zubereitung gibt es zwischen den verschiedenen Bratenarten?

10. Veranstalten Sie eine »Traiteur-Weinprobe«.

Hierzu ein Beispiel. Auf dem Schloß und Weingut von Graf Matuschka-Greifenklau sind regelmäßig Unternehmen zu Gast, für die festliche Essen veranstaltet werden. Zu jedem Gang des Menus präsentiert der Graf Weine aus eigenem Anbau. Er schildert, weshalb bestimmte Weine und Speisen besonders gut harmonieren.

Seine Aussage lautet: Die Qualität eines Weines kann man nur in Zusammenhang mit dem Gericht beurteilen, zu dem er serviert wird.

Übertragen Sie diesen Ansatz auf Party Service. Veranstalten Sie für Ihre besten Kunden eine Weinprobe. Werben Sie hiermit gleichzeitig für den Verkauf der von Ihnen im Geschäft geführten Weine.

- Lassen Sie sich von einem Mitarbeiter des Weinhändlers unterstützen, von dem Sie die Weine beziehen. Laden Sie den betreffenden »Kellermeister« ein, damit er Ihren Kunden und Gästen alles Wissenswerte über die Weine vermittelt, die Sie führen.
- Verbinden Sie die Weinprobe mit einer Degustation ausgewählter Party Service-Produkte. Erläutern Sie, welches Produkt am besten zu welchem Wein paßt und umgekehrt.

  Schildern Sie, welche Produkte und Weine besonders gut zu verschiedenen Party Service-Anlässen passen.
- Hiermit werden Sie in einem Bereich tätig, der nicht allein Fleisch und Wurst betrifft. Aus der Sicht Ihrer Kunden erhalten Sie Kompetenz auf dem Gebiet »Essen und Trinken« insgesamt.

  Sie werden zum »persönlichen Berater« Ihrer Kunden bei der Zusammenstellung des Buffets und der Getränke bei einer Party.

IV. Beratung und Verkauf

Führen Sie professionelle Beratungs- und Verkaufsgespräche

1. Sie benötigen ein System für die professionelle Gesprächsführung mit Party Service-Kunden.

Inhalt und Verlauf des Verkaufsgesprächs entscheiden über den Geschäftserfolg insgesamt. Sie benötigen daher Grundsätze, Methoden und Arbeitsmittel für professionelle Gespräche mit Ihren Kunden.

- Sie führen eine Vielzahl dieser Gespräche. Nötig ist eine Vorgehensweise, mit der Sie den zeitlichen Aufwand der einzelnen Beratung senken.
- Das Gespräch entscheidet über die Auftragsvergabe und den Auftragswert.

  Die Leistungen werden im einzelnen festgelegt. Damit wird nicht nur die Profitabilität bestimmt, sondern der Grad der Belastung jeder einzelnen Veranstaltung.
- Im Beratungsgespräch haben Sie einen intensiven und persönlichen Kundenkontakt. Sie können sich und Ihren Party Service beeindrukkend präsentieren.

  Sie können gezielt Leistungen fördern, mit denen gewinnbringender Party Service möglich ist.
- Sie erhalten Informationen von Ihren Kunden. Sie können alle Daten gewinnen, die für Ihre Kundenkartei und einen aktiven Verkauf nötig sind.
- Eine professionelle Beratung liefert Kunden Sicherheit. Vom Stil und Verlauf des Gespräches schließen sie auf die Qualität der zu erwartenden Leistungen.

2. Das Verkaufsgespräch ist bereits Bestandteil Ihres Party Service.

Im Verkaufsgespräch bieten Sie eine umfassende Beratung. Diese ist Bestandteil Ihrer Party Service-Leistungen.

Bereits hier können Sie den Erfolg der Party selbst sicherstellen:

- Sie »verkaufen« dem Kunden nicht nur einzelne Produkte, sondern Sie gewinnen seine Zustimmung und seine Wertschätzung. Die Party wird zu einem gemeinsamen Projekt zwischen Ihnen und dem Gastgeber.
- Je mehr ein Kunde vorher über die gelieferten Produkte erfahren hat, desto »positiver« wird er sie während der Party beurteilen. Er hat an der Auswahl und Zusammenstellung persönlich mitgewirkt.
- Es werden alle notwendigen Informationen ausgetauscht. Die Aufgabenverteilung und der Ablauf der Party werden besprochen. Es wird festgelegt, auf welche Erfolgsfaktoren zu achten ist.

  Auf diese Weise schalten Sie frühzeitig Mißverständnisse und Risikofaktoren aus, die das Gelingen der Veranstaltung beeinträchtigen könnten.

3. Vielfach bleiben Chancen ungenutzt.

Vielen Kollegen fehlt die Zeit. Sie sind mit Aufgaben der Produktion oder des Verkaufs im Laden »besetzt«.

Die meisten Kunden möchten »unangemeldet« ein Beratungsgespräch führen. Der Traiteur hat keine Chance, sich kurzfristig von anderen Aufgaben freizumachen.

Häufig fehlen schriftliche Beratungs- und Kommunikationsmittel, mit denen das Gespräch erleichtert und zeitlich verkürzt werden könnte.

Wenige verfügen über geeignete Räumlichkeiten für einen ungestörten Verkauf von Party Service. Es erfordert zu großen Aufwand, einen eigenen Beratungsbereich zu schaffen.

4. Entscheiden Sie, bei welchen Aufträgen ein Beratungsgespräch erforderlich ist.

Sie können nicht bei jedem Auftrag eine ausführliche Beratung anbieten. Legen Sie fest, bei welcher Art von Aufträgen Sie dies tun möchten.

Nehmen Sie sich ausreichend Zeit, wenn es sich um einen für Sie wichtigen Kunden oder bedeutenden Auftrag handelt. Legen Sie das Verkaufsgespräch auf einen Termin, der Sie zeitlich nicht zu stark belastet.

Vereinbaren Sie mit Ihrem Kunden regelrecht einen »Party Service-Beratungstermin«. Viele Kunden werden dies gerne akzeptieren. Sie empfinden einen speziellen Beratungstermin als angemessen für die Bedeutung ihrer Party.

Übergeben Sie vorab schriftliches Informationsmaterial, so daß sich Ihr Kunde in Ruhe zu Hause auf das Gespräch vorbereiten kann.

5. Führen Sie intensive Verkaufsgespräche.

- Beraten Sie offensiv. Machen Sie von sich aus Vorschläge.

  Fragen Sie nach dem Anlaß und der Bedeutung der Party. Machen Sie passende Angebote.
- Beschreiben Sie Ihre Leistungen im Detail. Beschreiben Sie von Anfang an die Qualität und den Nutzen, die den Gästen geboten werden.

  Sagen Sie im einzelnen, welche Nachteile eine »geringere Qualität« hätte.
- Informieren Sie nicht nur über Produkte. Heben Sie Ihre Serviceleistungen hervor. Sagen Sie gezielt, welche außergewöhnlichen Leistungen gerade Ihr Party Service bietet.
- Gehen Sie das Informationsbuch gemeinsam mit dem Kunden durch. Erläutern Sie die Abbildungen.
- Übergeben Sie schriftliches Informationsmaterial persönlich. Sagen Sie im einzelnen, worum es sich handelt.

- Fragen Sie den Kunden, welche Erfahrungen er bisher bei Party Service hat:

  »Was hat Ihnen in der Vergangenheit besonders gut gefallen?«

  »Womit hatten Sie den größten Erfolg? Was ist bei Ihren Gästen am besten angekommen?«

  »Was hat Sie gestört?«

  »Was möchten Sie nicht mehr erleben? Was möchten Sie nicht mehr haben?«

- Beschließen Sie das Beratungsgespräch mit einer gezielten Bemerkung: Fragen Sie Ihren Kunden, was er noch wissen möchte. Sagen Sie ihm, daß er nun alle wichtigen Informationen von Ihnen erhalten habe.

6. Gehen Sie auf die Fragen ein, die Ihre Kunden besonders interessieren.

Viele Kollegen haben die Erfahrung, daß bestimmte Fragen immer wieder auftauchen. Häufig sind es aber die Kunden, die diese Themen ansprechen. Erst dann wird eine ausführliche Information geliefert.

Heben Sie sich hier von Ihren Mitbewerbern ab. Gehen Sie von sich aus auf Fragen ein, die häufig auftauchen. Beantworten Sie auch die Fragen, die unausgesprochen bleiben, über die Kunden aber ständig nachdenken.

- Die meisten Kunden machen sich Sorgen über das Gelingen der Party. Sie fürchten, daß irgend etwas schiefgeht.

  Beispielsweise sind sie unsicher, ob wirklich alles pünktlich geliefert wird. Sie wissen nicht, ob die Mengen reichen. Sie befürchten, daß ein Gericht ihren Gästen nicht schmecken könnte.

  Gehen Sie von sich aus gezielt auf die Befürchtungen Ihrer Kunden ein. Stellen Sie sich selbst die Frage, auf welchen Gebieten Ihre Kunden unsicher sein könnten.

  Geben Sie dann beispielsweise eine »Pünktlichkeitsgarantie«. Kündigen Sie an, daß Sie einen Tag sowie eine Stunde vor der Party anrufen werden, um durchzugeben, daß der Termin pünktlich eingehalten wird.

- Informieren Sie Ihre Kunden über die Form der Kooperation. Schildern Sie die Organisation und den Ablauf, vor, während und nach der Party.

  Für die meisten Kunden haben diese Fragen eine ähnliche Bedeutung wie Informationen über Speisen und Getränke. Sie möchten über die Form des Party Service genauso viel wissen wie über den Inhalt.

- Beseitigen Sie mangelnde Kenntnisse. Viele Kunden wissen beispielsweise nicht, welche »Partymittel« und Einrichtungen sie in ihrem Haushalt haben müssen, damit die Veranstaltung ein Erfolg wird.

  Möglicherweise fehlen im Haushalt zusätzliche Saucen zu einem Braten, oder die Butter reicht nicht für die gelieferte Menge Brot. Dies wird dann erst im letzten Moment entdeckt. Es fehlt die Zeit, die notwendigen Dinge zu beschaffen.

  Ein weiteres Beispiel sind fehlende Anschlußmöglichkeiten für Elektrogeräte oder ungeeignetes Geschirr, um kalt gelieferte Gerichte zu erwärmen.

7. Liefern Sie Ihren Kunden »Entscheidungshilfen«.

Die Bestellung von Party Service bedeutet für Kunden letztlich ein »Entscheidungs- und Auswahlproblem«. Bis zum Beginn der Party fragt sich jeder Gastgeber immer wieder, ob er die richtige Wahl bei Speisen und Getränken getroffen hat.

Sie werden Ihre Kunden im Verkaufsgespräch um so stärker gewinnen, je gezielter Sie auf diese »Entscheidungsprobleme« eingehen. Gerade hier können Sie Ihr Fachwissen, Ihre Kompetenz und Ihren Qualitätssinn beweisen.

Der Ansatz lautet: Welche Entscheidungen müssen Gastgeber im Zusammenhang mit Party Service immer wieder treffen?

- Welche »Mengen« an Speisen und Getränken müssen wir bestellen?
- Reicht das aus, was wir bestellt haben? Bleibt andererseits nicht zuviel übrig?
- Was müssen wir bestellen, damit unsere Gäste wirklich begeistert sind? Wie können wir die einzelnen Gerichte zu einem beeindruckenden Buffet zusammenstellen?
- Welche Getränke passen am besten?
- Wen sollen wir einladen, wen nicht? Gibt es Regeln, an die wir uns halten können?
- Unter welches »Motto« könnten wir unsere Party stellen?
- Wie gestalten wir unsere Einladung?
- Sollen wir die Räume dekorieren oder nicht?
- Wie können wir unsere Mühe so gering wie möglich halten?
- Sollen wir bestimmte Aufgaben selbst übernehmen, oder sollen wir alles vom Party Service liefern lassen?
- Was können wir Außergewöhnliches bieten, um aus unserer Party eine »Show« zu machen?
- Was können wir zusätzlich tun, damit die Party ein voller Erfolg wird?

8. Bieten Sie nicht alles »gleichzeitig« an.

Konzentrieren Sie sich im Verkaufsgespräch auf eine Leistung nach der anderen. Dies gilt auch für den Fall, daß Sie ein »Party-Gesamtpaket« verkaufen möchten.

Beginnen Sie mit den Produkten und Serviceleistungen, die sich am einfachsten und erfolgreichsten verkaufen lassen. Bauen Sie Ihr weiteres Leistungsprogramm um diesen »Kern« herum auf.

Arbeiten Sie mit einem Stufenplan:

- Beginnen Sie mit der »Funktion«, die ein Produkt erfüllt. Die Funktion lautet beispielsweise: »Zeremonielle Begrüßung der Gäste«.
- Liefern Sie anschließend das passende Produkt, beispielsweise einen ausgefallenen Begrüßungscocktail.
- Fragen Sie Ihren Kunden, ob er das Produkt kennt. Liefern Sie anschließend eine begeisternde Beschreibung von Qualität und Eigenschaften.

Nutzen Sie schriftliche Informations- und Werbemittel

1. Entwickeln Sie schriftliche Informations- und Beratungsmittel, mit denen Sie sich im Verkauf entlasten.

Sie können nicht alle Verkaufsgespräche persönlich führen. Dies gilt besonders für kleinere Aufträge, bei denen eine ausführliche Beratung zu aufwendig ist.

Entwickeln Sie deshalb schrittweise Informations- und Werbemittel, mit denen Sie sich bei Verkauf und Beratung entlasten. Die Unterlagen enthalten alle Informationen, die es Kunden erleichtern, die richtige Auswahl zu treffen.

Gleichzeitig dienen sie der Gesprächsvorbereitung, so daß eine Entscheidung für den Auftrag in wenigen Minuten in einem persönlichen Gespräch möglich ist.

2. Widmen Sie jedem Leistungsbereich ausreichenden Raum.

Stellen Sie sicher, daß keine Produkte und Dienstleistungen untergehen. Entwickeln Sie für jeden Bereich spezielle Werbe- und Verkaufsmittel.

In vielen Fällen ist die Lieferung flankierender Leistungen, über Essen und Trinken hinaus, der »gewinnbringende« Teil des Auftrages.

Gestalten Sie beispielsweise Ihren Party Service-Prospekt so, daß der Leser die verschiedenen »Programm-Elemente« des Gesamtangebotes auf Anhieb erkennen kann. Widmen Sie jedem Bereich ein eigenes Kapitel. Liefern Sie Bestellbogen in unterschiedlichen Farben.

- Einzelne Speisen und Gerichte.
- Buffet-Typen.
- Weinlisten.
- Partymittel und Dienstleistungen, vom Schreiben der Tischkarten bis hin zur Lieferung der Dekoration.
- Spezielle Serviceleistungen, zum Beispiel ein Reinigungsservice.
- Unterhaltungs- und Showprogramme, beispielsweise der Einsatz von Künstlern oder die Organisation eines Feuerwerks.

3. Stellen Sie gewinnbringende Angebote in den Mittelpunkt.

Fördern Sie in Ihren schriftlichen Unterlagen die Angebote, deren Verkauf Ihnen besonders am Herzen liegt. Dies bezieht sich nicht alleine auf die Profitabilität von Produkten, sondern auch auf Ihre zeitliche und kräftemäßige Belastung.

- Stellen Sie die Gerichte und Buffet-Typen heraus, mit denen Sie den größten Erfolg haben und die Sie zeitlich und kräftemäßig nicht zu stark beanspruchen.
- Präsentieren Sie die Serviceleistungen, bei denen eine hohe Gewinnspanne möglich ist.
- Bieten Sie Leistungen an, die »standardisierbar« sind und damit einen geringeren Produktionsaufwand bedeuten.
- Lenken Sie die Nachfrage auf bestimmte »Zeiten«, so daß eine »Entzerrung« der Aufträge möglich wird.
- Werben Sie beispielsweise für ein »Zwölf-Uhr-Buffet« oder für »Party-Brunch«. Legen Sie einen Bestellschein bei, an dem Wochentage und Lieferzeiten angekreuzt werden können, zu denen Sie üblicherweise noch nicht zu stark ausgelastet sind.
- Stellen Sie »Anlässe« für Party Service heraus. Beschreiben Sie Ihr spezielles »Party-Programm« für jeden Anlaß, wie für Geburtstage.

4. Bieten Sie Ihren Kunden die Möglichkeit der schriftlichen Bestellung.

Kunden können üblichen Party Service-Prospekten entnehmen, welche Buffets und Leistungen existieren. Die Werbemittel bieten aber nicht die Möglichkeit, die Bestellung schriftlich vorzubereiten und durchzuführen.

Die wenigsten Werbemittel enthalten ein »Bestellformular«. Meist fehlt auch eine Spalte, in der Kunden die für sie interessanten Produkte ankreuzen können.

Die Gastgeber können ihre Party zwar mit den vorhandenen Unterlagen planen, ihnen fehlt aber ein Werkzeug, mit dem sie das Ergebnis ihrer Planung in eine »Bestellung« verwandeln können.

5. Mit dem Einbau von Bestellformularen gewinnen Ihre Werbemittel eine andere Qualität.

Ihre Werbemittel übernehmen eine zusätzliche Funktion. Sie werden zu einem »Kooperations-Werkzeug« zwischen Ihnen und Ihren Kunden.

Ihre Kunden erhalten nicht mehr alleine Informationen. Sie werden in die Lage versetzt, aktiv mit der Bestellung zu beginnen.

Die Möglichkeit, etwas einzutragen oder etwas anzukreuzen, übt einen starken Reiz aus. Häufig werden Ehepaare beispielsweise folgendes Gespräch führen: »Wenn wir jetzt eine Party geben würden, dann würden wir folgendes bestellen. Laß uns dies doch gleich einmal ankreuzen, nur zum Spaß.«

In Verbindung mit Bestellformularen üben Ihre Informationsmittel eine starke »Suggestivwirkung« aus. Mit Hilfe einer beigelegten Bestellkarte wird der Brückenschlag geschaffen zwischen einem allgemeinen Interesse für Party Service und einer konkreten Bestellabsicht.

Dies nimmt nichts von Ihren Möglichkeiten, im anschließenden Verkaufsgespräch eine weiterführende Beratung zu liefern und zusätzliche Leistungen anzubieten.

6. Gestalten Sie Ihre schriftlichen Werbemittel mit großer Sorgfalt.

Es gibt Unternehmen, deren Geschäftserfolg entscheidend von der Qualität der schriftlichen Werbemittel abhängt, beispielsweise Versandhäuser. Kunden verwenden viel Zeit, um schriftliche Unterlagen zu studieren. Gestalten Sie deshalb Ihre Werbe- und Beratungsmittel mit größter Sorgfalt.

- Liefern Sie vollständige Informationen. Erleichtern Sie Fragen und telefonische Bestellungen. Machen Sie Ihren Kunden alles so einfach wie möglich.

  Nennen Sie Ihre Anschrift, Ihre Party Service-Telefonnummer und die vollständigen Namen der zuständigen Mitarbeiterinnen.
- Wählen Sie eine schöne Schrift. Es gibt auch für Schreibmaschinen eine beeindruckende Auswahl an Schrifttypen.
- Stellen Sie Ihr Party Service-Signet und Ihren Slogan heraus.
- Wählen Sie eine große Schrift. Für die meisten Menschen ist es eine Qual, Kleingedrucktes lesen zu müssen.

  Sorgen Sie für Übersichtlichkeit. Viele Kunden möchten auf einen Blick erkennen, was angeboten wird. Sie möchten im nachhinein auf einen Blick erkennen, was sie angekreuzt und für eine Bestellung vorgemerkt haben.
- Lassen Sie genügend Raum für Eintragungen und für das »Ankreuzen« ausgewählter Leistungen.

  Mit dem Ankreuzen wird der »Akt der Bestellung« ausgeführt. Je größer und eindrucksvoller das Kreuz ist, desto mehr Freude bereitet das Bestellen.
- Lassen Sie bei Ihren Bestellbogen Raum für Anmerkungen und Wünsche.

Hiermit liefern Sie einem Kunden Sicherheit. Er erhält die Möglichkeit, schriftlich alle für ihn wichtigen Informationen mitzuteilen. Er sieht, daß nichts verlorengeht.

- Beschreiben Sie auch kurz den Ablauf und die Organisation eines Party Service-Projektes.
- Legen Sie Preislisten bei.

Erleichtern Sie erfolgreiche Preisverhandlungen

1. Vielen Kollegen fällt es schwer, angemessene Preise zu erzielen.

Häufig wird beklagt, daß Kunden außergewöhnliche Leistungen verlangen, nicht aber bereit sind, einen angemessenen Preis zu bezahlen.

Viele Kunden haben keine Vorstellung über den Aufwand, der für hochwertigen Party Service betrieben werden muß. Ihnen fehlen die Erfahrung und ein Maßstab, um den Zusammenhang zwischen Qualität und Preisen zu erkennen.

Einige betreten das Geschäft mit unrealistischen Vorstellungen. Sie glauben, bei ausreichender Suche einen »billigen Anbieter« zu finden, ohne auf Qualität verzichten zu müssen.

2. Die »Frage nach dem Preis« bereitet häufig Mühe.

Immer wieder entsteht folgende Situation: Ein Kunde tritt mit einer Vielzahl von Wünschen und Ansprüchen an den Traiteur heran. Im Beratungsgespräch stellt sich der Traiteur auf diese Informationen ein. Er entwickelt ein Angebot, das den qualitativen Vorstellungen des Kunden angemessen ist.

Erst am Ende der Beratung wird der Preis angesprochen. Es stellt sich heraus, daß der Kunde in viel engeren Preisgrenzen gedacht hat.

Die ganze Beratung beginnt wieder von vorne oder aber der Auftrag geht verloren. Viele Kollegen sehen sich gezwungen, mit Preiszugeständnissen zu reagieren. Sie machen Abstriche bei Qualität und Leistung. Sie lassen sich auf einen Preiskampf ein.

3. Bei Preisgesprächen gibt es zwei Hauptziele.

Erstens ist es nötig, bereits zu Beginn die Preisvorstellungen und den Budgetrahmen des Kunden zu erfahren.

- Nur so können Sie entscheiden, ob ein Beratungsgespräch Sinn macht oder ob Sie den Auftrag von Anfang an ablehnen müssen.
- Sie können gezielt Produkte anbieten, die zu den Preisvorstellungen passen. Sie vermeiden Mißverständnisse über das, was möglich ist. Sie müssen nicht im nachhinein Abstriche machen.
- Sie erkennen, welche Möglichkeiten bestehen, den Budgetrahmen zu erweitern. Sie gewinnen ein »Gespür«, welche »höherwertigen« oder zusätzlichen Produkte Sie verkaufen können.

Zweitens sollte das Interesse auf Erzeugnisse gelenkt werden, mit denen gewinnbringender Party Service möglich ist. Es sollten die Leistungen in den Mittelpunkt gestellt werden, die Sie fördern möchten, unabhängig vom Preis.

Die Grundfragen bei Preisgesprächen lauten:

- Welches Budget steht dem Kunden tatsächlich zur Verfügung?
- Wieviel ist er wirklich bereit zu bezahlen?
- Wie kann sein Interesse für »höherwertige« Produkte und Dienstleistungen geweckt werden?
- Mit welchen Fragen kann er für »gewinnbringende« Party Service-Leistungen begeistert werden?

4. Vermeiden Sie direkte Fragen nach dem Preis.

Sprechen Sie den Preis nicht direkt an. Sie zwingen den Kunden, sich festzulegen und eine Entscheidung zu treffen, die er im nachhinein nicht ändern möchte.

Bei einer direkten Frage nach seinen Preisvorstellungen wird er anschließend jedes Angebot nur nach der Kostenhöhe beurteilen. Er wird darauf bedacht sein, den von ihm in der Antwort festgelegten Kostenrahmen nicht zu überschreiten.

Es wird schwerfallen, ihm während der Beratung qualitativ höherwertige und aufwendigere Leistungen nahezubringen. Vermeiden Sie deshalb direkte Fragen:

- »Welches Budget steht Ihnen zur Verfügung?«
- »Was wollen Sie für diese Party ausgeben?«
- »Wieviel darf es kosten?«

5. Arbeiten Sie mit der Methode des »indirekten Vorgehens«.

Verlagern Sie die Argumentation vom Kostendenken hin zum Leistungsdenken. Stellen Sie Ihrem Kunden »indirekte Fragen«, mit denen Sie den Inhalt und die Qualität Ihrer Leistungen betonen.

Lenken Sie seine Gedanken auf das Thema »Erfolg als Gastgeber bei den Gästen«. Sie verknüpfen so Ihre Produkte mit seinem zentralen Interesse. Stellen Sie die Bedeutung der Party und die Wichtigkeit der Gäste in den Mittelpunkt.

Sprechen Sie seine preislichen Vorstellungen mit folgenden »indirekten Fragen« an:

- »Wie möchten Sie sich Ihren Gästen präsentieren?«
- »Wie wollen Sie sich darstellen?«
- »Welche Qualität möchten Sie Ihren Gästen bieten?«
- »Wie großzügig wollen Sie gegenüber Ihren Gästen wirken?«
- »Wieviel ist Ihnen der einzelne Gast wert?«
- »Welche Bedeutung hat die Party für Sie?«

6. Antworten Sie auf das Argument »Sie sind zu teuer« mit einem »Stufenplan«.

Viele Kunden betrachten den Preis nur gefühlsmäßig als »zu hoch«. Sie sehen nur die Preishöhe und nicht den gelieferten Gegenwert.

Reagieren Sie deshalb nicht direkt mit einem Gegenargument. Jedes Gegenargument führt beim Kunden zur Überlegung, wie er seine Behauptung noch besser begründen könnte. Jedes Gegenargument wirkt auf ihn wie eine »Entschuldigung« und Rechtfertigung.

Reagieren Sie vielmehr mit einem »Stufenplan«. Stellen Sie zunächst eine Gegenfrage.

»Zu teuer« ist eine allgemeine Behauptung. Mit einer Gegenfrage finden Sie heraus, was der Kunde wirklich meint. Sie erhalten die Möglichkeit, seine Behauptung in »Verkaufsargumente« zu verwandeln.

Fragen Sie den Kunden, was er im einzelnen meint:

- »In welcher Hinsicht sind wir zu teuer?«
- »Welche Leistungen meinen Sie im einzelnen?«
- »Beim Gesamtpreis, beim Preis bestimmter Leistungen oder beim Preis pro Gast?«

Stellen Sie anschließend das »Preis-Wert-Verhältnis« Ihrer Leistungen in den Mittelpunkt. Beschreiben Sie im einzelnen den Nutzen, den Sie bieten.

- Bieten Sie eine Auswahl. Gehen Sie nicht mit dem Preis für eine Leistung herunter, sondern machen Sie ein Alternativ-Angebot.
- Fragen Sie den Kunden nach der Bedeutung des Anlasses, der Gäste und der Party insgesamt.
- Beschreiben Sie die Qualität im Detail, beispielsweise Frische, Verträglichkeit und Harmonie der Speisen.

- Beschreiben Sie die negativen Folgen minderer Qualität.
- Schildern Sie den Erfolg, den er mit den angebotenen Produkten und Serviceleistungen bei seinen Gästen haben wird.

Liefern Sie professionelle Rechnungen

1. Die richtige Rechnungsstellung spielt bei Preisverhandlungen eine zentrale Rolle.

Viele Kunden können ihre Party Service-Rechnung steuerlich geltend machen. Dies gilt speziell bei Party Service für Firmen. Es gilt aber auch für Kunden, die eine Veranstaltung für Geschäftsfreunde oder im Rahmen ihrer beruflichen Tätigkeit geben.

Für diese Kunden verringert sich die tatsächliche finanzielle Belastung enorm. Die steuerliche Absetzbarkeit wird nahezu ein »Preisargument«, genau wie bei Geschäftsessen in Restaurants, bei denen der entsprechende Betrag geltend gemacht werden kann.

Für viele Kunden ist deshalb eine steuerlich absetzbare Rechnung von großer Bedeutung. Sie werden den Anbieter wählen, der ihnen hier professionellen Service bietet.

2. Für Geschäftskunden ist die professionelle Rechnungsstellung ein Indikator für Professionalität insgesamt.

Selbst in Restaurants mit vielen Geschäftskunden werden ständig die gleichen Fehler wiederholt. Beispielsweise wird immer wieder vergessen, den Mehrwertsteuer-Vermerk »14 %« einzutragen. Ohne diesen Vermerk kann die Rechnung aber vom Steuerberater oder Buchhalter nicht verwendet werden.

Eine ordnungsgemäße, saubere Rechnung mit allen steuerlich notwendigen Daten gibt dem Kunden ein anderes Bild. Sie zeigt, daß der Traiteur ein Profi im Umgang mit »Geschäftskunden« ist.

3. Es gibt abschreckende Beispiele.

Nach einem umfangreichen Einkauf in einem Düsseldorfer Feinkostgeschäft ist der Kunde mit Beratung und Bedienung außerordentlich zufrieden. Seine Bitte um eine entsprechende Rechnung liefert aber ein Fallbeispiel, was alles schiefgehen kann:

- Zuerst beginnt die Suche nach dem Rechnungsblock.
- Es gibt keine vorgestempelten Rechnungen. Die Suche nach dem Stempel beginnt.
- Auch nach dem Stempelkissen wird gesucht. Das Stempelkissen ist trocken. Die Suche nach einem zweiten beginnt.
- Der Mehrwertsteuer-Stempel wird krumm, schief und verkehrt herum auf die Rechnung gesetzt.
- Die Mehrwertsteuer wird nicht ausgewiesen.
- Der DM-Betrag wird in die falsche Spalte geschrieben.
- Der Kugelschreiber enthält kaum Tinte. Die Zahlen werden mehr eingeritzt als eingeschrieben.
- Der Firmen-Stempel ist kaum lesbar. Die Adresse ist noch zu erraten, die Telefonnummer nicht mehr zu erkennen.
- An der Kasse fehlt ein geeigneter Platz, um Rechnungen zu schreiben. Der Inhaber beginnt mit Verrenkungen, um eine Auflagefläche für den Block zu finden.
- Schließlich schiebt er sich zwischen wartende Kunden und geht in die Knie, den Rechnungsblock schief an die Kasse gelehnt. Das Ganze beginnt, abenteuerliche Ausmaße anzunehmen.
- Der Name des Kunden wird nicht gefragt und nicht eingetragen.

4. Stellen Sie Rechnungen mit größter Sorgfalt.

- Sagen Sie Ihrem Kunden bereits im Beratungsgespräch, daß Sie ihm eine ordnungsgemäße Rechnung liefern werden.

- Erfragen Sie bereits hier die notwendigen Daten. Notieren Sie diese auf einem speziellen Formular, so daß er die Gewißheit hat, daß nichts verlorengeht, beispielsweise die Rechnungsadresse.
- Halten Sie die Daten auch für die Zukunft fest. Bei einem Folgeauftrag genügt dann ein kurzer Hinweis: »Die Rechnung wie beim letzten Mal«.
- Nutzen Sie den niedrigen »Nettopreis« als Werbeargument. Sagen Sie Geschäftskunden, wieviel die Party »wirklich« kostet.
- Gestalten Sie die Rechnung so sauber und übersichtlich wie möglich. Alle steuerlich relevanten Daten müssen auf den ersten Blick zu finden sein.
- Achten Sie auf eine saubere Handschrift. Achten Sie darauf, daß alle Stempel richtig herum aufgesetzt werden. Der Kunde darf keinen Kopfstand machen, um den Stempeltext lesen zu können.

  Setzen Sie den Stempel so auf, daß nichts verwischt. Tauschen Sie abgenutzte Stempel aus.
- Drucken Sie so viele Begriffe wie möglich auf der Rechnung vor. Beispielsweise können Sie Standard-Anlässe vorgeben, die dann nur noch angekreuzt werden.

  Eine Formulierung könnte lauten: »Lieferung von Speisen und Getränken für die Bewirtung von Geschäftsgästen«.
- Nutzen Sie die Rechnung für Ihre Werbung.

  Das Rechnungsformular muß alle wichtigen Informationen enthalten, auch Ihre Party Service-Telefonnummer. Verwenden Sie suggestive Begriffe, wie beispielsweise »Delikatessen« anstelle von »kalten Platten«.
- Achten Sie besonders darauf, den Namen des Kunden beziehungsweise den Firmennamen absolut richtig zu schreiben. Hier gibt es unzählige Fehlerquellen.

  Ein Kunde reagiert äußerst unwirsch, wenn sein Name und seine Anschrift falsch geschrieben werden, obwohl er ein persönliches Beratungsgespräch geführt hat und bereit war, viel Geld für Party Service zu bezahlen.

Entwickeln Sie ein »Sicherheits- und Zuverlässigkeits-Programm« für die Aufnahme der Bestellung

1. Die Entgegennahme der Bestellung ist ein Teil Ihres Beratungs- und Verkaufsgespräches.

Die Bestellung bildet den Abschluß und »Höhepunkt« von Beratung und Verkauf. Der Auftrag wird tatsächlich erteilt. Es wird im einzelnen festgelegt, was an Produkten und Serviceleistungen zu liefern ist.

Im Rahmen der Bestellung werden Informationen geliefert und Entscheidungen getroffen, die den Erfolg Ihres Party Service bestimmen. Sie benötigen daher ein »Sicherheits- und Zuverlässigkeits-Programm« für die professionelle Entgegennahme von Bestellungen.

2. Die sorgfältige Aufnahme der Bestellung dient Ihrem »Ärgervermeidungs-Programm«.

Mit Sorgfalt und Genauigkeit bei der Entgegennahme von Bestellungen senken Sie Ihre zeitliche und stimmungsmäßige Belastung bei der Ausführung des Auftrages.

Sie sichern Ihren Erfolg von Anfang an. Sie schließen zentrale Fehlerquellen aus:

- Häufig gehen Informationen bei der Bestellung verloren oder im Gespräch unter.

  Beispielsweise vergißt ein Kunde zu erwähnen, daß sich die Gästezahl noch erhöhen könnte. Kurzfristig werden dann die bestellten Mengen verändert.
- Bestimmte Fragen werden von Kunden vergessen. Es bereitet Mühe, die Antworten nachträglich zu liefern.

Beispielsweise vergißt ein Kunde, sich nach dem genauen Ablauf am Abend der Party zu erkundigen. Sein nachträglicher Anruf kostet wieder Ihre Zeit.

- Andere Fragen werden bewußt offengelassen, um sie später zu klären. Einige Kunden melden sich aber nicht wie vereinbart.

  Auch hier kostet es Zeit und Mühe, die Antworten im nachhinein zu beschaffen.

- Bestellungen werden von Mitarbeiterinnen unvollständig aufgenommen. Sie als Chef beginnen, den fehlenden Informationen hinterherzulaufen.

- Es wird vergessen, zusätzliche Produkte und Leistungen anzubieten. Ein Teil des Geschäftes geht hierdurch verloren.

- Häufig dient das Bestellformular als Grundlage für den Lieferschein und die Zusammenstellung der Produkte und Partymittel vor der Abfahrt zu Kunden.

  Selbst bei erfolgreichen und umsichtigen Kollegen kommt es ständig vor, daß Teile des Buffets oder andere Gegenstände nicht mitgeliefert werden.

  Ein Mitarbeiter oder der Chef persönlich muß im Privatauto hinterherfahren, um die fehlenden Elemente noch rechtzeitig zu besorgen.

- In einigen Fällen hat Überlastung dazu geführt, daß der Auftrag insgesamt »untergegangen« ist.

  Wenige Minuten vor Beginn der Party ruft der besorgte Kunde an. Nach einer intensiven Schrecksekunde beginnt ein übermenschlicher Kraftakt, um zu retten, was zu retten ist.

3. Nachträgliche Änderungen gehen verloren.

Wenn die Bestellungsaufnahme nicht hervorragend organisiert ist, gehen nachträgliche Änderungswünsche unter.

Die Nachricht des Kunden wird zwar entgegengenommen, nicht aber »gesichert«. Der entsprechende Notizzettel verschwindet auf unerklärliche Weise. Es gibt keinen Änderungsvermerk auf dem Bestellbogen. Die zuständigen Personen erfahren »nichts«.

Schließlich wird anhand des ursprünglichen Auftrages geliefert. Da sich auch der Kunde nicht gemerkt hat, mit wem er die Änderung besprochen hat, beginnt eine endlose Diskussion.

Hierzu ein Beispiel. Ein Münchner Hotel liefert Party Service für einen Unternehmer. Dieser entschließt sich nachträglich für preiswertere Weine und ändert die Bestellung. Geliefert werden aber doch die teureren Flaschen.

Um Ärger mit dem Kunden zu vermeiden, wurden ihm die Weine zu dem nachträglich vereinbarten, geringeren Preis überlassen. Ein Teil des Gewinns ging damit verloren.

4. Alle ungeklärten Fragen bilden potentielle Ärgerquellen.

Alles, was nicht eindeutig besprochen und schriftlich festgehalten worden ist, kann zu Ärger führen:

- Es ist kein Festpreis oder »Preisrahmen« vereinbart worden. Im nachhinein beschwert sich der Kunde über zu hohe Kosten.
- Der Auftraggeber hat den bestellten Mengen bei Speisen und Getränken nicht ausdrücklich zugestimmt. Er macht Sie verantwortlich, wenn »zuwenig« oder »zuviel« geliefert worden ist.
- Der Kunde hält sich nicht an Absprachen, beispielsweise daran, bestimmte Leistungen selbst zu übernehmen. Anschließend beklagt er sich bei Ihnen über fehlende Partymittel.
- Es ist nicht vereinbart worden, was bei kurzfristigen Änderungen geschieht, die nicht mehr bewältigt werden können.

  Einige Kunden teilen am Vormittag der Party mit, daß sich die Gästezahl stark erhöht hat. Andere Kunden sagen die Party einige Stunden vor Beginn ab.

- Die Zahlungsbedingungen sind nicht bestimmt worden. Es gibt keine Anzahlung. Noch Wochen nach der Party muß der Rechnung hinterhergelaufen werden.
- Es wird »das Falsche« geliefert. Während des Verkaufsgespräches hat der Kunde die Bestellung immer wieder geändert. Schließlich weiß niemand mehr, welche Vereinbarung wirklich getroffen worden ist.

  Da unterschriebene schriftliche Aufzeichnungen fehlen, kann der Beweis nur schwer erbracht werden, daß die gelieferten Produkte tatsächlich bestellt worden sind.

5. Halten Sie Informationen und Entscheidungen sofort schriftlich fest.

Jede Information, die Sie schriftlich haben, kann Ihnen nicht mehr verlorengehen. Jede Entscheidung, die Sie festgehalten haben, liefert Ihnen Sicherheit für die Auftragserfüllung.

- Verwenden Sie für Ihre Aufzeichnungen ein »Party Service-Auftragsformular«.

  Das Formular enthält Ihr Party Service-Zeichen und Ihren Namen. Notizen auf einem einfachen Schreibblock oder einem abgerissenen Zettel vermitteln nicht den Eindruck von Professionalität, selbst wenn alles ordentlich aufgeschrieben wird.
- Schreiben Sie sorgfältig und sauber, so daß sich Ihr Arbeitsstil in den Aufzeichnungen widerspiegelt.
- Übergeben Sie Ihrem Kunden ebenfalls ein »Party Service-Formular«, damit auch er sich Notizen machen kann.

  Das Formular ist gleichzeitig ein Werbemittel. Es enthält alle wichtigen Informationen über Ihren Party Service.
- Gehen Sie am Ende des Gespräches Ihre Aufzeichnungen noch einmal mit dem Kunden durch. Unterschreiben Sie Ihre eigenen Aufzeichnungen.

  Bitten Sie den Kunden, das gleiche zu tun. Hiermit bestätigt er die Richtigkeit Ihrer Notizen.

- Geben Sie Ihrem Kunden möglicherweise eine Durchschrift oder eine Photokopie mit. Diese Form der »Auftragsbestätigung« liefert sowohl Ihnen als auch Ihrem Kunden Sicherheit.

6. Schließen Sie mit Ihrem Kunden einen schriftlichen »Kooperationsvertrag«.

Notieren Sie, welche Aufgaben ein Kunde übernehmen möchte. Entwickeln Sie ein regelrechtes »Auftragsformular« für Ihren Kunden.

Hiermit halten Sie von Anfang an fest, wofür er selbst verantwortlich ist. Sie schließen aus, daß Sie von einem Kunden im nachhinein beispielsweise für das Fehlen von Partymitteln verantwortlich gemacht werden.

Gleichzeitig entwickeln Sie die Party zu einem »gemeinsamen Projekt« zwischen sich und Ihrem Kunden. Der Gastgeber wird in die Vorbereitung der Party aktiv eingebunden.

7. Lassen Sie sich den Auftrag schriftlich bestätigen.

Schließen Sie einen »Vertrag« über die Lieferung von Party Service. Lassen Sie den Kunden schriftlich bestätigen, was im einzelnen geliefert werden soll. Lassen Sie das Auftragsformular von ihm unterzeichnen.

Hiermit erhöhen Sie Ihre Sicherheit in bezug auf die Vertragseinhaltung. Sie sind besser geschützt, wenn Kunden, wie oft geschehen, ohne Ankündigung eine Party ausfallen lassen.

Es wird Ihnen leichter gemacht, eine Anzahlung zu erbitten.

Bei möglichen Unklarheiten verfügen Sie und Ihr Kunde über die Möglichkeit, die geschlossene Vereinbarung »objektiv« zu überprüfen.

8. Achten Sie auf Vollständigkeit.

Achten Sie darauf, daß Sie bei der Bestellung sämtliche Informationen erhalten, die Sie für eine zuverlässige Abwicklung des Auftrages benötigen.

- Genaue Anschrift und Telefonnummer.
- Falls in einer unbekannten Gegend gelegen, den kürzesten und sichersten Anfahrtsweg.
- Genauer Liefertermin.
- Anzahl der Teilnehmer einschließlich der Gastgeber.
- Mengen bei Speisen und Getränken.
- Beginn und voraussichtliches Ende der Party, wenn Personal gewünscht wird.
- Termin für das Abholen des Geschirrs und übriger Partymittel.

9. Gleichzeitig können Sie Daten für den Aufbau Ihrer Kundenkartei gewinnen.

Bitten Sie Ihre Kunden, auch diese Informationen bei der Bestellung zu liefern. Bedanken Sie sich bei besonders hilfsbereiten Kunden mit einem kleinen Präsent.

- Anlaß der Party.
- Die richtig buchstabierten Vornamen und Namen der Gastgeber und wichtiger Gäste.
- Frage: »Welche Art von Party schätzen Sie am meisten, beispielsweise eine Cocktailparty mit Sandwichs oder ein gesetztes Essen?«
- Frage: »Was essen und trinken Sie am liebsten?«
- Frage: »Wer hat uns empfohlen? Wie sind Sie auf unseren Party Service gekommen?«

- Frage: »Für welche Anlässe könnten wir Ihnen in Zukunft Party Service liefern? Möchten Sie von uns regelmäßig über Angebote informiert werden?«

10. Entwickeln Sie eine Checkliste »Nicht vergessen«

Bestimmte Elemente eines Auftrages werden immer wieder vergessen, sowohl bei der Bestellung als auch bei der Lieferung. Halten Sie über einen bestimmten Zeitraum hinweg fest, worum es sich im einzelnen handelt.

Hiermit erhalten Sie eine Liste von »Risikofaktoren«. Im Verkaufsgespräch und vor der Abfahrt zum Kunden können Sie anhand der Checkliste überprüfen, was möglicherweise noch fehlt.

Organisieren Sie die telefonische Annahme von Bestellungen

1. Telefonische Bestellungen erfordern noch größere Sorgfalt.

Viele Kollegen bieten die Möglichkeit, telefonisch Party Service zu bestellen. Ein kurzes und präzises Telefonat erfordert einen geringeren Aufwand als eine ausführliche Besprechung im Geschäft. Gleichzeitig sind mit einem Telefonservice auch Risiken verbunden.

Einige Kollegen haben bereits umfangreiche Bestellungen erlebt, bei denen zum Abschluß vergessen wurde, den Namen und die Adresse des Anrufers zu notieren. Das einzige, was übrigblieb, war der Liefertermin.

In Einzelfällen hat es auch telefonische Bestellungen gegeben, die sich als »Scheinaufträge« herausgestellt haben. Erkannt wurde dies erst bei der Anlieferung des Buffets an eine nicht vorhandene Adresse oder einen völlig überraschten »Auftraggeber«.

2. Sorgen Sie dafür, daß keine Informationen verlorengehen.

Eine Mitarbeiterin, die eine Bestellung entgegennimmt, hat alle wichtigen Daten schriftlich festzuhalten. Setzen Sie hierzu ein »telefonisches Bestellformular« ein. Legen Sie dieses direkt neben das Telefon.

- Datum und Uhrzeit des Anrufes.
- Vollständiger Name des Anrufers beziehungsweise des Auftraggebers. Lassen Sie sich den Namen buchstabieren, um Hörfehler zu vermeiden.
- Genaue Adresse. Fragen Sie, ob dies auch die Lieferadresse sei. Fragen Sie, ob Lieferadresse und Rechnungsadresse übereinstimmen.
- Telefonnummer, unter der der Auftraggeber tagsüber und am Abend der Party erreichbar ist.

– Datum und Uhrzeit der Lieferung.
– Beginn der Party.
– Anzahl der Personen, für die bestellt wird (Gastgeber und Gäste).
– Liste sämtlicher Speisen (Buffet).
– Liste sämtlicher Getränke.
– Liste aller Serviceleistungen und Partymittel.

3. Bestimmen Sie die »Standard-Informationen«, die eine Mitarbeiterin am Telefon zu liefern hat.

Legen Sie die »Standard-Verhaltensweisen« bei der Entgegennahme einer Bestellung fest. Arbeiten Sie auch hier mit einer Checkliste, die sich direkt neben dem Telefon befindet.

Die wichtigsten Regeln lauten:

– Melden Sie sich deutlich mit dem Namen des Geschäftes und mit Ihrem Personennamen.
– Wiederholen Sie Ihren Namen am Ende des Gespräches, so daß der Anrufer sich merken kann, mit wem er telefoniert hat und auf wen er sich im Geschäft beziehen kann.
– Wiederholen Sie am Ende des Telefonates die wichtigsten Informationen, die Sie schriftlich festgehalten haben. Wiederholen Sie insbesondere den Namen des Anrufers, die Lieferadresse und den Liefertermin.
– Stellen Sie zum Abschluß folgende Fragen:
  »Haben wir aus Ihrer Sicht alle wichtigen Punkte besprochen?«
  »Gibt es etwas, was Sie noch wissen möchten?«
  »Was könnten wir beide im Augenblick vergessen haben?«
– Bitten Sie um eine Bestätigung, daß es sich nicht nur um eine Anfrage, sondern um eine Bestellung von Party Service gehandelt hat.

Bedanken Sie sich dafür, daß Sie mit diesem Telefonat einen Auftrag erhalten haben.

- Bestätigen Sie ein weiteres Mal den Liefertermin.
- Versichern Sie Ihrem Kunden, daß seine Bestellung in das Auftragsbuch eingetragen worden ist. Sagen Sie ihm, daß der Auftrag sorgfältig und zuverlässig abgewickelt werden wird.

4. Lassen Sie bei den Preisen keine Mißverständnisse aufkommen.

Nennen Sie, wenn möglich, von Anfang an die Preise. Verbinden Sie dies grundsätzlich mit einer Qualitätsbeschreibung dessen, was geliefert wird.

Sollten Sie den Eindruck gewinnen, daß ein Kunde innerlich zögert und möglicherweise seine Bestellung nach einigen Tagen absagt, versprechen Sie ihm von sich aus einen Rückruf am folgenden Tag.

Hiermit können Sie bereits einen Tag später die Ernsthaftigkeit seines Interesses überprüfen. Sie gehen nicht mit dem Gefühl an die Arbeit, möglicherweise eine kurzfristige Absage zu erhalten. Gleichzeitig beseitigen Sie die Gefahr eines »Scheinauftrages«.

5. Entwickeln Sie Kunden-Formulare für Ihren »Telefon-Party Service«.

Entwickeln Sie auch für Ihre Kunden eine »Party Service-Telefonkarte«, um telefonische Bestellungen zu erleichtern. Auf der Karte ist festgehalten, welche Informationen Sie von Ihrem Kunden benötigen, um den Auftrag professionell entgegennehmen und abwickeln zu können.

Es handelt sich um die Informationen, die Sie üblicherweise von einem Kunden während eines Telefonates erbitten. Indem er vorher weiß, welche Fragen ihm gestellt werden, kann er sich weit besser auf das Gespräch vorbereiten.

Er kann sich beispielsweise gezielt Notizen machen, um während des Gespräches nicht im Party Service-Prospekt herumblättern zu müssen. Er hat alle Informationen parat, so daß die Gesprächsdauer verkürzt wird. Gleichzeitig wird sichergestellt, daß auch von der Seite des Kunden aus keine Informationen verlorengehen.

Analysieren Sie Ihre Verkaufsgespräche

1. Es lohnt sich, die geführten Verkaufsgespräche zu analysieren.

Sie führen eine Vielzahl von Beratungsgesprächen. Der Gesprächsverlauf entscheidet letztlich über die Auftragsvergabe. Bei der Anzahl und der Bedeutung dieser Gespräche lohnt sich eine Analyse. Ziel ist es,

- die Gesprächsdauer zu verkürzen, also Ihre zeitliche Belastung zu verringern,
- die Informationsqualität zu erhöhen, also die Informationsgewinnung und -lieferung zu verbessern,
- das Gespräch wirkungsvoller zu gestalten, so daß gezielt gewinnbringende Leistungen verkauft werden können,
- die Sicherheit eines erfolgreichen Abschlusses zu erhöhen,
- schriftliche Arbeitsmittel zu entwickeln, die den Verkauf und die Beratung erleichtern,
- Arbeitsmittel zu entwickeln, mit denen Verkaufsgespräche an Mitarbeiterinnen delegiert werden können.

2. Analysieren Sie Art und Umfang Ihrer Verkaufsgespräche.

Wie viele Gespräche führen Sie am Tag, in der Woche, im Monat?

- Wie lange dauert ein Gespräch?
- Fallen die Gespräche an einem bestimmten Tag oder zu einer bestimmten Uhrzeit gehäuft an?
- Wie viele Gespräche werden von Ihren Mitarbeiterinnen geführt?
- Wer sind Ihre Gesprächspartner? Sind es beispielsweise Hausfrauen, die anschließend Rücksprache mit ihrem Ehepartner halten möchten?

3. Analysieren Sie die Qualität und den Inhalt Ihrer Verkaufsgespräche.

- Bereiten Sie Verkaufsgespräche vor?
- Welche Werbemittel haben Sie griffbereit?
- Welche Fragen stellen Ihre Kunden immer wieder?
- Welche schriftlichen Unterlagen erbitten sie immer wieder?
- Gibt es Speisen und Getränke, die Ihre Kunden besonders gerne kosten möchten?
- Welches schriftliche Informationsmaterial setzen Sie ein? Von welchen Werbemitteln sind Kunden besonders begeistert?
- Welche Beispiele kommen am besten an?
- Welche Verkaufsargumente haben besonderen Erfolg?

4. Analysieren Sie den Erfolg Ihrer Beratung.

- Wie viele Gespräche sind »unverbindliche Anfragen«?
- Wie viele Gespräche entstehen aus ernsthaftem Kaufinteresse der Kunden?
- Wie viele Gespräche werden mit einem Auftrag abgeschlossen?
- Weshalb haben Sie den Auftrag erhalten?
- Welches war das entscheidende Argument?
- Was war die entscheidende Leistung?
- Von welchem Punkt an haben Sie den Kunden gewonnen?
- Wie viele Verkaufsgespräche scheitern?
- Woran sind sie gescheitert?
- Was hat gefehlt?

Schaffen Sie ein begeisterndes Umfeld für Beratung und Verkauf

1. Häufig fehlt ein geeigneter Ort für Beratungs- und Verkaufsgespräche.

– Selbst bei führenden Party Service-Anbietern werden Verkaufsgespräche in ungeeigneten Räumen geführt. Beispielsweise findet das Gespräch in einem dunklen Gang statt, zwischen Geschäft und Büroräumen.

– Viele Kollegen führen das Gespräch an der Salattheke. Sie argumentieren, dies sei der geeignete Ort, da die Salattheke die »tote Ecke« ihres Geschäftes sei. Möglicherweise haben auch ihre Kunden diesen Eindruck.

– Einige Kollegen empfinden das Mithören anderer Kunden nicht als Engpaß oder Indiskretion. Vielmehr wünschen Sie dies. Sie erhoffen sich eine entsprechende »Werbewirkung«.

  Sie glauben, daß auch vertrauliche Dinge besprochen werden können, indem ein Kunde seine Stimme senkt.

  Möglicherweise sinkt gleichzeitig seine Stimmung. Auf ihn wirkt ein »Party-Geflüster« in diesem Moment wenig stimulierend.

– Ein wirklicher Engpaß ist die räumliche Begrenztheit in vielen Geschäften.

  Die wenigsten Kollegen haben die Hoffnung, über ausreichenden Raum zu verfügen. Selbst bei einer Erweiterung würde der neu entstandene Platz innerhalb kurzer Zeit für andere Funktionen benötigt, beispielsweise als Produktions- oder Verkaufsfläche.

Stellen Sie sich bitte einmal folgende Frage, um an die räumliche Gestaltung für den Verkauf von Party Service heranzugehen:

»Würden wir für den Verkauf einen eigenen Bereich oder einen speziellen Raum zur Verfügung stellen, wenn wir hiermit unseren Gewinn bei Party Service um 20 oder 30 % steigern könnten?«

2. Schaffen Sie einen eigenen »Bereich« für den Verkauf und die Beratung bei Party Service.

Sollten Ihnen die räumlichen Möglichkeiten nicht zur Verfügung stehen, planen Sie diese für Ihren nächsten Umbau mit ein.

Für viele Kunden ist die Bestellung von Party Service mit einem wichtigen Ereignis verbunden. Sie möchten professionell beraten werden, besonders dann, wenn es um einen umfangreichen Auftrag geht.

Viele Kunden betrachten den Ort und den Stil der Beratung als zentralen Indikator für das, was sie später geliefert bekommen.

Ein Gespräch an einer ungeeigneten Stelle empfinden sie als »improvisiert« und der Bedeutung des Auftrages nicht angemessen.

Gleichzeitig hat ein eigener, erkennbarer Bereich für die Party Service-Beratung große Werbewirkung. Es entsteht ein anderer Grad »erkennbarer Professionalität«.

Kunden, die das Geschäft betreten, werden animiert, nach Informationen zu fragen. Sie erkennen, daß Party Service ein eigenständiger Geschäftsbereich ist.

3. Das Verkaufsgespräch muß ein »Teil der Party« werden.

Ziel des Verkaufsgespräches ist es, den Kunden von Anfang an für Produkte und Leistungen zu begeistern. Beim Verkauf von Party Service müssen deshalb der gleiche Stil und die gleiche Atmosphäre herrschen wie bei einer Party selbst.

Der Ansatz lautet: »Bei uns gibt es Party Service von Anfang an. Unser Party Service-Verkaufsbereich ist der fröhlichste Ort im Geschäft. Wir liefern Stimmung und Enthusiasmus bereits bei der Beratung.«

Ein spezieller Verkaufsbereich erleichtert diese Aufgabe enorm. Ein Verkaufsgespräch »neben der Salattheke«, das in den üblichen Tagesverkauf eingeschoben wird, bietet diese Chancen nicht.

4. Mit einem begeisternden Verkauf erzielen Sie höhere Preise.

Sie liefern einem Kunden nicht nur Stimmung, Sie liefern ihm auch Antrieb, aus seiner Party ein »außergewöhnliches Ereignis« zu machen.

Fröhliche und enthusiastische Kunden sind viel eher bereit, »höherwertige« Produkte und zusätzliche Serviceleistungen zu bestellen. In diesem Fall spielt ein höherer Preis eine untergeordnete Rolle.

Mit einem stimmungsvollen Umfeld steigern Sie die »Vor-Freude« eines Kunden auf die zu erwartenden Leistungen. Ein eigener Verkaufsbereich für Party Service wird sich auf diese Weise innerhalb kurzer Zeit amortisieren.

5. Sie verbessern Ihre eigene Stimmung.

Ihre Kunden genießen eine Beratung in angenehmer Atmosphäre. Es gibt keinen Grund, weshalb das Verkaufsgespräch nicht auch für Sie zu einem fröhlichen und stimmungsfördernden Ereignis werden sollte.

Produktion und Tagesgeschäft sind ausfüllende Aufgaben. Der Verkauf von Party Service kann leicht zur Belastung werden.

Sie können aber auch die Rahmenbedingungen schaffen, um sich bei dieser Aufgabe Kraft und Energie zu erhalten. Zum einen, indem Sie schriftliche Werbe- und Verkaufsmittel einsetzen.

Zum anderen mit einer speziellen Atmosphäre und Umgebung, in der das Gespräch abläuft. Die Fröhlichkeit und der Enthusiasmus vieler Kunden wirken auf Sie zurück. Voraussetzung ist aber, diese Stimmung bei Kunden überhaupt erst zu erzeugen.

Betrachten Sie deshalb die Gestaltung eines Verkaufsbereiches für Party Service nicht nur als »Sachinvestition«. Es ist gleichzeitig eine Investition in Ihre eigene Stimmung und Antriebskraft.

Sicher können Sie nicht jedes Verkaufsgespräch als »außergewöhnliches Ereignis« führen. Ein oder zwei Gespräche dieser Art am Tag sind aber sehr wohl möglich. Sie stellen dann keine Belastung dar, sondern liefern Kraft und Energie für Ihre weitere Tätigkeit.

6. Gestalten Sie Ihren Verkaufsbereich für Party Service mit Sorgfalt.

Es sind zwei »Funktionen« zu erfüllen: Erstens muß ein gezielter und enthusiastischer Verkauf möglich sein. Zweitens ist der Bereich selbst ein »Werbemittel«, um das Interesse Ihrer Kunden für Party Service zu wecken.

- Kennzeichnen Sie den Bereich deutlich im Geschäft. Hängen Sie ein großes Hinweisschild und ein Plakat zum Thema Party Service auf.
- Nutzen Sie, wenn möglich, einen Teil Ihres Bistrobereiches für die Beratung. Reservieren Sie hierfür einen speziell gestalteten und gekennzeichneten Tisch.
- Sorgen Sie am Ort der Beratung für ausgezeichnete Beleuchtung. Dies betrifft nicht nur die Helligkeit, sondern auch die »Lichtqualität«.
- Sichern Sie die Bequemlichkeit Ihres Kunden. Er muß bequem sitzen. Es muß ihm möglich sein, ohne Verrenkungen Notizen zu machen.

  Sorgen Sie für seine Entspannung, so daß er sich auf Ihr Angebot konzentrieren kann.
- Ermöglichen Sie es ihm, die schriftlichen Unterlagen in Ruhe zu studieren.
- Sorgen Sie für Diskretion.

  Kaum ein Kunde wünscht, daß persönliche Informationen über den Anlaß und den Inhalt seiner Party von Dritten mitgehört werden.

  Kein Kunde möchte, daß sein Name anderen bekanntgegeben wird. Niemand wünscht, Preisverhandlungen öffentlich zu führen.
- Während des Verkaufsgespräches sind Sie der Gastgeber. Servieren Sie einem guten Kunden eine Kostprobe oder eine kleine Erfrischung.

- Sorgen Sie dafür, daß am »Party Service-Platz« immer schriftliches Informationsmaterial ausliegt, vom Informationsband bis zu Bestellformularen.

  Auf diese Weise haben interessierte Ladenkunden stets Zugriff auf Informationen. Es besteht die Möglichkeit, sofort ein Gespräch über Party Service zu beginnen.
- Entfernen Sie vom Gesprächsort alles, was stört und behindert. Entfernen Sie alles, was von Party Service ablenkt.
- Dekorieren Sie den Verkaufsbereich mit Partymitteln, die Sie zur Lieferung anbieten, beispielsweise Tischdecken oder Servietten.

  Genauso können Sie eine kleine Kostprobe auf Ihrem Party Service-Geschirr servieren.

7. »Verschönern« Sie das Warten.

Sie können nicht immer sofort zur Verfügung stehen, wenn ein Kunde ein Gespräch wünscht. Sie verschaffen sich ausreichenden zeitlichen Spielraum, wenn Sie ihm das Warten so angenehm wie möglich machen.

Hierzu bietet ein spezieller Beratungsbereich Gelegenheit:

- Der Kunde kann sich setzen.
- Er fühlt sich nicht »im Wege«. Er muß nicht ständig zur Seite treten, um andere Kunden vorbeizulassen.
- Sie können ihm schriftliches Material übergeben, das er vor dem Gespräch in Ruhe studiert.
- Sie können eine kleine Kostprobe oder Erfrischung reichen.

Ihr Kunde erhält die Möglichkeit, sich zu entspannen. Viele Kunden, die das Geschäft gerade erst betreten haben, verspüren noch eine gewisse Unsicherheit. Erst nachdem das Beratungsgespräch einige Minuten läuft, werden sie entspannt und aufnahmebereit.

Mit einem geeigneten Beratungs- und Wartebereich schaffen Sie diese Gelöstheit. Sie verwandeln den Nachteil des Wartenmüssens in einen Verkaufsvorteil.

8. Einige Kollegen ziehen es vor, das Beratungs- und Verkaufsgespräch im Hause des Kunden zu führen.

Hierfür nennen sie folgende Vorteile:

- Auch im Geschäft müssen die Gespräche geführt werden. Die Kunden zu besuchen kostet nicht viel mehr zusätzliche Zeit.
- Die Räumlichkeiten können sofort besichtigt werden. Möglicherweise wäre eine Besichtigung auch nach einer Beratung im Geschäft nötig.
- Der Verkauf wird erleichtert, da ein Bezug zu den räumlichen Gegebenheiten hergestellt werden kann. Dies gilt besonders für den Verkauf zusätzlicher Serviceleistungen.
- Es gibt mehr Zeit und Ruhe für ein ausführliches Gespräch. Niemand wird vom Geschehen im Geschäft abgelenkt.

  Daher kann jede Leistung erklärt und jede Frage ausführlich beantwortet werden. Insgesamt können mehr Informationen geliefert werden.
- Die Anwesenheit beider Ehepartner erleichtert den Verkauf und die Auftragsgewinnung.

  Beispielsweise muß die Hausfrau nicht mehr zurückfragen, ob ihr Ehemann mit allem einverstanden ist. Beide können gleichzeitig entscheiden.
- Häufig haben Kunden auch Angebote von Mitbewerbern eingeholt. Dieses Material befindet sich bei ihnen zu Hause.

  Nach dem Verkaufsgespräch kann der Traiteur die Konkurrenzangebote »einsammeln«, mitnehmen und in Ruhe studieren.
- Ohne Besichtigung besteht die Gefahr, daß Leistungen nicht verwirklicht werden können, da die räumlichen Gegebenheiten anders sind als beschrieben.

Beispielsweise kann das Buffet nicht an der geplanten Stelle aufgebaut werden. Damit kommt es aber auch nicht wie üblich zur Geltung.

Meist werden diese Engpässe erst am Abend, kurz vor der Party entdeckt. Für eine nachträgliche Änderung der Pläne ist es dann zu spät.

9. Für viele mag ein Besuch der Kunden eine Belastung darstellen.

Andere Kollegen sehen hierin eine Chance. Es gibt Möglichkeiten, sich auch bei dieser Aufgabe zu entlasten:

Delegieren Sie den Besuch von Kunden an Ihre »Party Service-Spezialistin«. Geben Sie ihr eine Checkliste mit, die alle Fragen enthält, die auch Sie Ihrem Kunden stellen würden.

Mit Hilfe einer zweiten Checkliste kann Ihre Mitarbeiterin feststellen, welche Gegebenheiten vor Ort herrschen:

- Raumangebot.
- Vorhandene Kochgelegenheiten.
- Anschlußmöglichkeiten für einen Konvektomat oder Grill.
- Wasseranschlüsse, wenn nötig.
- Möglichkeiten der Dekorationsgestaltung.
- Zahl der vorhandenen Tische und Stühle.
- Vorgesehener Platz für das Buffet.

Sicher können Sie nicht jeden Kunden vor einer Veranstaltung besuchen. Bei wichtigen und großen Aufträgen kann aber hiermit die Qualität Ihres Party Service verbessert werden. Sie erhalten die Möglichkeit, gezielt weitere Serviceleistungen zu verkaufen.

Nutzen Sie Ihren »Beratungsbereich« für eine showmäßige Präsentation Ihres Angebots

1. Werden Sie nicht allein auf der »Sachebene« tätig.

Mit einem rein fachlichen Gespräch über Produkte und Service können Sie bei Ihren Kunden keine Begeisterung wecken.

Verlassen Sie deshalb die reine »Sachebene«. Setzen Sie »Showmittel« für die Präsentation Ihres Party Service ein.

2. Party Service bietet alle Chancen für einen »Erlebniseinkauf«.

Seit langem existiert der Begriff des »Erlebniseinkaufes«, der einem Kunden im Geschäft geboten werden soll. In den wenigsten Fällen wird aber klar gesagt, was hierunter zu verstehen ist.

Party Service bietet alle Chancen, den Begriff mit Leben zu füllen. Sie verfügen über eine Vielzahl von Möglichkeiten, einem Kunden bereits während des Verkaufes ein »Party-Erlebnis« zu vermitteln.

- Bieten Sie ihm Kostproben an.
- Servieren Sie guten Kunden ein kleines Glas Wein oder Champagner.
- Zeigen Sie faszinierende Buffet-Photos.
- Übergeben Sie ungewöhnliches schriftliches Material, beispielsweise Speisekarten früherer Parties.

Auch hier gibt es keinen Grund, aus dem Fröhlichkeit und Spaß erst bei der Party beginnen sollten. Verlassen Sie beim Verkauf von Party Service den Bereich der »Normalität«, der üblicherweise beim Tagesgeschäft herrscht.

3. Nutzen Sie außergewöhnliche Werbemittel.

Hierzu ein Beispiel. Ein Kollege aus Frankfurt zeigt seinen Kunden beeindruckende Videofilme über seine Leistungen.

Ein Film zeigt eine Party für 100 Personen, die er selbst in einem Schloß für Freunde gegeben hat. Das zweite Video zeigt eine Veranstaltung für 1 300 Personen, für die er Party Service geliefert hat.

Da ihm im Geschäft kein eigener »Show Room« zur Verfügung steht, bittet er gute Kunden, sich den Videofilm in seiner Privatwohnung anzusehen, die direkt über dem Geschäft liegt. Dort findet dann auch ein ausführliches Verkaufsgespräch statt.

4. Veranstalten Sie »Probeessen«.

Sollte es um die Gewinnung besonders wichtiger und lukrativer Aufträge gehen, kann sich ein Probeessen lohnen. Organisieren Sie sich auch hierfür.

Laden Sie die Gastgeber ein, ausgewählte Gerichte aus dem angebotenen Buffet zu probieren. Das Probeessen selbst bietet hervorragende Chancen, weitere Leistungen zu verkaufen.

5. Schildern Sie Ihren Kunden Ihre begeisterndsten »Party Service-Erlebnisse«.

Die erfolgreichsten Verkäufer zeichnen sich durch sogenannte »Story Telling Qualities« aus, das heißt, sie können ihre Kunden mit faszinierenden Erzählungen über die einzelnen Produkte begeistern.

Diese Verkäufer gewinnen ihre Kunden nicht, indem sie nüchtern die verschiedenen Produkteigenschaften beschreiben. Vielmehr verfügen sie über eine Anzahl beeindruckender Erlebnisse und Geschichten, die mit den Erzeugnissen verknüpft sind.

Party Service ist geradezu ein »Idealbereich«, um auf diese Weise das eigene Angebot zu präsentieren. Besprechen Sie mit Ihren Mitarbeiterinnen, welche interessanten Erlebnisse in Verbindung mit Party Service geschildert werden können:

- Welche interessanten Persönlichkeiten haben unseren Party Service oder einzelne Buffets schon bestellt?
- Welche unterschiedlichen Arten von Parties haben wir schon miterlebt?
- Was war das faszinierendste Motto?
- Bei welcher Veranstaltung hatten wir bisher den größten Erfolg? Was haben wir damals im einzelnen geboten?
- Mit welcher Serviceleistung begeistern wir Gäste und Gastgeber immer wieder?
- Welche Erfolgsbeispiele aus der Vergangenheit können wir liefern?
- Was waren die besten Ideen anderer Gastgeber, für die wir Party Service geliefert haben?
- Womit können wir den Erfolg früherer Parties dokumentieren, beispielsweise mit Fotos, Menukarten oder Dankschreiben?
- Welche Veranstaltung hat uns selbst die größte Freude bereitet?
- Welches war die größte Party, für die wir geliefert haben?
- Was war das ungewöhnlichste Erlebnis überhaupt?
- Welcher war unser »spannendster« Auftrag, bei dem wir Außergewöhnliches geleistet haben, um den Erfolg zu sichern?

V. Angebots-Strategie

Richten Sie Ihr Angebot an »Zielgruppen« aus

1. Entwickeln Sie »Zielgruppen« für einen offensiven Verkauf.

In anderen Branchen ist die Abgrenzung von Kunden-Zielgruppen eine zentrale Erfolgsvoraussetzung und längst eine Selbstverständlichkeit. Die Produktgestaltung, die Preisgestaltung, das Marketing einschließlich des Verkaufs werden an den verschiedenen Zielgruppen ausgerichtet.

Auch Ihre Kollegen und Sie sprechen mit Ihrem Sortiment im Laden eine ganz bestimmte Zielgruppe aus der Gesamtheit der Verbraucher an.

Ihre Zielgruppe besteht aus Kunden, die höhere Qualität wünschen und bereit sind, einen angemessenen Preis zu bezahlen. Viele sind Genießer und Feinschmecker.

Es sind Kunden, die in einer angenehmen, stilvollen Atmosphäre einkaufen möchten und die eine persönliche, professionelle Beratung schätzen.

2. Bei Party Service wird die bewußte Auswahl von Zielgruppen aber häufig vernachlässigt.

Das Angebot wird nicht gezielt an unterschiedlichen Kundengruppen ausgerichtet. Es existiert ein Sortiment, »das für alle da ist«.

Unterschiedliche Kundengruppen haben aber auch unterschiedliche Ansprüche und Wünsche.

Beispielsweise werden gesundheitsbewußte Kunden andere Vorstellungen von einem Buffet haben als Kunden, denen nichts über einen herzhaften, deftigen Genuß geht.

Kunden, die häufig eine Party geben oder Geschäftsessen haben, betrachten möglicherweise bestimmte »Delikatessen« längst als »Normalität«. Andere Kunden, die nur selten ein Restaurant besuchen, werden dagegen gerade diese Speisen als Höhepunkt ihres Buffets empfinden.

3. Unterschiedliche Zielgruppen bedeuten unterschiedliche Anlässe.

Party Service für Firmen wird für andere Anlässe geliefert als Party Service für private Gastgeber. Verschiedene Kundengruppen unterscheiden sich nicht nur nach ihren Vorstellungen und Wünschen, sondern auch anhand der Anlässe, für die sie Party Service bestellen.

Für einen offensiven Verkauf ist es deshalb nötig, kreativ auf die unterschiedlichen Zielgruppen einzugehen. Jede Zielgruppe bietet andere Anlässe und damit neue Verkaufsmöglichkeiten. Für jeden Anlaß und für jede Zielgruppe können Sie aktiv werben und verkaufen.

4. Qualität als »gemeinsamer Nenner« reicht nicht aus.

Ihre Leistungen bei Party Service haben ein gemeinsames Merkmal: Das hohe Qualitätsniveau, das alle Kunden geliefert bekommen.

Qualität reicht aber für einen offensiven Verkauf, mit dem Sie höhere Preise erzielen können, nicht aus.

Vielmehr müssen Produkte und Dienstleistungen gezielt auf die unterschiedlichen Kundengruppen ausgerichtet werden. Der Gedankengang hierbei lautet:

- Jede Zielgruppe hat unterschiedliche Wünsche und Vorstellungen.
- Bei jeder Zielgruppe existieren unterschiedliche Anlässe und Mottos, für die Sie Party Service liefern können.
- Setzen Sie deshalb bei der Produktgestaltung, der Werbung und dem Verkauf bei den unterschiedlichen Bedürfnissen der einzelnen Zielgruppen an.

Verkaufen Sie Party Service für die Anlässe, die bei den ausgewählten Zielgruppen im Vordergrund stehen.

5. Entwickeln Sie eine Liste möglicher Kundengruppen.

Ihre »Haupt-Zielgruppe« bilden sicher alle qualitätsbewußten Kunden. Belassen Sie es nicht bei dieser allgemeinen Beschreibung. Bestimmen Sie vielmehr, um wen es sich im einzelnen handelt.

Stellen Sie bei jeder Zielgruppe die Anlässe zusammen, für die Sie Party Service liefern möchten.

Betrachten Sie bitte einmal die ausgewählten Beispiele, die im folgenden genannt werden.

6. Bieten Sie eine »Delikatessen-Party für Feinschmecker« an.

Erschließen Sie gezielt die Kundengruppe der Feinschmecker und Genießer.

Entwickeln Sie ein Spezialitäten-Buffet, bei dem jedes Gericht Bestandteil einer Menufolge ist. Stellen Sie jedes einzelne Gericht »getrennt« heraus. Liefern Sie beeindruckende Produktinformationen zu jeder Speise.

Bieten Sie zu jedem Menugang ausgewählte Weine an. Bieten Sie einen »Kellner-Service«, so daß Sie insgesamt auch eine Alternative zu einem Restaurantbesuch schaffen.

Nennen Sie die Anlässe für ein solches »Drei-Sterne-Buffet«: Besuch geschätzter Gäste, Feier eines außergewöhnlichen Ereignisses, besondere Festlichkeiten.

7. Entwickeln Sie eine »Fitness-Party« mit einem »Fitness-Buffet«.

Was bieten Sie bisher Gastgebern und Gästen, die etwas für ihre Gesundheit und Fitness tun möchten, ohne auf Genuß zu verzichten?

Erschließen Sie auch die Zielgruppe gesundheitsbewußter Kunden. Entwickeln Sie ein spezielles Buffet mit einem »Schlankheits- und Fitness-Sortiment«. Liefern Sie beispielsweise besonders mageres Fleisch, Salate und Nachspeisen mit Joghurt anstelle der üblichen Süßigkeiten.

Passen Sie Ihre Getränkeauswahl dieser Konzeption an. Beispielsweise können Sie ein beeindruckendes »Wasser- und Saft-Buffet« liefern:

- Bieten Sie eine Auswahl von fünf bis acht Wasser- und Saftsorten.
- Wählen Sie außergewöhnliche Wassergläser, die Sie mit Früchten dekorieren, wie mit Erdbeeren oder Zwergorangen.
- Pressen Sie die Säfte frisch vor den Augen der Gäste.
- Gleichzeitig erzielen Sie bei Mineralwasser und Säften eine höhere Gewinnspanne als beispielsweise bei Weinen.

Beschreiben Sie in Ihrer Werbung, was Sie mit diesem Buffet im einzelnen liefern: »Fitness, Vitalität, Energie, Kraft und Stimmung«.

Sie erschließen nicht nur gesundheitsbewußte Kunden. Es gibt eine Vielzahl von Anlässen, bei denen die Teilnehmer möglichst leicht und gesund essen möchten. Auch hierzu einige Beispiele:

- Party Service für Firmen, bei denen nach der Veranstaltung noch weitergearbeitet werden soll.

  Bieten Sie hier beispielsweise ein »Power-Buffet«. Es verleiht allen Mitarbeitern Vitalität und Kraft, so daß sie ihre besten Ideen in der anschließenden Konferenz liefern können.
- Party Service für jüngere Kunden, die häufig weniger Fleisch, dafür aber mehr Salate wünschen.
- Party Service für Sportclubs, vom Tennisclub über Tanzschulen bis zum Fitness-Center.

8. Erschließen Sie Kinder als Zielgruppe.

Auch bei Kindern und Jugendlichen existiert eine Vielzahl von Party-Anlässen.

Beispielsweise sehen viele Eltern Kindergeburtstagen mit Schrecken entgegen. Dies bietet die Möglichkeit, neben einem »Kinder-Party-Buffet« weitere Partymittel zu liefern, wie Dekorationsmaterial, Luftballons, Papiertischdecken und -servietten.

Weitere Anlässe für Party Service bieten Konfirmationsfeiern, Zeugnis- und Versetzungsfeiern, Abiturfeiern und »Teenager-Parties«.

Erhöhen Sie aktiv die Nachfrage: Stellen Sie Anlässe für Party Service in den Mittelpunkt des Verkaufs

1. Vermeiden Sie eine »Reagierer-Mentalität«.

Trotz ihrer Erfolge sind einige Kollegen bei Party Service bisher eher »Reagierer«. Sie übertragen viel von ihrem Verkaufsverhalten im Laden auf den Verkauf von Party Service.

Sie warten ab, bis ein Kunde das Geschäft betritt. Sie warten, was an Aufträgen »durch die Tür« hereinkommt. Der eigentliche Verkauf beginnt erst, nachdem ein Kunde seine Wünsche geäußert hat.

Hiermit entgeht vielen Kollegen ein Großteil der Chancen für ein erfolgreiches und gewinnbringendes Party Service-Geschäft.

- Sie können nur unter den Aufträgen auswählen, die ihnen von Kunden angeboten werden.
- Es fällt schwer, über den vorgegebenen Rahmen hinaus »höherpreisige« Produkte und zusätzliche Serviceleistungen zu verkaufen.
- Es wird überhaupt nur ein Bruchteil des Bedarfs erfaßt, der tatsächlich für Party Service besteht.
- Es werden nur die Kunden angesprochen, die bereits von sich aus eine Entscheidung für Party Service getroffen haben und nun auf der Suche nach einem geeigneten Anbieter sind.

2. Erweitern Sie den Kreis Ihrer Auftraggeber.

Analysieren Sie bitte einmal, wie groß der Kreis möglicher Kunden tatsächlich ist. Insgesamt lassen sich vier »Gruppen möglicher Kunden« herausfinden.

- Die erste Gruppe besteht aus Personen, die sich bereits für Party Service und für Sie als Anbieter entschieden haben. Hier existiert echte Nachfrage.

  Sie haben diese Personen bereits als Kunden gewonnen. Es geht nun um den Verkauf der »richtigen« Produkte und Dienstleistungen.

- Die zweite Gruppe besteht aus Personen, die sich entschlossen haben, für einen konkreten Anlaß Party Service zu bestellen. Sie haben sich aber noch nicht für einen bestimmten Anbieter entschieden.

  In diesem Fall stehen Sie in Konkurrenz zu Mitbewerbern. Sie benötigen eine Konzeption, um sich hier durchzusetzen und das grundsätzliche Interesse für Party Service in echte Nachfrage nach Ihren Leistungen zu verwandeln.

- Eine völlig andere Ausgangslage herrscht bei der dritten Gruppe. Hier existiert zwar ein »besonderes Ereignis«, also ein Anlaß, aber keinerlei Nachfrage nach Party Service.

  Hierzu ein Praxisbeispiel. Ein Berliner Universitätsprofessor möchte mit seinen Verwandten und engsten Freunden seinen fünfzigsten Geburtstag feiern. Er lädt vierzig Gäste in ein »Urberliner Restaurant« ein. Genausogut hätte er aber Party Service bestellen können.

  In diesem Fall muß überhaupt erst Bedarf für Party Service geweckt werden. Es muß gezeigt werden, daß Party Service die »beste Lösung« für einen bestimmten Anlaß ist.

- Noch größer ist der Kreis »möglicher Kunden« in der vierten Gruppe.

  Auch bei diesen existiert eine Vielzahl möglicher Anlässe, für die Party Service geliefert werden könnte. Die Personen kommen aber nicht von sich aus auf die Idee, aus dem Anlaß ein »besonderes Ereignis« zu machen.

  Auch hierzu das Beispiel eines Kollegen. Beim Einkauf erzählt ein Kunde nebenbei, daß er Geschäftsfreunde aus den USA zu Besuch erwarte.

  Auf die Frage, ob dies denn nicht ein Anlaß für eine Feier mit Party Service sei, antwortet der Kunde: »Dies ist eine hervorragende Idee. Wir feiern im Bekanntenkreis eine ›Willkommensparty‹. Warum bin ich nicht von selbst darauf gekommen?«

3. Mit der Lieferung von Anlässen wecken Sie Bedarf für Party Service.

Wie gezeigt, kommen viele potentielle Kunden nicht von alleine auf den Gedanken, eine Party zu veranstalten, für die dann Party Service geliefert werden könnte.

Die einen »übersehen« Party Service als »Lösung« für einen konkreten Anlaß. Die anderen sehen nicht einmal den Anlaß selbst.

In beiden Fällen gilt: Bevor mit dem Verkauf begonnen werden kann, muß überhaupt erst ein Bedarf für Party Service geweckt werden. Die Kunden müssen als erstes auf die Idee gebracht werden, eine Party zu geben. Anschließend können die passenden Produkte und Serviceleistungen präsentiert werden.

4. Der Anlaß steht am Anfang jedes Auftrages.

Aus Kundensicht muß für die Bestellung von Party Service ein Grund vorliegen, also ein »Anlaß«. Erst der Anlaß einer Veranstaltung liefert den Bedarf für Party Service.

Starten Sie deshalb beim Verkauf von Party Service mit dem Anlaß:

- Entwickeln und sammeln Sie systematisch Ideen für Party-Anlässe. Stellen Sie die Anlässe in den Mittelpunkt Ihrer Werbung.
- Indem Sie beschreiben, für welche Anlässe Sie Party Service bieten, wecken Sie bei vielen Ihrer Kunden erst den Gedanken, für ein bestimmtes Ereignis Party Service zu nutzen.

  Sie sprechen gleichzeitig die Personen an, die bisher noch keinen Anlaß im Sinn hatten. Beispielsweise bieten Sie ein »Advents-Buffet«, bei dem viele Kunden sagen werden: »Das wäre doch mal ein Anlaß, in der Vorweihnachtszeit Freunde einzuladen und eine schöne Party zu geben.«

- Sie erhöhen die Zahl möglicher Auftraggeber. Sie gewinnen nicht nur die Kunden, bei denen der Entscheidungsprozeß für Party Service längst abgelaufen ist.

  Sie erschließen den ganzen Kreis »potentieller Kunden«.

- Je mehr Kunden auf Sie zukommen, desto leichter wird es Ihnen fallen, die »richtigen« Aufträge zu erhalten, also gewinnbringende Produkte und Serviceleistungen zu verkaufen.

  Je größer die Nachfrage ist, desto größer sind Ihre Möglichkeiten der Preisgestaltung.

5. Mit dem »Verkauf von Anlässen« verfügen Sie über ein neues »Party Service-Produkt«.

Der Ansatz lautet: Nennen und »verkaufen« Sie Ihren Kunden zuerst den »Anlaß«. Liefern Sie anschließend Produkte und Dienstleistungen, um aus dem Anlaß ein festliches Ereignis zu machen.

Mit dieser Konzeption heben Sie sich von Mitbewerbern ab. Sie bieten eine andere Leistung als Ihre Konkurrenten. Sie werden unvergleichbar.

Alle anderen verkaufen »Party Service«. Sie dagegen werden aus der Sicht Ihrer Kunden zum Experten für einen bestimmten Anlaß. Sie bieten die »Expertenlösung für ein außergewöhnliches Ereignis«.

Hierzu ein Beispiel. Geburtstagsfeiern sind ein häufiger Anlaß für Party Service. Ein »italienisches« oder »französisches« Buffet ist hier sicher reizvoll.

Weit erfolgreicher wird aber das Angebot eines speziellen »Geburtstags-Party Service« sein, mit einem besonderen »Geburtstags-Festmenu« als Buffet.

Die zugehörige Information für Kunden würde lauten: »Wir sind Experten für fröhliche und festliche Geburtstage. Wir sorgen dafür, daß Sie, Ihre Verwandten und Ihre Freunde einen glücklichen Start ins neue Lebensjahr feiern können.«

6. Die Ausrichtung auf Anlässe erhöht Ihre Freiheit bei der Produktgestaltung.

Selbstverständlich bedeutet die Einbeziehung der Anlässe nicht, daß nun für jedes Ereignis ein eigener Buffet-Typ entwickelt werden muß. Vielmehr können Sie sich wie bisher auf ausgewählte Produkte und Dienstleistungen konzentrieren, die je nach Anlaß entsprechend kombiniert werden.

Beispielsweise kann ein »festliches Geburtstagsbuffet« eine ganz ähnliche Zusammenstellung haben wie ein »Delikatessenbuffet für Feinschmecker«.

Indem Sie aber von Anfang an für einen bestimmten Anlaß werben, bieten Sie aus Kundensicht individuellen Service, ohne daß Ihre Belastung steigt.

So könnte das »Geburtstagsbuffet« anders dekoriert sein als das »Delikatessenbuffet«. Es wird unterschiedliches Geschirr geliefert. Es werden unterschiedliche »Zusatzleistungen« geboten, zum Beispiel »Geburtstags-Tischkarten«.

Schließlich können sich auch die Namen von Speisen und Getränken auf den jeweiligen Anlaß beziehen. Ein »Geburtstags-Überraschungsbraten« und eine »Geburtstags-Glückstorte« sind nur zwei Beispiele.

7. Mit der Orientierung an Anlässen erhöhen Sie den Auftragswert.

Jeder Anlaß bietet Ihnen die Möglichkeit, Speisen und Getränke zu verkaufen, die dem Ereignis angepaßt sind.

Gleichzeitig können Sie eine Vielzahl weiterer Produkte und Serviceleistungen anbieten, die speziell auf den einzelnen Anlaß abgestimmt sind. Dies reicht von einem ausgefallenen Begrüßungscocktail über eine besondere Dekoration bis hin zu passenden Einladungskarten und »Gastgeschenken«.

Sie können also Produkte und Serviceleistungen »in einem Paket« verkaufen, die ansonsten mühevoll einzeln angeboten werden müßten.

Gleichzeitig erhöht sich Ihre Flexibilität bei der Preisgestaltung. Sie müssen nicht mehr so oft für jede einzelne Leistung einen Preis nennen und rechtfertigen. Vielmehr können Sie einen »Komplettpreis« vereinbaren, in dem sämtliche »Party-Erfolgsmittel« für einen bestimmten Anlaß enthalten sind.

Legen Sie deshalb bitte fest, welche Elemente Ihr »Party Service-Paket« für einen konkreten Anlaß enthalten soll:

- Welche Speisen und Gerichte?
- Welche passenden Getränke?
- Welche Dekoration und »Partymittel«?
- Welches Geschirr?
- Welcher Aufbau und welche Gestaltung des Buffets?
- Welche »zusätzlichen« Produkte und Serviceleistungen, beispielsweise der Entwurf von Menukarten?
- Welche außergewöhnlichen Dienstleistungen, beispielsweise ein Künstlerservice?
- Welche Namen erhalten Speisen und Getränke?
- Was können wir noch liefern, um den Anlaß einer Feier besonders zu betonen?

8. Entwickeln Sie für jeden Anlaß ein Werbeprogramm.

Entwickeln Sie für die Anlässe ein Werbeprogramm, für die Sie am häufigsten Party Service liefern. Ziel ist es, jedem Party-Anlaß einen »Markenartikel-Charakter« zu verleihen.

Mit Hilfe dieser Konzeption werden Sie aus Kundensicht zum »Spezialisten« für bestimmte Anlässe. Indem Sie Ihren Leistungen die Erscheinung eines »Markenartikels« verleihen, heben Sie sich wirkungsvoll von Ihren Mitbewerbern ab.

Folgende Elemente können Bestandteil Ihres Werbeprogramms sein:

- Ein eigener Prospekt oder ein eigener Bogen für jeden Anlaß.
- Ein spezieller »Titel« oder Name für den Anlaß beziehungsweise für das entsprechende »Party Service-Paket«.
- Eine schriftliche Beschreibung der Produkte und Serviceleistungen, mit denen Sie aus einer »normalen Party« ein außergewöhnliches, auf den Anlaß abgestimmtes Ereignis machen.
- Erfolgsbeispiele anderer Veranstaltungen, mit Fotos und einer Beschreibung dessen, was geliefert wurde.
- Offensive Werbung für die einzelnen Anlässe im Schaufenster und im Geschäft: Mit Plakaten, Fotos und Dankschreiben (»Wir werden auch nächstes Jahr unseren Hochzeitstag mit Ihrem Party Service feiern...«).
- Eine Liste mit den Anlässen, auf die Sie sich spezialisiert haben: »Wir sind Experten für ...«

9. Die Betonung einzelner Anlässe fördert Ihr Party Service-Geschäft insgesamt.

Das Hervorheben bestimmter Anlässe nimmt Ihnen nicht die Möglichkeit, auch für alle anderen Ereignisse und Gelegenheiten, die nicht ausdrücklich erwähnt werden, Party Service zu liefern.

Aus der Sicht Ihrer Kunden werden Sie nicht nur zum Spezialisten für einige Bereiche, sondern zum »Party Service-Profi« insgesamt.

Liefern Sie begeisternde Mottos

1. Bieten Sie Ihren Kunden eine Auswahl begeisternder »Party-Themen«.

Jede Party basiert auf einem Anlaß. Gleichzeitig kann jede Veranstaltung unter ein »Motto« gestellt werden.

Mit Hilfe eines begeisternden Mottos verleihen Sie der Party eine andere »Stimmungsqualität«. Ein Motto regt die Phantasie und den Enthusiasmus der Gastgeber und der Gäste an. Die Veranstaltung wird zu einem »außergewöhnlichen Ereignis« mit hohem Erinnerungswert.

Hierzu ein Beispiel, das nicht unbedingt zur Nachahmung empfohlen wird. Der für seine exzentrischen Ideen bekannte Filmregisseur Alfred Hitchcock hat seine Freunde einmal zu einer Party eingeladen, die unter dem Motto stand »Alles in Blau«.

Alle Gäste mußten in blauer Kleidung erscheinen. Der Raum der Party war vollständig in Blau gehalten, von den Wänden über die Dekoration bis hin zum Geschirr. Es gab nirgends eine andere Farbe. Der eigentümliche Höhepunkt aber war, daß sämtliche Speisen und Getränke mit Lebensmittelfarbe ebenfalls blau gefärbt worden waren.

2. Mit der Lieferung von »Party-Themen« bieten Sie einen individuellen Service.

Sie können unmöglich für jeden Auftrag eine völlig neue Party gestalten. Gleichzeitig wünschen sich Gastgeber aber einen persönlichen »einzigartigen« Service.

Sie benötigen daher eine Konzeption, mit der Sie einerseits standardisierte Leistungen liefern und andererseits individuellen Service bieten können. Mit der Einbeziehung von Mottos können Sie dieses Ziel erreichen.

Sie können beispielsweise ein Standard-Buffet so gestalten, daß Speisen und Gerichte bei jeder Party um ein bestimmtes Motto herum »aufgebaut« werden. Ihre üblichen Serviceleistungen werden ebenfalls auf das Motto ausgerichtet. Auf diese Weise verbinden Sie die Notwendigkeit der »Standardisierung« mit dem Wunsch Ihrer Kunden nach persönlichem Service.

3. Mit einem Motto betonen Sie den Anlaß der Party.

Der Anlaß bestimmt den »Rahmen« der Party. Das Motto bestimmt, was innerhalb dieses Rahmens geliefert wird.

Hierzu ein Beispiel. Anlaß der Party ist eine Silberhochzeit. Das Motto der Party wird vom gemeinsamen Hobby beider Ehepartner bestimmt, beispielsweise dem Reisen in »ferne Länder«.

Das Party-Angebot könnte dann so aussehen: Die Gerichte tragen Namen von Städten, in denen die Gastgeber bereits gewesen sind. Das Buffet ist mit kleinen Nationalflaggen der verschiedenen Länder geschmückt. Der Raum ist möglicherweise mit großen »Reiseplakaten« dekoriert. Die Gäste erhalten einen Begrüßungscocktail, der aus dem Lieblingsland der Gastgeber stammt.

4. Entwickeln Sie das Motto gemeinsam mit Ihrem Kunden.

Die Party wird zu einem gemeinsamen Projekt von Ihnen und dem Gastgeber. Gleichzeitig können Sie ihn mit Hilfe des Mottos bei der Party herausstellen.

Beteiligen Sie den Gastgeber deshalb gezielt an der Entwicklung und der Verwirklichung des Party-Themas. Gehen Sie gemeinsam eine »Checkliste« mit Stichworten durch, um Anregungen für ein begeisterndes Motto zu finden:

- Anlaß im einzelnen.

- Persönlichkeit des Gastgebers oder der Person, die im Mittelpunkt stehen.
- Besondere Vorlieben oder Hobbies des Gastgebers.
- Beruf und »Passion« des Gastgebers.
- Außergewöhnliche Ereignisse in seinem Leben.
- Gäste, die bei der Party besonders herausgestellt werden sollen.

Entwickeln Sie Ihr eigenes »Angebots-Testsystem«

1. Nur wenige Kollegen beschäftigen sich systematisch mit der Analyse des eigenen Party Service-Angebotes.

Häufig fehlen ihnen die Zeit und das geeignete »Werkzeug« in Form einer Analyse-Checkliste.

Viele Kollegen sind erfolgreich mit dem, was sie augenblicklich liefern. Sie sehen keine Veranlassung, ihr Angebot systematisch zu überprüfen und weiterzuentwickeln.

2. Ihr Angebot an Speisen und Gerichten bildet aber das Kernstück Ihres Party Service.

Es ist in zweierlei Hinsicht entscheidend für Ihren Gesamterfolg. Erstens bestimmt die Angebotsgestaltung Ihre Belastung, also den zeitlichen und kräftemäßigen Aufwand, mit dem Sie Party Service betreiben.

Zweitens entscheidet der Erfolg Ihrer Produkte darüber, welche Preise Ihre Kunden akzeptieren. Ihre Angebotsgestaltung bestimmt Ihre Gewinnmöglichkeiten.

Sie benötigen daher ein »Testsystem«, mit dem Sie Ihr Warenangebot überprüfen und drei Hauptfragen beantworten können:

- Können wir mit unseren Produkten wirklich hohe Preise erzielen?
- Hat unser Buffet-Angebot größtmöglichen Erfolg bei unseren Kunden?
- Ist unser Sortiment so gestaltet, daß es uns bei der Produktion möglichst wenig belastet?

3. Überprüfen Sie den »Erfolg« Ihres Angebotes.

Analysieren Sie, wie Ihre Speisen und Gerichte bei Gastgebern und Gästen »ankommen«. Stellen Sie fest, womit Sie wirklich Erfolg haben. Sie erhalten die Informationen und die Basis für eine kreative Produktgestaltung.

- Was wird bei Parties wirklich gerne gegessen?
- Was ist als erstes weg? Wovon bleibt nichts übrig?
- Welche »neuen« Speisen sind längst veraltet?
- Welche »Modegerichte« sollten wir nicht mehr anbieten?
- Was bietet inzwischen jeder?
- Was können die Gäste nicht mehr sehen, weil sie es auf jeder Party geboten bekommen?
- Was bieten wir immer noch an, obwohl es längst nicht mehr »in« ist?
- Welche »traditionellen Gerichte« bieten wir an, obwohl sie zu konventionell und »langweilig« sind?
- Was wird zuletzt gegessen, weil alles andere schon weg ist?
- Womit haben wir den größten Erfolg? Wofür werden wir immer wieder gelobt?
- Welche Gerichte sind so erfolgreich, daß unsere Kunden das Rezept haben möchten?
- Für welche Gerichte bezahlen unsere Kunden einen hohen Preis?
- Was akzeptieren sie sofort, ohne sich auf große Preisdiskussionen einzulassen?
- Welche Speisen wecken beim Verkaufsgespräch die größte Begeisterung?
- Mit welchem Gericht wird der Auftrag »gewonnen«?
- Was liefern wir an »Außergewöhnlichem«, das eine Hausfrau nicht nachmachen kann?

4. Überprüfen Sie Ihr »Angebotsgefüge«.

Analysieren Sie die »Zusammensetzung« Ihres Gesamtangebotes.

Mit bestimmten Gerichten und Buffets werden Sie besonders erfolgreich sein. Die Frage ist aber, ob sich aus den einzelnen Produkten unterschiedliche Buffet-Typen zusammenstellen lassen, ohne daß hierbei der Produktionsaufwand zu groß wird.

Beispielsweise könnte es sein, daß Sie so viele »Spezialanfertigungen« mitanbieten, daß die Herstellung und der Verkauf insgesamt zuviel Zeit und Kraft erfordern.

Stellen Sie sich hierzu bitte einmal folgende Fragen:

- Sind die einzelnen Produkte weitgehend »kompatibel«?

  Können wir also aus den verschiedenen Einzelgerichten ohne Mühe unterschiedliche Buffet-Typen »kombinieren«?
- Können wir beispielsweise mit dem gleichen Buffet-Typ sowohl Party Service für eine Familienfeier als auch für ein Geschäftsessen liefern?

  Sind hier nur kleine »Veränderungen« nötig, oder müssen wir mit einer völlig anderen »Produktion« beginnen?
- Können wir mit unserem Sortiment Party Service gezielt für verschiedene Anlässe liefern, ohne jedesmal ein völlig anderes Buffet anbieten zu müssen?
- Gelingt uns dies, indem wir beispielsweise »nur« den Namen des jeweiligen Buffets ändern und entsprechendes Werbematerial einsetzen?

  Können wir uns also mit Hilfe von »Werbemitteln« bei der Herstellung entlasten?
- In welcher Beziehung steht unser Party Service-Angebot zu unseren Produkten im Geschäft? Lassen sich unsere Party Service-Produkte auch über die Theke verkaufen?

- Wie gut passen Speisen und Getränke zusammen? Ist unser Sortiment so gestaltet, daß ein müheloser Verkauf beispielsweise von Weinen erleichtert wird?
- Haben wir in unserem Sortiment genügend Angebote für »Spezialgruppen«, zum Beispiel für Kunden, die abnehmen möchten?

Sorgen Sie für die Herausstellung des Gastgebers bei der Party

1. Liefern Sie Produkte und Serviceleistungen, mit denen Sie den Gastgeber bei der Party herausstellen.

Beim Verkauf von Party Service gibt es drei Hauptziele:

- Der Auftragswert jeder Veranstaltung sollte so hoch wie möglich sein. Es müssen Leistungen angeboten werden, die für den Kunden unwiderstehlich sind.
- Es sollten Leistungen verkauft werden, mit denen nicht nur ein hoher Umsatz, sondern ein entsprechender Gewinn erzielt werden kann.
- Es sollten Leistungen sein, bei denen der Preis für den Kunden eine untergeordnete Rolle spielt.

Es gibt eine »strategische Erfolgsregel«, mit der Sie diese Ziele erreichen: Stellen Sie den Gastgeber in den Mittelpunkt Ihres Party Service. Bieten Sie Erzeugnisse und Dienstleistungen, mit denen Sie ihn bei der Party herausstellen.

Bisher geschieht dies nur »indirekt« mit der gelieferten Produktqualität. Es fehlen aber ein Programm und die Realisierungsmittel, um den Gastgeber direkt zum »Mittelpunkt« der Party zu machen.

2. Mit dieser Leistung bieten Sie einem Gastgeber außergewöhnlichen Nutzen.

Sie liefern ihm etwas ganz anderes als Speisen und Getränke: Sie sichern ihm die Anerkennung, Wertschätzung und auch Zuneigung seiner Gäste.

Sie ermöglichen es ihm, sich mit seiner Persönlichkeit und seinen individuellen Wesensmerkmalen zu präsentieren.

Das geschieht selbstverständlich auf eine Art und Weise, die in keinem Fall aufdringlich oder »egozentrisch« wirkt. Vielmehr findet eine »Verpersönlichung« der Party im Hinblick auf den Gastgeber statt.

3. Erfassen Sie das Wesen und die Vorlieben Ihres Auftraggebers.

Analysieren Sie im Beratungsgespräch die Persönlichkeit und die Charaktermerkmale des Gastgebers. Finden Sie seine Neigungen und Vorlieben heraus.

Stellen Sie ihm gezielte Fragen, um diese Informationen zu erhalten. Sagen Sie ihm, daß Sie die Party für ihn so individuell wie möglich gestalten wollen.

- Welchen Beruf hat der Gastgeber?
- Welche außergewöhnlichen beruflichen Aufgaben hat er?
- Welche Erfolge hat er erzielt, auf die er besonders stolz ist?
- Was hat er für Vorlieben und Hobbies?
- Welche Eigenschaften und welche Ereignisse verbinden ihn mit seinen Freunden beziehungsweise mit seinen Gästen?
- Welchen persönlichen Anlaß hat die Party?
- Welche Ereignisse hat es in seinem Leben gegeben, an die er sich besonders gerne erinnert?
- Gibt es ein Lieblingsthema, mit dem er sich am meisten beschäftigt?

4. »Verpersönlichen« Sie alle Party Service-Leistungen mit Hilfe der gewonnenen Informationen.

Bauen Sie Ihr Angebot auf den gewonnenen Informationen auf. Arbeiten Sie bei umfangreichen Aufträgen einzelne Elemente gemeinsam mit dem Gastgeber aus.

Stimmen Sie jede Leistung soweit wie möglich auf seine Persönlichkeit ab. Dies betrifft alle Bereiche, von der Auswahl der Gerichte über die Gestaltung der Dekoration bis hin zu Serviceleistungen, wie dem Schreiben und Versenden von Einladungen.

Wenige Auftraggeber können bei einer wichtigen Veranstaltung einer solchen »Party-Konzeption« widerstehen. Bei einer »individuellen Spezial-Party« spielt der Preis für das einzelne Produkt oder für die einzelnen Dienstleistungen eine untergeordnete Rolle.

5. Hierzu ein Erfolgsbeispiel.

Gerd Käfer ist ein absoluter Profi auf dem Gebiet der Lieferung von »Wertschätzung« und Anerkennung für seine Kunden.

Einen seiner vielen Aufträge hat er von einer erfolgreichen deutschen Fabrikantin von Röcken und Kleidern erhalten. Im Beratungs- und Verkaufsgespräch gewann er den Eindruck, daß seine Kundin kein privates Hobby kennt. Ihr ganzen Denken und ihre ganze Leidenschaft galten ihrem Beruf.

Gerd Käfer faßte daher den Entschluß, den Beruf seiner Kundin in den Mittelpunkt der Party zu stellen. Als erstes hat er sie gebeten, eine Vielzahl von »Rockentwürfen« auf verschiedenen Blättern zu skizzieren. Die Entwürfe wurden dann koloriert, ausgeschnitten und als Einladungen an die Gäste versandt.

Für die Kleiderordnung galt: Alle weiblichen Gäste mußten einen Rock tragen – die Herren kamen allerdings nicht im »Schottenrock«, sondern im Smoking.

Da auch die Dekoration genau auf das Motto abgestimmt war, wurde die Party zu einem großen Erfolg. Die Gastgeberin und ihre große Leidenschaft, »ihr Beruf«, wurden auf sympathische und unaufdringliche Weise in den Mittelpunkt des Festes gestellt.

6. Richten Sie das Fest auf die Persönlichkeit des Gastgebers aus.

- Stellen Sie die Party unter ein Motto, das sich auf den Gastgeber bezieht.
- Gestalten Sie die Einladungen, Tischkarten und Speisekarten anhand dieses Mottos.
- Liefern Sie Gerichte, die sich auf den Geburtsort des Gastgebers beziehen, beispielsweise »Bremerhavener Seemannssülze«.
- Bieten Sie ein Spezialgericht an, das Sie nach einem Lieblingsrezept des Gastgebers zubereitet haben, zum Beispiel ein Dessert, das dann auch seinen Namen trägt.
- Stellen Sie den Gastgeber während der Party heraus, indem Sie ihm eine zentrale Aufgabe »übertragen«.

  Beispielsweise können Sie gemeinsam mit ihm bestimmte Gerichte vor den Augen der Gäste zubereiten. Liefern Sie ihm hierzu eine professionelle »Kochausrüstung« mit Kochmütze und eigener Schürze, auf der Sie seinen Namen haben einsticken lassen. Die Schürze kann er nach der Party als Geschenk behalten.
- Liefern Sie ihm Informationen über das Buffet, mit denen er seine Gäste unterhalten und beeindrucken kann. Machen Sie ihn zum Experten für die gelieferten Speisen und Getränke.
- Verzieren Sie ausgewählte Gerichte mit seinem Namen.
- Arbeiten Sie mit einem preiswerten »Druck-Service« zusammen. Lassen Sie den Namen des Gastgebers auf möglichst viele Partymittel drucken, zum Beispiel auf Papierservietten oder Luftballons.

  Einen ähnlichen Service bieten andere Branchen längst. So lassen verschiedene Spitzenhotels den Namen des Gastes auf das Briefpapier drucken, das in seinem Hotelzimmer ausgelegt wird.
- Gestalten Sie auch die Dekoration und das Show-Programm anhand des individuellen Mottos.

  Bieten Sie beispielsweise an, eine »Jägerkapelle« auftreten zu lassen, wenn das Hobby des Gastgebers die Jagd ist.

Sichern Sie den Erfolg des Gastgebers bei seinen Gästen

1. Die meisten Anbieter konzentrieren sich auf die Qualität ihrer Produkte.

Bei der Entwicklung, der Herstellung und dem Verkauf von Party Service konzentrieren sich die meisten Kollegen auf den »Inhalt« und die Qualität dessen, was sie anbieten.

Im Mittelpunkt ihrer Überlegungen steht das Produkt. Ziel ist es, eine hohe Produkt- und Servicequalität zu sichern und zu liefern.

2. Die meisten Kunden haben ein anderes »Ziel« vor Augen.

Selbstverständlich ist die Produktqualität auch bei Kunden entscheidend für die Wahl des Party Service. Das Denken der Gastgeber kreist aber um ein anderes »Ziel«, das mit Hilfe von Party Service erreicht werden soll.

Oberstes Ziel der Gastgeber ist ihr Erfolg bei ihren Gästen.

Qualität, Einfallsreichtum und Kreativität des Traiteurs sind aus Kundensicht die »Erfolgsfaktoren«, um die Anerkennung und den Dank der Gäste zu gewinnen.

Für Gastgeber steht nicht das »Produkt« im Mittelpunkt ihres Interesses, sondern der gelieferte »Produktnutzen«. Dieser ist um so größer, je mehr Erfolg die Gastgeber mit der Party bei ihren Gästen haben.

3. Was wünscht sich ein Gastgeber wirklich?

Der Gastgeber möchte Erfolg bei seinen Gästen. Er möchte ihre Anerkennung, ihren Dank und ihre Wertschätzung gewinnen.

- Er möchte seine Gäste überraschen und verblüffen.
- Er will Außergewöhnliches und Einmaliges bieten. Seine Party darf nicht so sein wie alle anderen.
- Er will andere Gastgeber übertreffen.
- Er möchte Experte bei den gelieferten Speisen und Getränken sein.
- Er möchte seine Gäste unterhalten. Er möchte ihnen eine »Show« bieten. Die Party soll ein besonderes Erlebnis werden, das noch lange im Gedächtnis bleibt.
- Er wünscht sich, ein beeindruckender, geschätzter und professioneller Gastgeber zu werden.
- Er möchte »der« Party-Experte schlechthin werden.

4. Eine zentrale Verkaufsregel lautet deshalb: Liefern Sie dem Gastgeber Erfolg bei seinen Gästen.

Es gibt zwei grundsätzlich mögliche Verkaufsansätze:

Der erste, übliche Ansatz besteht darin, Speisen, Getränke und Serviceleistungen auf hohem Qualitätsniveau anzubieten und zu liefern. Je höher die Produktqualität ist, desto größer wird der Verkaufserfolg sein.

Der zweite Ansatz besteht aber darin, dem Gastgeber »Erfolg bei seinen Gästen« zu verkaufen. Auch hier spielt die Produktqualität eine entscheidende Rolle.

Im Mittelpunkt des Verkaufs stehen aber nicht die Erzeugnisse, sondern der Nutzen, den sie dem Gastgeber bei seinen Gästen bieten.

5. Stellen Sie deshalb die Gäste in den Mittelpunkt der Beschreibung Ihrer Party Service-Leistungen.

Konzentrieren Sie sich bei der Entwicklung, der Herstellung und dem Verkauf von Party Service auf das, was die meisten Kunden wirklich wünschen: »Zufriedene Gäste«.

- Verbinden Sie die Beschreibung eines Produktes immer mit der Schilderung des »Produktnutzens«.

  Sagen Sie beispielsweise, welche Freude den Gästen gemacht wird, wenn zusätzlich zum Buffet eine Gulaschsuppe als »Mitternachtssuppe« angeboten wird.

  Schildern Sie, wie auch müde Gäste wieder munter werden, wenn eine Stärkung für die Partystunden nach Mitternacht ausgegeben wird.

- Verknüpfen Sie Beschreibungen der Produktqualität immer mit Aussagen über das Qualitätsempfinden der Gäste.

  Schildern Sie, wie Gäste auf unterschiedliche Qualitäten reagieren. Beschreiben Sie dem Gastgeber den Genuß, den er seinen Gästen mit einer hohen Produktqualität liefert.

- Erhöhen Sie den Verkauf flankierender Leistungen, indem Sie die Wirkung dieser »Party-Erfolgsmittel« auf die Gäste erläutern.

  Beschreiben Sie zum Beispiel, wie eine außergewöhnliche Dekoration die Atmosphäre und die Stimmung der Gäste verbessert. Zeigen Sie mit Beispielen, welche Begeisterung ein »Party-Unterhaltungsprogramm« bei den Gästen hervorruft.

- Stellen Sie die Ziele des Gastgebers in den Mittelpunkt Ihrer Argumentation. Fragen Sie ihn beim Verkauf:

  »Möchten Sie Ihren Gästen etwas Außergewöhnliches bieten?«

  »Möchten Sie eine einzigartige Party, die kein anderer nachahmen kann?«

  »Möchten Sie, daß Ihre Gäste noch lange von der Party sprechen?«

  »Ist diese Party für Sie wichtig? Ist es für Sie von Bedeutung, daß die Party bei Ihren Gästen ein voller Erfolg wird?«

6. Richten Sie das Augenmerk Ihrer Kunden von Anfang an auf die Wünsche der Gäste.

Wählen Sie im Verkaufsgespräch Formulierungen, mit denen Sie eine Verbindung zwischen Ihrem Party Service und den Gästen des Kunden herstellen. Nehmen Sie direkt auf die Party Bezug.

- Sie können sagen: »Dies ist der zarteste und aromatischste Schinken, den Sie kaufen können.«

  Sie können aber auch sagen: »Ihre Gäste werden noch nie einen so aromatischen und köstlichen Schinken angeboten bekommen haben.«

- Sie können sagen: »Unser ›italienisches Buffet‹ enthält wirkliche Köstlichkeiten.«

  Sie können aber auch sagen. »Von keinem anderen Buffet sind Gäste so begeistert wie von unserem ›italienischen Buffet‹.«

- Sie können sagen: »Hier haben wir Ihnen eine Menufolge zusammengestellt, bei der jeder einzelne Gang auf den anderen perfekt abgestimmt ist.«

  Sie können aber auch sagen. »Diese Vorspeise wird Ihren Gästen zum Hauptgericht am besten schmecken. Auch Gäste, die häufig in guten Restaurants essen, werden von unserer Menukombination begeistert sein.«

- Sie können sagen: »Diese Dekoration paßt besonders gut zu Ihrer Wohnungseinrichtung.«

  Sie können aber auch sagen: »Bei dieser Dekoration werden Ihre Gäste von Ihrem Geschmack und der farblichen Abstimmung mit der Einrichtung außerordentlich beeindruckt sein.«

- Sie können sagen: »Dies ist das schönste Zelt, das ich Ihnen für Ihr Gartenfest anbieten kann.«

- Sie können aber auch sagen: »In keinem anderen Zelt werden es Ihre Gäste so gemütlich und schön haben. Falls es regnen sollte, wird die Party trotzdem ein voller Erfolg.«

- Sie können sagen: »Dies sind die talentiertesten Künstler, die Sie für Ihre Party engagieren können.«

  Sie können aber auch sagen: »Diese Musiker garantieren für eine fröhliche und ausgelassene Stimmung bei Ihren Gästen. Sie werden sehen, sogar die ruhigsten und zurückhaltenden Gäste werden begeistert mitmachen.«

7. Liefern Sie ein »Party-Erfolgssystem«.

Entwickeln und liefern Sie die »Erfolgsmittel« und Informationen, mit denen Ihre Kunden zu professionellen Gastgebern und erfolgreichen Party-Veranstaltern werden.

Heben Sie diese Konzeption beim Verkauf hervor. Bieten Sie Ihren Kunden ein regelrechtes »Party-Erfolgssystem« an.

- Gestalten Sie die Gerichte und das Buffet so, daß der Gastgeber herausgestellt wird. Beschreiben Sie, auf welche Weise Ihre Produktqualität zur Erfolgssicherung beiträgt.
- Versorgen Sie Ihren Kunden mit Produktkenntnissen über die gelieferten Speisen und Getränke. Machen Sie ihn zu einem Fachmann auf dem Gebiet der »Warenkunde«.
- Vermitteln Sie ihm Ausdrücke Ihrer Fachsprache. Versorgen Sie ihn mit fachlichen Begriffen, die er noch nicht kennt.
- Liefern Sie ihm ungewöhnliche Partymittel und »Showmittel«, mit denen er seine Gäste begeistert.
- Entwickeln Sie eine Checkliste mit dem Ansatz: »Was kann alles bei einer Party schiefgehen?«

  Sagen Sie ihm im einzelnen, auf welche Faktoren er seinerseits zu achten hat, damit die Party ein Erfolg wird.
- Versorgen Sie ihn mit kreativen Ideen für die Gestaltung seiner Party. Nennen Sie Erfolgsbeispiele. Sagen Sie ihm, womit andere Gastgeber den größten Erfolg haben.
- Versorgen Sie ihn mit »Antrieb«. Jeder Gastgeber macht sich Sorgen über mögliche Engpässe und Schwierigkeiten. Sagen Sie ihm, welche erwarteten Hindernisse nicht existieren oder wie sie gelöst werden können.

8. Unterstützen Sie Ihren Kunden in seiner Rolle als »Gastgeber«.

»Gäste haben« bedeutet mehr als »eine Party geben«.

»Gast-Geberschaft« beruht immer auf »Gast-Freundschaft«. Ziel des Kunden ist es, eine enge, freundschaftliche Beziehung zu seinen Gästen zu erhalten. Er möchte ihnen die Party »so schön wie möglich« machen.

Hierzu hat er eine Vielzahl von Funktionen in seiner Rolle als Gastgeber zu erfüllen:

- Viele Kunden sind sich über ihre Gastgeber-Aufgaben nicht vollständig im klaren. Sie wissen nicht, was im einzelnen eine erfolgreiche Gastgeberschaft ausmacht.
- Andere Kunden haben sehr wohl eine Vorstellung über die zu erfüllenden Funktionen. Ihnen fehlen aber die »Party Service-Erfolgsmittel«, mit denen sie sich als beeindruckende Gastgeber präsentieren können.
- Liefern Sie einem Kunden deshalb alles, was zum Thema »Gastgeber-Funktionen« gehört. Nennen Sie ihm die Aufgaben, Pflichten und Verhaltensweisen erfolgreicher Gastgeber. Liefern Sie ihm Produkte und Dienstleistungen, mit denen er seine Gastgeber-Funktionen professionell erfüllen kann.

  Hierzu im folgenden einige Beispiele.

9. Gastgeber-Funktion: Die richtige Auswahl und Zusammenstellung der Gäste.

Die Frage »Wen laden wir ein und wen nicht?« beschäftigt die meisten Gastgeber. Viele sind sich nicht völlig im klaren, daß ein einziger »nicht passender« Gast die ganze Party beeinträchtigen kann.

Vielen Gastgebern fehlt Entscheidungssicherheit für die »richtige« Auswahl der Gäste. Sagen Sie Ihren Kunden deshalb, worauf es bei der Zusammenstellung der Gästeliste ankommt.

- Wer muß unbedingt eingeladen werden?
- Bei wem wollen wir uns mit einer Einladung für ein anderes Fest revanchieren?
- Wen könnten wir einladen, wenn wir von anderen eine Absage erhalten?
- Wer von den möglichen Gästen paßt nicht in diesen Kreis? Wen sollten wir im Zweifel nicht einladen?
- Wie frühzeitig müssen wir unsere Gäste informieren?
- Enthält die Einladung unsere Telefonnummer, unsere Adresse und, wenn nötig, den Anfahrtsweg?
- Fassen Sie diese Fragen in einem Formular für eine »Gästeliste« zusammen, die Sie an Ihre Kunden verteilen. Auf der Liste kann der Gastgeber mögliche Gäste eintragen und anschließend »abhaken«, wer bereits zugesagt hat.

  Das Formular enthält selbstverständlich Ihren Namen, Ihr Party Service-Signet und Ihre Telefonnummer. Es ist ein Mittel ständiger Präsenz bei Ihren Kunden. Eine »leere Gästeliste« führt Ihre Kunden immer wieder in Versuchung, eine Party zu geben.

10. Gastgeber-Funktion: Entwicklung der richtigen Tischordnung.

Hierzu ein Beispiel: Ein Berliner Unternehmer hat zu seinem sechzigsten Geburtstag eine Einladung gegeben. In einem Raum des Hauses war eine Tafel für vierzig Personen aufgebaut. Die Ehefrau des Unternehmers hat über drei Tage hinweg die Tischkarten immer wieder neu auf der Tafel verteilt.

Für die Gastgeber ist dies also eine zentrale Aufgabe. Sie wissen, daß eine falsche Tischordnung die Stimmung einer Party ruinieren kann. Umgekehrt empfinden Tischpartner, die zueinander passen, die Party als vollen Erfolg.

- Nennen Sie Ihren Kunden die Regeln, die für die Gestaltung der »richtigen« Tischordnung gelten.

  Wo haben die Gastgeber zu sitzen, wo sitzen die wichtigsten Gäste?
- Bieten Sie unter Umständen eine ganz andere Lösung an, beispielsweise die Lieferung von Bistro-Tischen. Schildern Sie, welche Vorteile dies für eine freie und fröhliche Unterhaltung hat.
- Liefern Sie persönlich gestaltete Tischkarten, die erstens ein »Geschenk« für die Gäste bilden und die zweitens einen Anlaß für eine Unterhaltung zwischen Tischnachbarn bieten.
- Entwickeln Sie Angebote, mit deren Hilfe bei einem gesetzten Essen sofort ein angeregtes Gespräch entsteht.

  Ein Kollege liefert Damen und Herren unterschiedliche Vorspeisen, bei denen die Möglichkeit besteht, »von einander zu probieren«. Gleichzeitig wird eine extra »Probiergabel« mitgeliefert.

11. Gastgeber-Funktion: Die richtige Begrüßungsrede.

Den meisten Gastgebern fällt es schwer, eine begeisternde Begrüßungsrede zu entwickeln und zu halten. Viele fürchten, nicht »geistreich« genug zu sein und sich bei ihren Gästen zu blamieren.

Andererseits schafft eine gelungene Begrüßungsrede von Anfang an eine besondere Atmosphäre. Die Party wird mit einem zeremoniellen Akt begonnen.

Mit einer Begrüßungsrede heißt der Gastgeber im wahrsten Sinne des Wortes seine Gäste willkommen. Die Rede dient dazu, eine Beziehung zwischen den Gästen zu schaffen, die sich möglicherweise noch nicht kennen.

Beraten Sie den Gastgeber deshalb bei dieser Aufgabe. Liefern Sie Ihm Ideen und Anregungen für eine erfolgreiche Begrüßungsrede. Hierzu ein Beispiel:

Der Gastgeber verfügt über die Visitenkarten seiner Gäste, oder er schreibt kleine »Namenskarten«. Auf der Rückseite notiert er einige Stichworte über die betreffende Person, insbesondere, wie er sie kennengelernt hat.

In der Begrüßungsrede schildert er dann, bei welchem Anlaß und auf welche Weise er jeden einzelnen das erste Mal getroffen hat. Die Visitenkarten dienen als »Spickzettel«.

- Diese Idee läßt sich bei jedem Anlaß verwirklichen.
- Die Gäste werden auf intelligente Weise über einander informiert. Jeder einzelne wird kurz in den Mittelpunkt gestellt.
- Es wird eine interessante »Story« geliefert. Einerseits wird eine Verbindung zwischen den Gästen geschaffen. Andererseits werden keine intimen Informationen preisgegeben.
- Gleichzeitig wird die Aufgabe des »gegenseitigen Vorstellens« auf elegante Weise gelöst.

12. Gastgeber-Funktion: Einhaltung der »Sorgfaltspflicht« gegenüber den Gästen.

Gastgeber haben auch eine »Sorgfaltspflicht« gegenüber ihren Gästen. Hierzu zählt besonders, daß die Gäste sicher nach Hause kommen.

Nicht alle Gastgeber machen sich zu diesem Punkt Gedanken. Für sie ist ihre Gastgeberrolle beendet, wenn die Gäste das Haus verlassen haben.

Aus Gästesicht bedeutet es aber eine besondere Hinwendung, wenn der Gastgeber sich auch um eine »sichere Heimkehr« kümmert. Hiermit beweist er, wie sehr ihm das Wohlergehen seiner Gäste am Herzen liegt.

Liefern Sie auch hierzu Lösungsideen:

- Besprechen und planen Sie die Rückfahrt oder Rückreise frühzeitig mit Ihren Gästen.

- Weisen Sie bereits in der Einladung auf Rückfahrmöglichkeiten hin.
- Besorgen Sie frühzeitig genügend Zimmer in preiswerten Hotels der Umgebung.
- Sorgen Sie frühzeitig für genügend Taxis.
- Beenden Sie die Party nicht mit großen Mengen Alkohol, sondern mit einem »Muntermacher«, wie einer deftigen Suppe.
- Sprechen Sie mit guten Freunden ab, daß andere Gäste in einer »Sammelfahrt« nach Hause gebracht werden. Revanchieren Sie sich mit einem kleinen Geschenk bei den Gästen, die diese Aufgabe übernehmen.

VI. Produkt- und Dienstleistungsgestaltung

Entwickeln Sie Ihr Sortiment kreativ weiter – sorgen Sie für begeisternde Party Service-Produkte

1. »Standardisieren« Sie Ihre Leistungen soweit wie möglich.

Sie können nicht für jede Veranstaltung neue Produkte und Serviceleistungen entwickeln. Vielmehr benötigen Sie ein »standardisiertes Programm« unterschiedlicher Angebote, die Sie je nach Anlaß individuell kombinieren können.

- Nur auf diese Weise können Sie Ihren »Produktionsprozeß« organisieren. Der Aufwand für eine ständige Neuentwicklung von Buffets und Dienstleistungen würde alle zeitlichen und kräftemäßigen Grenzen sprengen.
- Je häufiger Sie eine bestimmte Leistung erbringen, desto besser werden Sie. Sie können die Leistung immer weiterentwickeln, beispielsweise ein Buffet für einen bestimmten Anlaß. Sie können auf dem aufbauen, was sie bereits geschaffen haben.
- Feststehende Angebote erleichtern das Delegieren. Es muß nicht bei jeder Veranstaltung alles neu besprochen werden. Vielmehr können Ihre Mitarbeiterinnen ausgewählte Aufgaben selbständig übernehmen.
- Beratung und Verkauf werden erleichtert, da schriftliche Werbemittel entwickelt werden können. Auch dies lohnt sich nur, wenn es sich um »wiederholbare« Angebote handelt.

2. Gleichzeitig wünschen Ihre Kunden einen »individuellen und persönlichen« Party Service.

Ihre Kunden wünschen sich, daß die Leistungen für die Party individuell zusammengestellt werden. Sie möchten keine »Fertigprodukte«, die jedem geboten werden.

Je größer Ihre Möglichkeiten sind, einem Gastgeber eine »individuelle Lösung« mit dem Charakter des Außergewöhnlichen zu liefern, desto größer wird auch Ihr Verkaufserfolg.

Je größer Ihre Auswahl und die Zahl der »Neuheiten« sind, desto höhere Preise können Sie erzielen. Gleichzeitig heben Sie sich erkennbar von Mitbewerbern ab.

Hiermit entsteht ein geradezu klassischer »Ziel-Konflikt«: Einerseits besteht die Notwendigkeit, sich auf ausgewählte Leistungen zu konzentrieren. Andererseits wünschen die Kunden Abwechslung, Außergewöhnliches und individuelle Angebote.

Besonders deutlich wird dieses »Dilemma« bei Stammkunden:

- Ein Geschäftsziel lautet, möglichst viele Stammkunden zu gewinnen. Wer aber häufig Kunde ist, läuft Gefahr, stets »das gleiche« geliefert zu bekommen.
- Dies gilt um so mehr, wenn Kunden eines Einzugsgebietes untereinander befreundet sind und sich gegenseitig einladen. Wer häufig Gast ist, kennt das Angebot bald auswendig.
- Das gleiche Problem besteht bei Firmen. Bestimmte Speisen sind gerade »in« und werden von jedem Anbieter geliefert. Die Mitarbeiter einer Firma, die häufig Party Service bestellt, können diese Gerichte bald nicht mehr »sehen«.
- Also: Gerade bei den besten Kunden, den Stammkunden, besteht die Gefahr, daß sie bestimmter Produkte überdrüssig werden.

3. Entwickeln Sie deshalb Ihr Sortiment kreativ weiter.

- Erneuern Sie Ihr Angebot von sich aus. Warten Sie nicht ab, bis Sie von Ihren Kunden gebeten werden, einmal etwas anderes zu liefern.
- Entwickeln Sie Ihr Angebot schrittweise weiter. Ändern Sie nicht alles auf einmal. Bieten Sie nicht jedesmal etwas »komplett Neues«.

- Bestimmen Sie die Speisen und Gerichte, die Sie hauptsächlich verkaufen möchten, die also Ihr »Standard-Programm« darstellen.

  Wählen Sie die Gerichte aus, bei denen Sie den größten Verkaufserfolg haben. Fördern Sie das, was am besten läuft.

- Bauen Sie um diese »Kernleistungen« herum alle weiteren Produkte und Dienstleistungen auf, mit denen Sie Abwechslung und individuellen Service bieten.

- Hierzu ein Beispiel. Ein »standardisiertes« Buffet hindert Sie nicht, eine neue Vorspeise oder ein außergewöhnliches Dessert, vielleicht nach einem Rezept des Kunden, zu liefern.

  Gleichzeitig können Sie die Dekoration nach den Wünschen des Kunden gestalten. Sie können ohne Mühe die Serviceleistungen dem Anlaß anpassen, beispielsweise mit einer speziellen Gestaltung der Tischkarten.

- Verzichten Sie auf Speisen und Leistungen, deren Herstellung zuviel Zeit und Mühe kostet. Trennen Sie sich auch von den Gerichten, die Ihnen möglicherweise ans Herz gewachsen sind, bei denen aber ein gewinnbringender Verkauf nicht mehr möglich ist.

- Nehmen Sie früzeitig die Produkte aus Ihrem Angebot, die längst keine »In-Gerichte« mehr sind und die inzwischen jeder bietet.

4. Suchen Sie systematisch nach Anregungen für neue Produkte.

Suchen Sie nach neuen, begeisternden Speisen, mit denen Sie einen »Trend« vorwegnehmen können. Nutzen Sie hierfür die unterschiedlichsten Quellen:

- Anregungen von Kunden.
- Neue Gerichte aus Zeitschriften.
- Speisen, die Sie auf Reisen und im Ausland kennengelernt haben. Der Ansatz lautet: »Was läuft im Ausland und in ›anderen Küchen‹ besonders gut?«
- Neue Spezialitäten aus »Feinschmecker-Restaurants«.

- Welche Speisen, die längst in Vergessenheit geraten sind, sind Klassiker, die Sie »wiederbeleben« können, beispielsweise »Reis Trautmannsdorf«?
- Welche »Bewußtseinsänderungen« und Verhaltensänderungen gibt es bei Kunden, die neue Produkte erfordern, beispielsweise die »Gesundheitswelle«?

5. Gehen Sie bei Ihrer Sortiments-Entwicklung gezielt vor.

Es gibt bestimmte »Grundfragen«, mit denen Sie Ihr Party Service-Angebot kreativ weiterentwickeln können. Ziel ist es, den Bedarf der Kunden so genau wie möglich zu treffen.

Orientieren Sie sich deshalb bei der Entwicklung neuer Produkte und Leistungen bitte an folgender »Fragen-Checkliste«:

- Welche Zielgruppen gibt es für Party Service?
- Welche »situativen Gruppen« gibt es, also Personengruppen, die aufgrund einer bestimmten Situation oder eines außergewöhnlichen Anlasses zusammenkommen, beispielsweise Teilnehmer von Seminaren?
- Welche Anlässe und besonderen Ereignisse gibt es, für die wir Party Service liefern können?
- Welche Mottos und Party-Themen können wir in den Vordergrund stellen?
- Welche »warenbezogenen« Möglichkeiten haben wir, Buffets zu entwickeln, beispielsweise ein »italienisches Buffet« mit entsprechenden Spezialitäten?
- Welche aktuellen Ereignisse können wir für ein außergewöhnliches Angebot nutzen?

  Beispielsweise können Sie gerade in diesen Tagen ein »russisches ›Glasnost‹-Buffet« mit russischen Spezialitäten und Wodka anbieten.

Studieren Sie bitte einmal die nun folgenden »Party Service-Beispiele«, die Ihnen Anregungen für neue Angebote und Leistungen liefern.

6. Bieten Sie eine »Party für zwei Personen«.

Üblicherweise sind Aufträge mit einer geringen Personenzahl weniger lukrativ. Häufig ist der gleiche Aufwand wie bei einer großen Veranstaltung nötig, ohne daß ein entsprechend hoher Umsatz gemacht werden kann.

Gleichzeitig besteht aber großer Bedarf für »Party Service für zwei Personen«. Dieser Bedarf wird weiter steigen, da die Zahl der Einzelhaushalte zunimmt.

Bisher bietet kaum jemand diesen Service. Für ein stilvolles Essen zu zweit ist für den Gastgeber ein zeitaufwendiger Einkauf nötig. Das Menu muß zusammengestellt werden. Viele junge Kunden haben keine Lust, zusätzlich die Aufgabe des Kochens zu übernehmen.

- Entwickeln Sie deshalb ein Delikatessen-Buffet oder ein Spezialitäten-Menu für eine »stilvolle Party zu zweit«.
- Anlässe gibt es genug. Das erste Rendezvous, der Abschluß einer gemeinsamen Ferienreise, eine Geburtstagsfeier zu zweit, die Feier eines beruflichen Erfolges und vieles mehr.
- Entwickeln Sie Gerichte, die leicht verpackt, gut transportiert und, wenn nötig, ohne Mühe und Qualitätsverlust vom Gastgeber erwärmt werden können. Stellen Sie auf diese Weise ein Menu zusammen.
- Schaffen Sie den Service des »Take Away«. Der Gastgeber holt die Speisen bei Ihnen ab. Hiermit entfällt die zeitaufwendige Anlieferung.
- Geben Sie diesem Angebot einen Namen: »Party for Two«.

7. Liefern Sie Party Service für Anlässe und Ereignisse, bei denen Ihre Kunden besonders belastet sind.

Der Ansatz lautet: Im Leben Ihrer Kunden gibt es immer wieder Ereignisse und Aufgaben, die sie besonders belasten. Liefern Sie gezielt für diese Anlässe Party Service, um Ihren Kunden einen Teil der Belastung zu nehmen.

Ein Beispiel sind Umzüge. Der Umzugstag und der Tag danach sind für die Hausfrau und alle Beteiligten ein enormer Kraftakt.

Entwickeln Sie deshalb ein spezielles »Party Service-Umzugs-Paket«.

- Bieten Sie ein »Umzugs-Kraftpaket«: Liefern Sie es Ihrem Kunden am Morgen des Umzugstages. Es enthält alles, was im Laufe des Tages Energie und Fitness liefert.
- Jeder kennt bei einem solchen Ereignis den »toten Punkt«. Jeder Beteiligte ist so erschöpft, daß nur noch ein kräftiger Imbiß wieder auf die Beine hilft.

  Es fehlt aber die Zeit, essen zu gehen. Niemand hat die Kraft, etwas »Ordentliches« zu essen zu besorgen. Ihr »Umzugs-Kraftpaket« löst dieses Problem und liefert die Stimmung für einen erfolgreichen Umzug.
- Denken Sie auch an den Tag »danach«. Dieser ist meist ebenso belastend wie der Umzug selbst.

  Entwickeln Sie deshalb ein »Energiepaket« für den Tag nach dem Umzug. Hiermit gewinnen die Kunden ihre Kräfte zurück. Es ist ein »Antichaos-Paket«, nach dessen Genuß man die Energie erhält, die neue Wohnung einzurichten.
- Häufig helfen beim Umzug Bekannte mit. Liefern Sie ein »Belohnungs-Buffet«, mit dem am Abend des Umzugstages das ganze Projekt zeremoniell von allen Beteiligten gefeiert werden kann.

  Bieten Sie für diesen Anlaß Geschenkgutscheine an. Niemand ist bisher auf die Idee gekommen, mit einem »Party Service-Umzugspaket« Freunden und Bekannten den Umzug zu erleichtern.
- Ihr werblicher Ansatz für diesen Party Service-Anlaß lautet: »Genießen Sie Ihren Umzug. Wir sorgen für Ihre Energie. Wir machen Ihnen den Umzug schön und bequem!«
- Üblicherweise wird eine neue Wohnung oder ein neu bezogenes Haus mit einem Begrüßungsfest eingeweiht. Bieten Sie deshalb Party Service für diese traditionelle »House Warming Party«.

8. Entwickeln Sie Angebote für eine »Überraschungs-Party«.

Häufig entsteht kurzfristig ein Anlaß für Party Service. Viele Gastgeber entschließen sich aus einer Stimmung heraus, Freunde einzuladen.

Bisher bereitet es den Gastgebern aber Mühe, eine solche »Überraschungs-Party« zu organisieren. Sie müssen sich kurzfristig um Speisen und Getränke für eine größere Personengruppe bemühen. Dies ist ein Grund dafür, daß viele mögliche Feiern gar nicht erst in Angriff genommen werden.

- Bieten Sie deshalb alles, was für eine »Überraschungs-Party« nötig ist. Entwickeln Sie ein Sortiment, dessen Zubereitung Sie wenig Zeit kostet und das von Ihren Kunden kurzfristig bestellt werden kann.

  Beispielsweise können Sie Produkte anbieten, die Sie auch über die Theke verkaufen.
- Liefern Sie gleichzeitig die passenden Partymittel, wie Papiertischdecken und -servietten.
- Vereinfachen Sie auch hier die Lieferung. Ihr Kunde kann die Gerichte per »Take Away« abholen. Ebenso können Sie einen zuverlässigen Taxifahrer einsetzen, der alles zum Kunden transportiert.
- Werben Sie aktiv für Ihren »Überraschungs-Party-Service«. Ihre Kunden müssen von dieser Dienstleistung wissen, wenn ein entsprechender Anlaß entsteht.

9. Entwickeln Sie eine »VIP-Party« für besonders wichtige Ereignisse.

Viele Gastgeber stehen vor der Aufgabe, ein Essen oder eine Party zu geben, die von besonderer Wichtigkeit sind. Beispielsweise kann es sich um eine Veranstaltung handeln, an der einflußreiche Geschäftsfreunde teilnehmen.

Häufig hat ein solches Ereignis weitreichende Bedeutung. So kann der Erfolg der Einladung mitentscheiden, ob ein Geschäftsabschluß zustande kommt oder nicht.

In diesen Fällen benötigen die Gastgeber Party Service für »wichtige Gäste und besondere Ereignisse«. Sie wünschen sich hohe Qualität und absolute Sicherheit bei allen Erfolgsfaktoren, die mit der Veranstaltung verbunden sind.

Die Kunden sind bereit, für diese Leistungen ein angemessenes Budget zur Verfügung zu stellen.

- Entwickeln Sie deshalb einen »VIP-Party Service« (Very Important Persons) für wichtige Anlässe.
- Bieten Sie hierbei ausdrücklich ein spezielles »Sicherheits- und Zuverlässigkeits-Programm«.

  Dieses reicht von einer absolut verläßlichen Termineinhaltung bis hin zur Anwesenheit Ihrer »Party Service-Spezialistin« während der Veranstaltung.
- Fördern Sie den Verkauf von Serviceleistungen, die dem Ereignis angemessen sind. Beispielsweise können Sie ausgewähltes Geschirr oder eine beeindruckende Tischdekoration liefern.
- Bieten Sie gerade hier Leistungen an, mit denen die Gastgeber und die wichtigsten Gäste in den Mittelpunkt der Party gestellt werden.

  Der Ansatz lautet: Wie können wir Gäste, die beeindruckt werden sollen, besonders herausstellen?
- Hierzu einige Beispiele: Liefern Sie ein Dessert, das mit dem Namen der Gäste verziert ist. Geben Sie einzelnen Gerichten die Namen ausgewählter Gäste. Liefern Sie Speisen, die aus ihrem Herkunftsland oder ihrem Herkunftsort stammen. Gestalten Sie ungewöhnliche Einladungen und Tischkarten, auf denen die Gästenamen besonders schön zum Ausdruck kommen.
- Entwickeln Sie eine Auswahl an »Gastgeschenken«.

10. Bieten Sie »Vier-Jahreszeiten-Party Service«.

- Entwickeln Sie für jede Jahreszeit ein spezielles Party Service-Angebot und ein passendes Buffet.

Der Verkaufsansatz lautet: »Diese Party ist bei uns nur zu einer bestimmten Jahreszeit erhältlich. Diese Spezialität bieten wir Ihnen nur im Herbst.«

- Jede Jahreszeit liefert Anregungen für ein Motto, so der Herbst für ein »Jagd-Buffet«, ein »Wild-Buffet«, ein »Herbstlaub-Buffet«.
- Das Motto bestimmt auch die Dekoration. So würden bei einem »Herbstlaub-Buffet« sämtliche Einladungskarten in »Laubform« gestaltet. Das Buffet selbst würde mit Blättern und Ästen dekoriert.
- Nutzen Sie nicht nur die Jahreszeiten oder ähnliche Anlässe, wie Ostern oder Silvester.

  Liefern Sie Ihren Kunden vielmehr ungewöhnliche Ideen, beispielsweise Party Service für den längsten oder kürzesten Tag im Jahr.

11. Bieten Sie eine »Grillparty« und ein »Picknick-Sortiment« an.

- Stellen Sie Produkte zusammen, die für eine Grillparty oder für ein Picknick geeignet sind.
- Liefern Sie gleichzeitig die notwendigen »Partymittel«: Picknickkorb, große Kühlbox, Kunststoffgeschirr, einfach zu bedienender Grill, Holzkohle etc.
- Bieten Sie alles, was für ein sicheres Grillen oder ein bequemes Picknick erforderlich ist. Jeder Bestandteil hat seinen Preis, beispielsweise vermieten Sie die Kühlbox oder den Grill.
- Achten Sie besonders auf Sicherheit und Bequemlichkeit.

  Die Fleischwaren werden von Ihnen fertig gewürzt und in der Kühlbox sorgfältig verpackt, so daß kein Transportproblem entsteht. Die Gastgeber müssen das Fleisch nur noch auf den Grill legen.
- Das Kunststoffgeschirr darf nicht billig aussehen. Messer und Gabeln dürfen nicht zerbrechlich sein. Nach dem Picknick können die Gastgeber das Geschirr behalten.
- Sichern Sie die »Entsorgung«: Liefern Sie reißfeste Plastikbeutel für Reste und Abfälle.

- Werben Sie für ihr »Delikatessen-Grillfest« oder für Ihr »Picknick-Paket«, indem Sie die schönsten Grill- und Picknickplätze in Ihrer Umgebung auswählen: Liefern Sie Ihren Kunden eine Standortbeschreibung und eine Karte, auf der die ausgewählten Plätze eingezeichnet sind.
- Viele Hotels bieten einen ähnlichen Service für Gäste, die eine Stadt auf eigene Faust erkunden möchten.

  Hierzu haben die Hotels einen großen Stadtplan fotokopiert. Gäste, die beispielsweise zu einem bestimmten Restaurant möchten, erhalten das Blatt, auf dem der entsprechende Stadtteil festgehalten ist.

12. Präsentieren Sie Ihre »persönliche Spezialität« während der Party.

Entwickeln Sie eine »persönliche Spezialität«, mit der Sie während der Party Gastgeber und Gäste persönlich beeindrucken können.

Ein Kollege nutzt die Idee, mit einer »Riesenpfanne« für Gastgeber und Gäste persönlich zu kochen. Bei den Kunden kommt dies hervorragend an.

- Mit der Pfanne können warme Speisen für insgesamt achtzig Personen gleichzeitig zubereitet werden, zum Beispiel Geschnetzeltes. Die Pfanne ist zweigeteilt. Sie wird mit passenden Gasbehältern zur Party mitgenommen.
- Der Ansatz lautet: Die Gastgeber und auch viele Gäste sind bei der Party außerordentlich hektisch. Der Traiteur strahlt dagegen während des Kochens große Ruhe aus.

  Dies beruhigt die Gastgeber, mindert die Hektik und schafft eine angenehme, stilvolle Atmosphäre.
- Gleichzeitig steht der Traiteur im Mittelpunkt der Party. Er zeigt seine »Kochkunst« und wirbt für sich und seinen Party Service.
- Ein Berliner Kollege bietet seinen Kunden mit großem Erfolg eine »Suppenfete«.

Es gibt eine Auswahl von drei bis fünf verschiedenen Suppen. Auch hier werden die Gerichte vor den Augen der Gäste noch verfeinert und endgültig zubereitet.

13. Stellen Sie ein »ausgewähltes Produkt« in den Mittelpunkt der Party.

Wählen Sie einzelne Produkte aus, die den Mittelpunkt eines Buffets und einer Party bilden, zum Beispiel eine besondere Auswahl italienischer Rotweine.

Alle anderen Elemente des Buffets werden dann »um diese Spezialität herum« verkauft, wie ein italienischer Lammbraten, der geschmacklich gut zu den Weinen paßt.

Der Ansatz lautet: Sie bieten eine ausgewählte Spezialität, mit der Sie den Kunden gewinnen und ihm eine individuelle Leistung bieten. Anschließend verkaufen Sie Ihre anderen, »üblichen« Produkte als passende Ergänzung.

Das Motto der Party bezieht sich ebenfalls auf die Spezialität. Beispielsweise werden die Gäste zu einer »Weinprobe« mit italienischem Buffet eingeladen.

14. Bieten Sie ein besonders preiswertes Buffet.

Langfristig wird sich Party Service nur lohnen, wenn Sie Produkte mit höherer Gewinnspanne an »kaufkräftige« Zielgruppen liefern.

Gleichzeitig besteht aber bei vielen Kunden der Bedarf nach »preiswerten Buffets«. Möglicherweise lohnt es sich für Sie, auch diese Kundengruppe zu erhalten.

Entwickeln Sie deshalb ein Angebot, das sich von allen anderen durch seinen niedrigeren Preis abhebt. Stellen Sie heraus, daß es sich um Ihr »Spezialangebot« handelt, das besonders preisgünstig ist, ohne an Qualität zu verlieren.

- Entwickeln Sie Gerichte, die Sie kostengünstig und mit geringem Aufwand zubereiten können.
- Bieten Sie beispielsweise ein »Braten-Buffet«. Die Herstellung von Braten kostet weniger Zeit und Mühe als die Produktion von »Platten«.
- Reduzieren Sie bei diesem Angebot auch auf anderen Gebieten die Belastung. Zum Beispiel können Braten mit Aluminiumfolie so professionell verpackt werden, daß sie vom Kunden abgeholt und transportiert werden können.

15. Entwickeln Sie einen Informations-Service für Stammkunden.

Ein Teil Ihrer Kunden wird immer wieder Party Service bei Ihnen bestellen. Legen Sie fest, ab welcher Zahl von Parties beziehungsweise ab welcher Größenordnung ein Auftraggeber bei Ihnen zum Stammkunden wird.

Bieten Sie Ihren »treuen Kunden« einen Spezialservice, indem Sie ihnen regelmäßig Informationen über neue Angebote zusenden.

- Ihre Stammkunden erkennen, daß Ihr Angebot kreativ weiterentwickelt wird. Gerade bei Stammkunden ist es sinnvoll, mit einer aktiven Werbung die Auftragszahl weiter zu erhöhen. Es sollte nicht abgewartet werden, bis der Kunde von sich aus wieder das Geschäft betritt.
- Nur zufriedene Kunden werden zu treuen Kunden, also zu Stammkunden. Sie erzählen einer Vielzahl von Bekannten über die Gründe ihrer Zufriedenheit.

  Je häufiger Sie Ihren Stammkunden Informationen über neue Angebote liefern, desto größer wird Ihr Bekanntheitsgrad insgesamt.
- Auch treue Kunden kommen auf die Idee, einmal einen anderen Anbieter zu testen. Deshalb ist es nötig, gute und wertvolle Kunden immer wieder mit Informationen über Neuheiten zu versorgen und damit zu binden.

Entwickeln Sie Angebote, mit denen Sie einer »Auftragskonzentration« und damit einer zeitlichen Überlastung entgegenwirken

1. Für viele Kollegen ist die zeitliche Häufung von Aufträgen am Wochenende und am Abend ein zentraler Belastungsfaktor.

Viele Kollegen betrachten diesen Zustand als nahezu unbeeinflußbar. Sie haben die Hoffnung aufgegeben, die Auftragsstruktur ändern zu können.

Die Auftragskonzentration verursacht weitere Engpässe und Folgeprobleme:

- Es entsteht eine »punktuelle« Belastung. Der Großteil der Aufgaben und Arbeit eines ganzen Geschäftsbereiches fällt »auf einmal« an. Es kommt immer wieder zu einer kräftemäßigen und zeitlichen Überlastung in Spitzenzeiten. Der »letzte Auftrag« sprengt das Realisierungsvermögen für Party Service insgesamt.
- Es entstehen Hetze und Hektik. Ein Teil der Freude und des Enthusiasmus geht verloren, auch bei Mitarbeiterinnen.
- Viele Traiteur-Ehepaare verlieren einen Teil ihrer privaten Lebensqualität. Einer der Ehepartner ist abends und am Wochenende mit Party Service-Aufgaben besetzt. Häufig sind beide unterwegs.

  Es bleibt immer weniger Zeit füreinander. Das Privatleben wird vom Beruf vollständig »besetzt«.
- Die Zahl der möglichen Parties wird begrenzt. Aus zeitlichen und kräftemäßigen Gründen ist keine Erweiterung des Party-Geschäftes möglich.

  Auch bei großer Professionalität können der Umsatz und damit der Gewinn in diesem Geschäftsbereich nicht mehr gesteigert werden.
- Es fällt schwer, kompetente Mitarbeiter für Wochenendarbeit und für Abendstunden zu gewinnen. Dies wieder erhöht die eigene Belastung. Es entsteht eine Art »Teufelskreis«.

2. Kappen Sie die »Spitze« der Belastung.

Sicher können nicht alle Gründe beeinflußt werden, aus denen Party Service gerade zu den genannten Zeiten bestellt wird. Die Hauptnachfrage wird sich auch weiterhin auf diese Zeitabschnitte konzentrieren.

Es ist aber sehr wohl möglich, der Belastung die Spitze zu nehmen. Hierzu ist ein Teil der Nachfrage auf andere Zeitpunkte umzulenken.

Analysieren Sie bitte einmal, weshalb dies bisher selten geschieht:

- Häufig fehlen spezielle Angebote, mit denen die Nachfrage auf Wochentage oder andere Tageszeiten am Wochenende gelenkt werden kann.
- Den Kunden werden zu wenige Anlässe und Mottos geliefert, die sie begeistern, auch außerhalb der »normalen Zeiten« eine Party zu geben. Die Kunden selbst kommen nicht von sich aus auf diese Idee.
- Häufig haben Gastgeber und Gäste nur am Wochenende Zeit. Dann haben sie auch die Möglichkeit, »in die Nacht hinein zu feiern«.

  Viele Gastgeber haben noch nicht die Chance erkannt, ihren Gästen auch zu anderen Zeiten mit einer Einladung eine Freude zu bereiten, beispielsweise mit einem »Party-Brunch« am Samstagvormittag.
- Viele Kunden fühlen sich bei einer »Wochentags-Party« überlastet, beispielsweise weil sie berufstätig sind und erst nach siebzehn Uhr mit der Vorbereitung beginnen können.

  Bisher ist zuwenig über Service-Programme bekannt, die den Gastgebern die Befürchtung nehmen, eine Party an einem Wochentag nicht bewältigen zu können.

3. Entwickeln Sie Angebote und Serviceleistungen, mit denen Sie einen Teil der Nachfrage auf andere Zeiten »umlenken«.

Ihre Angebotsgestaltung und Ihre Werbung bieten eine Vielzahl von Ansätzen. Hauptziel ist es, Leistungen zu entwickeln, die Ihren Kunden den Anreiz und die Möglichkeit liefern, auch wochentags eine Party zu geben.

4. Entwickeln Sie besondere »Party Service-Spezialitäten«, die Sie nur wochentags anbieten.

Dies kann beispielsweise ein außergewöhnliches Buffet sein oder ein spezielles Motto, für das Sie alle Partymittel liefern. Ihre Kunden können diese »Spezialität« nur für einen Wochentag bestellen.

5. Werben Sie für »Party-Anlässe«, die nicht in den Abendstunden liegen.

Entwickeln Sie beispielsweise ein »Party-Brunch« oder eine »Gartenparty« für den Spätnachmittag oder den Samstagvormittag.

Für Ihre Kunden werden die Angebote besonders reizvoll, wenn Sie ihnen besondere Namen verleihen. Hiermit schaffen Sie gleichzeitig neue »Party- Typen«.

Beispielsweise klingt die Aussage »Wir bieten auch Party Service für Mittagessen« wenig verlockend.

Der Name »Zwölf-Uhr-Mittags-Party« für denselben Anlaß ist weit werbewirksamer. Aus der Sicht Ihrer Kunden bieten Sie hiermit ein außergewöhnliches Produkt.

6. Gewinnen Sie neue Zielgruppen.

Unternehmen bestellen Party Service häufiger an Wochentagen und seltener für den Abend als Privatkunden. Entwickeln Sie deshalb Angebote für Firmen-Party Service.

Eine weitere Zielgruppe sind Kinder. Die wenigsten Geburtstagsparties für Kinder finden in den späten Abendstunden statt. Entwickeln Sie deshalb Angebote für »Kinder-Parties«.

7. Nutzen Sie die Möglichkeiten von »Sonder-Angeboten« mit finanziellen Anreizen.

In der Gastronomie und der Hotellerie ist dies längst üblich. Beispielsweise bieten Hotels preisgünstige »Mittags-Buffets«, um für ihre Restaurants Gäste zu gewinnen, die nicht im Hotel wohnen.

Genauso üblich ist eine »Happy Hour«. Zwischen sechzehn und achtzehn Uhr werden die Preise für Getränke und Cocktails an der Hotelbar um einen bestimmten Prozentsatz gesenkt. Ziel ist auch hier, in Zeiten geringerer Auslastung die Nachfrage zu erhöhen.

Übertragen Sie diesen Ansatz auf Party Service. Bieten Sie einzelne Buffets im Sinne von »Spezial-Angeboten« kostengünstiger an, wenn sie nicht für den Abend oder das Wochenende bestellt werden.

8. Entwickeln Sie ein »Show-Programm«, das Sie ausschließlich wochentags bieten.

Arbeiten Sie beispielsweise mit einem Zauberkünstler oder Musiker zusammen, der gerade an Wochentagen bei Parties auftreten möchte. Stellen Sie das als Ihren besonderen Service für Wochentags-Parties heraus.

9. Liefern Sie Serviceleistungen, mit denen Sie Gastgebern und Gästen eine Party während der Woche erleichtern.

Analysieren Sie, welche »Engpässe« bei Gastgebern und Gästen bestehen. Fragen Sie Ihre Kunden, was eine Party am Wochentag behindert.

– Vermitteln Sie einen Babysitter-Service, zum Beispiel mit Hilfe eines Studentendienstes.

  Vielen jungen Eltern ist es unmöglich, während der Woche zu einer Party zu kommen, weil sie nur für das Wochenende einen Babysitter finden.

- Vermitteln Sie einen »Fahrdienst«, der den Gästen während der Woche die Mühe der An- und Abfahrt mit dem eigenen Auto abnimmt. Arbeiten Sie mit zuverlässigen Taxifahrern zusammen.
- Übernehmen Sie die Lieferung von »Entschuldigungsschreiben« und kleinen Geschenken an die Nachbarn der Gastgeber, um Parties anzukündigen, die nicht am Wochenende stattfinden.

10. Nennen Sie Ihren Kunden die Vorteile, die eine »Wochentags-Party« Gastgebern und Gästen bietet.

- Am Wochenende möchten viele Gäste auch einmal Zeit für sich alleine haben.
- Die meisten Einladungen finden am Wochenende statt. Häufig ist es schwierig, einen Wochenendtermin zu finden, an dem alle Gäste zur Verfügung stehen.
- Eine Wochentags-Party bietet auch den Gästen eine Abwechslung. Viele freuen sich gerade über ein außergewöhnliches Ereignis während der Woche.
- Es besteht keine Notwendigkeit, eine Party bis weit nach Mitternacht laufen zu lassen, um sie zum Erfolg zu machen. Viele Gastgeber wünschen nicht, daß aus der Party eine »Unendliche Geschichte« wird, die sich bis in die frühen Morgenstunden hinzieht.

  An einem Wochentag kann die Party zu einem bestimmten Zeitpunkt beendet werden, ohne daß der Erfolg leidet oder Gäste verärgert werden.

Entwickeln Sie das Party Service-Angebot des »Take Away«

1. Entwickeln Sie ein standardisiertes Sortiment, das Ihre Kunden für eine Party abholen können.

Ein großer Teil der Belastung bei Party Service entsteht durch die Anlieferung des Buffets und das Abholen des Geschirrs. Entwickeln Sie deshalb einen »Party-Typ«, bei dem Ihre Kunden alle Produkte und Partymittel im Geschäft abholen.

Mit dieser Ergänzung Ihres eigentlichen Party Service wird es Ihnen möglich, auch kurzfristige Aufträge anzunehmen, für die nur wenig Zeit zur Verfügung steht.

Für viele Kunden ist es ein außerordentlich nützlicher Service. Häufig fällt in »letzter Minute« die Entscheidung für eine Party oder ein Essen. Ein »Party-Abholservice« deckt genau diesen Bedarf.

Hierzu ein Beispiel:

- Ein Münchner Mövenpick-Restaurant hat vor Jahren verschiedene Party- Platten angeboten, zum Beispiel mit Schinken- und Käse-Delikatessen oder als Meeresfrüchte-Platte.
- Die Kunden konnten anrufen, um die Platten vorzubestellen, die bereits kurze Zeit später im Restaurant abholbereit waren.
- Die Platten selbst bestanden aus ansprechendem weißen Kunststoff und wurden von den Kunden behalten. Die Speisen waren darauf so beeindruckend angerichtet, daß die Platten direkt auf den Tisch gestellt werden konnten.
- Für den Transport wurden sie mit einer Kunststoffhaube abgedeckt, so daß auch hier kein Problem entstand.
- So paradox es klingt: Die Dienstleistung mußte aufgegeben werden, weil sie zu erfolgreich war. Die Produktionsfläche in der Restaurant-

küche hat nicht mehr ausgereicht. Da man zu viele Aufträge ablehnen mußte, hat man sich entschlossen, sich wieder völlig auf das Restaurantgeschäft zu konzentrieren.

2. Machen Sie aus Ihrem »Party Service-Take Away« einen Komplettservice.

- Entwickeln Sie ein standardisiertes Sortiment, das Ihre Kunden vor einer Party kurzfristig bestellen und abholen können.

  Verwenden Sie Produkte, die Sie gleichzeitig über die Theke verkaufen können.
- Nutzen Sie die Chance des Verkaufs »zusätzlicher Leistungen«, wie der Lieferung passender Weine.

  Bieten Sie ein »Dekorations-Set« an, beispielsweise mit Servietten, Kerzen und Tischkarten.
- Liefern Sie Ihren Kunden eine kleine Informationsbroschüre über diesen Service. Häufig entsteht Bedarf kurzfristig und ungeplant. Je mehr Kunden von Ihrem Angebot wissen, desto mehr Aufträge werden Sie gewinnen.
- Beschreiben Sie passende Anlässe. Es ist ein Angebot nicht nur für Parties, sondern beispielsweise auch für ein stilvolles Abendessen zu zweit.

3. Liefern Sie in einer Broschüre folgende Informationen, um die Bestellung so einfach wie möglich zu machen:

- Ihre Bestell-Telefonnummer.
- Ihre genaue Adresse mit einem kleinen »Lageplan«.
- Zeichnen Sie ein oder sagen Sie, wo Ihr Kunde am besten kurz parken kann.
- Nennen Sie die Zeiten, in denen eine Bestellung entgegengenommen wird. Möglicherweise schließen Sie einen Anrufbeantworter an.

- Nennen Sie die kürzestmögliche Bestellfrist. Sagen Sie, wie lange es durchschnittlich dauert, bis eine Bestellung abholbereit ist.
- Nennen Sie den Namen der Mitarbeiterin, die im Geschäft für diesen Service zuständig ist.

4. Gestalten Sie das Abholen ebenfalls so bequem wie möglich.

- Sorgen Sie dafür, daß zum vereinbarten Termin alles griffbereit verpackt ist.

  Achten Sie darauf, daß alles leicht zu transportieren ist und nichts verschüttet werden kann.
- Sollte ein Kunde doch einmal warten müssen, bieten Sie ihm eine Kostprobe oder ein Glas Wein an.
- Kennzeichnen Sie die Stelle im Geschäft, an der er die Bestellung abholen kann. Ein Kunde sollte nicht lange herumirren oder sich durchfragen müssen.
- Sorgen Sie, wenn möglich, für eine nahegelegene Parkmöglichkeit, zum Beispiel im Innenhof hinter dem Geschäft.
- Schicken Sie vertrauten Kunden die Rechnung zu, damit kein Zeitverlust bei der Rechnungsstellung und der Bezahlung im Geschäft entsteht.

5. Verbinden Sie jede Bestellung mit Werbung für Ihren »eigentlichen« Party Service.

Geben Sie jedem Kunden schriftliches Informationsmaterial über Ihre weiteren Party Service-Angebote mit.

Notieren Sie bei jedem Auftrag den Namen und die Telefonnummer des Kunden. Bauen Sie hiermit eine Kundenkartei auf. Schicken Sie Informationsmaterial über Ihre weiteren Leistungen zu.

Liefern Sie Ihren Kunden bei Speisen und Gerichten »Bequemlichkeit«

1. Für Gastgeber steht »Bequemlichkeit« im Vordergrund.

Kundenbefragungen haben ergeben, daß Gastgeber und Gäste Bequemlichkeit bei Party Service besonders schätzen. Dies gilt speziell auch für die gelieferten Speisen und Gerichte.

Untersuchen Sie deshalb, welche »Bequemlichkeit« Sie bei Ihren Produkten bieten. Entwickeln Sie ein regelrechtes »Bequemlichkeits-Programm«, um das Genießen Ihres Buffets zu erleichtern.

Der Ansatz gegenüber Kunden lautet: »Genießen Sie Ihr Fest. Wir machen es Ihnen so leicht und so bequem wie möglich!«

2. Überprüfen Sie bei jedem Gericht, wie »leicht« es bei einer Party zu essen ist.

- Wie einfach läßt sich eine Portion abschneiden?
- Wie leicht kann man sich die Speise auf den Teller tun?
- Wie mühelos kann man sie in mundgerechte Stücke teilen?
- Kann man während des Essens das Gespräch fortsetzen?
- Wie einfach gelingt es, einen »einzelnen Bissen« zu nehmen? Bei bestimmten Schinkensorten gilt die Regel »Alles oder Nichts«.
- Müssen die Gerichte mit viel Sauce gegessen werden, die dann über den Tellerrand und über die Finger läuft?
- Besteht die Gefahr von Fettspritzern?

3. Erleichtern Sie die Zubereitung und das Essen »besonderer Spezialitäten«.

Hierzu ein Beispiel. Viele Kollegen bieten ein »Spanferkel« als beliebte Spezialität.

Die meisten Gastgeber scheitern aber an der Aufgabe, das Gericht fachmännisch zu zerteilen. Für den Traiteur selbst ist es äußerst aufwendig, längere Zeit bei der Party zu verbringen, um die Aufgabe zu übernehmen.

Bereiten Sie deshalb Gerichte wie ein Spanferkel bereits im Geschäft fertig vor. Einige Kollegen haben hier solche »Meisterschaft« entwikkelt, daß es ihnen gelingt, alles wieder so zusammenzusetzen, daß das Spanferkel seine Form und Appetitlichkeit behält.

Dem Gastgeber bereitet es dann keine Mühe mehr, es unter dem Beifall seiner Gäste persönlich zu zerlegen.

4. Bieten Sie eine Auswahl warmer Gerichte, die mit einem Löffel aus einer Schale gegessen werden können.

Eine Party dient den Gästen in erster Linie dazu, ungestört Unterhaltungen zu führen.

Viele Gerichte verlangen aber volle Aufmerksamkeit und Konzentration. Sie können nur mit Hilfe von Messer und Gabel gegessen werden. Es ist ein Platz an einem Stehtisch oder eine Sitzgelegenheit an einem normalen Tisch nötig, um den Teller abstellen zu können.

Da bei den meisten Parties ausreichende Sitz- und »Eßmöglichkeiten« fehlen, unterbricht die Suche nach einer solchen Gelegenheit jede Unterhaltung. Gesprächsgruppen werden auseinandergerissen. Viele Gäste sitzen zusammengekauert auf Sesseln oder Couches und balancieren ihre Teller auf den Knien.

Ganz anders ist dies bei Speisen, die mit einem Löffel aus einer kleinen Schale gegessen werden. Dies kann bequem im Stehen geschehen.

Es besteht nicht die Gefahr, daß etwas über den Tellerrand läuft, wenn man einen Moment nicht aufpaßt. Die »Beweglichkeit« und damit die Fröhlichkeit der Gäste bleiben erhalten.

5. Liefern Sie »bequemes« Party-Geschirr.

Einige Kollegen bieten Teller mit einer Halterung für Gläser. Was auf den ersten Blick möglicherweise seltsam erscheint, ist für Gäste außerordentlich praktisch.

Sie haben »eine Hand mehr« frei. Sie müssen ihr Glas während des Essens nicht abstellen. Die anschließende Suche nach dem »eigenen Glas« wird überflüssig.

6. Liefern Sie dem Gastgeber ein »professionelles Tranchierbesteck«.

Alle Kunden verfügen über Messer und Gabeln, auch für das Zerteilen von Braten.

Den wenigsten steht aber ein professionelles Tranchierbesteck zur Verfügung. In den seltensten Fällen sind die Messer wirklich »messerscharf«. Meist fehlt eine professionelle Unterlage, um einen Braten oder einen großen Schinken aufzuschneiden.

Dies erhöht nicht nur die Mühe für den Gastgeber. Auch der zarteste Braten erscheint bei schlechtem Tranchierbesteck als »zu sehr durch«. Auch der schönste Schinken kann nicht mehr sauber aufgeschnitten werden.

Liefern Sie Ihren Kunden deshalb professionelle Arbeitsmittel. Die Gastgeber werden von der Leichtigkeit, mit der sie nun das Aufschneiden bewältigen, begeistert sein.

Viele werden auf die Idee kommen, ein solches Tranchierbesteck zu kaufen. Bieten Sie deshalb den Verkauf Ihres »Traiteur-Besteckes« als weitere Leistung an. Lassen Sie auf den Griffen des Bestecks Ihren Namen einprägen, oder verwenden Sie widerstandsfähige Aufkleber.

Hiermit erhöhen Sie nicht nur Ihren Umsatz, Sie schaffen sich auch ein »Mittel ständiger Präsenz« bei Ihren Kunden.

Entwickeln Sie ein gewinnbringendes Sortiment ergänzender Party Service-Leistungen

1. Bieten Sie das gelieferte Geschirr zum Kauf an.

Die Lieferung von Party-Geschirr bereitet vielen Kollegen in mehrfacher Hinsicht Mühe:

- Bei fast jeder Party gehen Teller oder Gläser verloren. Im Laufe der Zeit summiert sich dies zu einem spürbaren Betrag.

  Bei wichtigen Kunden haben viele Kollegen Hemmungen, nach der Veranstaltung eine Ausgleichszahlung für zerbrochenes Geschirr zu verlangen, zumal dieser Betrag im Vergleich zum Gesamtumsatz »lächerlich« erscheint.

  Gleichzeitig fällt es häufig schwer, Kunden von Anfang an eine angemessene »Bruchpauschale« zu berechnen.
- Das Abholen und Nachzählen von benutztem Geschirr ist eine von Mitarbeitern »gefürchtete« Aufgabe. Oft befindet sich das Geschirr in äußerst unansehnlichem Zustand.

  Gerade bei großen Veranstaltungen ist es fast unmöglich, »genau nachzuzählen«, wenn Teller, Gläser und Besteck mitten in der Nacht abgeholt werden müssen.
- Häufig wird vereinbart, daß der Kunde die Reinigung übernimmt. Oft geschieht dies aber so oberflächlich, daß eine nachträgliche Säuberung erforderlich wird, ohne daß hierfür ein höherer Preis verlangt werden kann.
- Schließlich bedeutet der »Akt des Abholens« eine zeitliche Belastung für den Traiteur oder seine Mitarbeiter. Häufig entsteht ein Engpaß, weil das Geschirr kurzfristig für einen anderen Auftrag benötigt wird.

Die strategische Lösung für diese Probleme lautet: Verkaufen Sie Ihren Kunden das gelieferte Party Service-Geschirr.

Sicher wird dies nicht bei allen Aufträgen möglich sein. Viele Kunden werden es aber schätzen, auf diese Weise außergewöhnliches »Party-Geschirr« zu erwerben, das sie für die verschiedensten Anlässe nutzen können.

Mit dem Verkauf des Geschirrs lösen Sie alle oben genannten Probleme. Gleichzeitig ist das Geschirr ein »Mittel ständiger Präsenz« bei Ihren Kunden.

- Suchen Sie nach einer Quelle für preisgünstiges Geschirr. Kaufen Sie Geschirr »zweiter« oder »dritter Wahl« zu niedrigen Preisen. Den Kunden fallen die geringfügigen Schönheitsfehler nicht auf.
- Lassen Sie Teller und Tassen preiswert mit Ihrem persönlichen »Party-Design« bedrucken. Wechseln Sie das Design von Zeit zu Zeit, so daß auch Stammkunden Abwechslung geboten wird.
- Berechnen Sie, welche Kosten tatsächlich entstehen, wenn Sie Ihr Geschirr nur vermieten und es stets abholen und reinigen müssen.

  Berechnen Sie anschließend, zu welchem Preis Sie das Geschirr zum Kauf anbieten können, um hierbei einen angemessenen Gewinn zu machen.
- Nennen Sie Ihren Kunden die Verwendungsmöglichkeiten für Ihr Party-Geschirr: Fröhliches Frühstücksgeschirr, Brunch, Picknick, überraschender Besuch von Freunden, Ausstattung einer Ferienwohnung und vieles mehr.

  Für Ihre Kunden bedeutet es auch kein Problem, wenn einmal ein Stück dieses preiswerten Geschirrs zu Bruch geht.

2. Verkaufen Sie einen Teil Ihres Dekorationsmaterials.

Selbstverständlich können Sie Ihr Dekorationsmaterial für eine Vielzahl von Parties verwenden. Eine andere Möglichkeit für gewinnbringende Leistungen besteht aber darin, einen Teil der Dekoration »mit zu verkaufen«. Hierzu ein Beispiel:

- Bieten Sie Ihren Kunden an, die Tische und einen Teil der Wände mit einem preiswerten, aber geschmackvollen Stoff zu dekorieren. Die Dekoration bestimmt den Stil und das Motto der Party.
- Setzen Sie für den Verkauf ein Stoffmuster-Buch ein, anhand dessen Sie mit Ihrem Kunden die gewünschten Farben auswählen.
- Berechnen Sie einen Preis, der nicht nur den »Service« mit einschließt, sondern auch den Verkauf des Materials. Der Gastgeber kann nach der Party seine Dekoration behalten.
- Hiermit bieten Sie ihm einen individuellen Service. Sie können für die Dekoration höhere Preise kalkulieren und durchsetzen.

  Gleichzeitig ersparen Sie sich das Abholen der Dekoration, zumal diese oft nur schwer für eine zweite Party genutzt werden kann.

Auch hier gilt: Sicher wird ein »Dekorationsverkauf« nicht immer möglich sein. Viele Kunden werden diesen individuellen Service aber gerne entgegennehmen.

Die Verkaufsargumentation lautet: »Es würde Sie kaum weniger kosten, wenn wir alles wieder abholen müßten. Auf diese Weise aber erhalten Sie Ihre persönliche ›Party-Ausrüstung‹.«

3. Liefern Sie »Gastgeschenke«.

In anderen Ländern ist es selbstverständlich, daß sich die Gastgeber bei ihren Gästen für den Besuch mit einem kleinen Präsent bedanken.

Übernehmen Sie die Entwicklung und Lieferung beeindruckender Gastgeschenke. Zeigen Sie Ihren Kunden, welchen Erfolg sie damit bei ihren Gästen haben:

- Da Gastgeschenke bisher eher eine Ausnahme sind, hebt sich Ihr Kunde von allen anderen Gastgebern ab.
- Auch ein Gastgeber erzielt seinen Erfolg mit der Lieferung von »Außergewöhnlichem«.

Viele Gäste empfinden eine »gelungene Party« als selbstverständlich. Sie betrachten es aber als eine ungewöhnliche Geste der Wertschätzung, wenn ihnen ein kleines Präsent überreicht wird.

- Gastgeschenke »verpersönlichen« den Stil einer Party. Sie zeigen, daß sich der Gastgeber um jeden Gast »persönlich bemüht«.
- Gastgeber wünschen, daß sich ihre Gäste noch lange an die Einladung erinnern. Genau dieses Ziel wird mit Hilfe von Gastgeschenken erreicht.

Bieten Sie Ihren Kunden eine Auswahl von Gastgeschenken, mit denen Sie gleichzeitig für Ihr Party Service-Angebot werben.

Hierzu ein Beispiel. Ein Kollege ist auf die Idee gekommen, »Rosen« aus einer Scheibe Schinken und einem echten Rosenstiel herzustellen. Die Rosenblüte wird aus der dünnen Schinkenscheibe kunstvoll geformt. Die »Blume« wird so verpackt, daß der Schinken mehrere Tage im Kühlschrank haltbar bleibt.

4. Bieten Sie einen »Party-Photo-Service«.

Bieten Sie für wichtige Anlässe und Veranstaltungen einen »Party-Photo-Service«. Arbeiten Sie mit einem zuverlässigen und preiswerten Photographen zusammen.

- Entwickeln Sie den Service eines »Party-Albums«. Der Photograph hält alle wichtigen Phasen der Party fest, vom Aufbau des Buffets bis zur Verabschiedung der Gäste.

  Die Bilder werden für den Gastgeber in einem »Party-Album« zusammengestellt, in dem das Ereignis vollständig dokumentiert ist.

  Stellen Sie den Anlaß oder die wichtigsten Gäste in den Mittelpunkt des »Party-Albums«.
- Sie bieten dem Gastgeber eine enorme Erleichterung, wenn Sie ihm die Aufgabe abnehmen, sich selbst um qualitativ hochwertige Photos kümmern zu müssen. Vielen Gastgebern ist es unangenehm, einen »guten Freund« als »Hobby-Photographen« einzusetzen.

- Stellen Sie bei größeren Veranstaltungen die entwickelten Photos bereits aus, solange die Party noch läuft. Die Gäste erhalten die Möglichkeit, ein Photo von sich und ihren Freunden als »Gastgeschenk« mit nach Hause zu nehmen.

  Bieten Sie zufriedenen Gästen an, weitere Abzüge zuzusenden. Auf diese Weise erhalten Sie die Namen und Adressen neuer Kunden.
- Lassen Sie sich gemeinsam mit Ihrem Party-Team und dem Gastgeber vor dem Buffet photographieren. Schicken Sie Ihrem Kunden die Aufnahme einige Tage nach der Party zu, und bedanken Sie sich für seinen Auftrag.
- Bitten Sie den Gastgeber, ausgewählte Aufnahmen für Ihr Party Service-Informationsbuch verwenden zu dürfen. Setzen Sie die besten Bilder gezielt für Ihre Werbung ein.

5. Entwickeln Sie einen Party Service-Videodienst.

Viele Kunden möchten ihre Party gerne auf Video festhalten. Sie möchten diese Aufgabe aber nicht persönlich übernehmen.

Sie können nicht einen Großteil ihrer Zeit mit einer Videokamera herumlaufen. Sie haben gegenüber ihren Gästen andere Aufgaben. Es erscheint ihnen »stilmäßig« unangemessen, ihre eigenen Gäste mit einer Kamera »zu verfolgen«.

Schließlich wollen die meisten Gastgeber auch selbst auf dem Videofilm erscheinen.

Bieten Sie deshalb einen »Party Service-Videodienst«, beispielsweise indem Sie einen Studenten engagieren, der die Veranstaltung auf Video festhält.

In diesem Fall wirken die Aufnahmen nicht mehr »erzwungen«. Die Party nimmt ihren normalen Verlauf. Im Hintergrund befindet sich Ihr Mitarbeiter, der alle interessanten und lustigen Szenen festhält.

Nach der Party wird aus den Aufnahmen ein Videofilm zusammengestellt, der dem Kunden einige Tage später geliefert wird.

Entwickeln Sie eine Liste mit Anlässen, die sich für diese Dienstleistung besonders eignen, beispielsweise Hochzeiten, Konfirmationsfeiern und außergewöhnliche Feste.

6. Organisieren Sie für »Kinder-Parties« den Einsatz junger Lehrer.

Kinder-Parties sind für Eltern eine besondere Belastung. Es erfordert enormen Krafteinsatz, einen ganzen Nachmittag für Beschäftigung, beispielsweise bei einer Geburtstagsfeier, zu sorgen.

Einige Kollegen bieten hierfür einen speziellen Service. Sie arbeiten mit jungen Lehrern zusammen, die in ihrer Freizeit als »Party-Animateure« für Kinder tätig sind.

Die Lehrer treten als Sänger, Musiker oder Zauberer auf. Sie beschäftigen die Kinder mit begeisternden Spielen. Sie bringen hierfür die gesamte Ausrüstung mit.

7. Entwickeln Sie spezielle Leistungen für »Garten-Parties«.

Viele Gastgeber zögern, eine solche Party zu geben, weil bei einem überraschenden »Wetterwechsel« zuwenig Platz im eigenen Haus zur Verfügung steht. Bieten Sie deshalb einen »Zelt-Service« als Ausweichmöglichkeit bei schlechtem oder zu kühlem Wetter.

Liefern Sie eine außergewöhnliche Gartendekoration, beispielsweise Fackeln und »Steinfiguren« aus Pappmache, mit denen der Garten in einen »griechischen Tempelgarten« verwandelt werden kann.

8. Übernehmen Sie den Entwurf und die Lieferung begeisternder »Einladungen«.

Besonders bei großen Veranstaltungen ist das Entwerfen, Anfertigen und Versenden von Einladungen eine zeitraubende Aufgabe für Gastgeber. Bisher liefert kaum ein Anbieter Unterstützung auf diesem Gebiet.

- Liefern Sie Ihren Kunden geschmackvolle und individuelle Einladungen.
- Versorgen Sie die Gastgeber mit Ideen und Elementen für individuelle Einladungen. Die Ideen orientieren sich beispielsweise am Motto der Party oder an den Eigenheiten einzelner Gäste.
- Bieten Sie Ihre Unterstützung bei der Anfertigung und dem Versand der Einladungen an.

9. Bieten Sie eine Auswahl außergewöhnlicher Tischkarten.

Entwickeln und sammeln Sie passende Tischkarten für jeden wichtigen Anlaß. Setzen Sie bei der Gestaltung eine Mitarbeiterin oder beispielsweise eine Schülerin ein, die über eine saubere und schöne Handschrift verfügt.

Die Tischkarten müssen so geschmackvoll gestaltet sein, daß sie von den Gästen mit nach Hause genommen werden.

Passen Sie die Gestaltung dem Motto der Party an. Kleben Sie beispielsweise bei einem »Herbstbuffet« getrocknete Laubblätter auf die Tischkarten. Verzieren Sie die Karten bei einem »Sommerbuffet« mit Blumenblüten.

10. Liefern Sie »Buffet-Speisekarten«.

In einem Restaurant oder bei einem gesetzten Essen ist eine Speisekarte mit der Menuefolge selbstverständlich. Nicht so bei Buffets. Häufig wird davon ausgegangen, daß die Gäste »schon sehen«, was alles an Köstlichkeiten geboten wird.

Dem widerspricht ein Generaldirektor des Mövenpick: »Speziell bei einem Buffet muß jeder einzelne ›Gang‹, also jedes einzelne Gericht, besonders hervorgehoben werden.«

Entwickeln Sie deshalb eine »Buffet-Speisekarte«, die alle Gerichte des Buffets gleich einem »Drei-Sterne-Menue« enthält.

- Die Karten werden von den Gästen als Erinnerung mit nach Hause genommen.
- Jeder Gast erhält seine »persönliche« Speisekarte, die auf dem Deckblatt seinen Namen trägt.
- Die Gäste werden zuerst die Karte studieren. Wenn anschließend das Buffet eröffnet wird, werden sie voller Spannung nach den entsprechenden Speisen suchen.
- Bei Party Service für Unternehmen kann das Firmenemblem in die Speisekarte einkopiert werden.

11. Entwickeln Sie einen »Nachbarschafts-Service«.

Viele Gastgeber fürchten, ihre Nachbarn bei einer Party zu verärgern.

Lärm und Musik könnten stören, besonders zu später Stunde. Die Gäste belegen in der Nachbarschaft die Parkplätze. Bei der Verabschiedung und beim Wegfahren entsteht erneut Lärm. Nachbarn werden nicht eingeladen, obwohl man sich täglich begegnet.

Bieten Sie deshalb einen »Nachbarschafts-Service« an, mit dem Sie Ihren Kunden die Mühe der »Entschuldigung« bei Nachbarn abnehmen.

- Entwerfen Sie kleine »Entschuldigungsschreiben«, mit denen Nachbarn auf eine kommende Party hingewiesen werden.

  Benutzen Sie Formulierungen, mit denen Sie das Wohlwollen der Nachbarn gewinnen. Kündigen Sie beispielsweise an, daß alle Gäste gebeten werden, sich bei der Abfahrt möglichst leise zu verhalten.

- Liefern Sie kleine und preiswerte »Nachbargeschenke«, mit denen den Nachbarn für ihr Verständnis gedankt wird, beispielsweise eine Flasche Wein mit einem speziellen Etikett.

  Diese Geschenke sind gleichzeitig ein Werbemittel für Ihren Party-Service.

- Arbeiten Sie beim Verkauf dieser Leistungen mit gezielten Fragen:

  »Welchen Nachbarn haben Sie, die besonders lärmempfindlich sind? Wen sollten wir von vornherein beruhigen?«

  »Welche Nachbarn liegen Ihnen besonders am Herzen? Wem sollten wir ein kleines Präsent überreichen?«

  »Wofür möchten Sie sich möglicherweise bereits vor der Party entschuldigen: Lärm, verstellte Parkplätze, Unruhe während des Aufbaus der Party?«

12. Liefern Sie ein komplettes »Kosmetik-Set«.

Ein Schweizer Kollege bietet seinen Kunden auch eine Unterstützung beim Thema »Erfrischung und Hygiene«. Während der Party sollten die Gastgeber alle eigenen Kosmetikartikel und Handtücher aus Badezimmer und Toilette entfernen.

Anstelle dessen wird ein komplettes »Erfrischungs-Set« geliefert:

- Eau de Toilette für Damen und Herren, für eine Erfrischung nach dem Händewaschen.
- Weiche »Einmal«-Papierhandtücher.
- Kosmetiktücher.
- Raumspray.
- Odol und Pfefferminzbonbons (nach scharf gewürzten Speisen oder nach dem Rauchen).
- Fleckenmittel für die Rettung teurer Cocktailkleider und Anzüge.

13. Bieten Sie ein »Sicherheitspaket« an.

Eine der größten Sorgen der Gastgeberin ist die Beschädigung von Möbeln oder des Teppichbodens, beispielsweise durch Zigarettenasche oder durch Wein. Entwickeln Sie deshalb ein »Sicherheits-Programm«, mit dem Sie diese Befürchtungen nehmen.

- Liefern Sie einen »Schutzbelag« für gefährdete Stellen, zum Beispiel für die Flächen um das Buffet oder um Abstelltische.

  Es gibt widerstandsfähige, durchsichtige Plastikfolien, die über einem Teppichboden kaum zu erkennen sind und diese Schutzfunktion erfüllen.
- Liefern Sie kleine Abstelltische mit geschmackvollen Tischdecken, damit Gläser und Teller nicht auf teuren Möbeln abgestellt werden müssen.
- Liefern Sie zu den Gläsern eine passende Zahl dekorativer Untersetzer.
- Stellen Sie große, formschöne Aschenbecher auf, die von weitem erkennbar sind.

14. Organisieren Sie einen »Reinigungs-Service«.

Bieten Sie an, die Räume vor und nach der Party reinigen zu lassen. Führen Sie die Reinigung nach der Party so schnell wie möglich aus, so daß den Gastgebern die Räume bereits am Tag nach der Party wieder zur Verfügung stehen.

Setzen Sie hierzu vertrauenswürdige Personen ein. Arbeiten Sie möglicherweise mit einem zuverlässigen »Gebäudereinigungsdienst« zusammen.

Entwickeln Sie Ihren Party Service zu einem »Show Service«

1. Wenige Kollegen sind »Profis« auf dem Gebiet des »Show Business«.

Hier liegen enorme Chancen, sich gewinnbringend von Mitbewerbern abzuheben. Viele Gastgeber betrachten außergewöhnliche Leistungen auf den Gebieten »Unterhaltung« und »Stimmung« als entscheidend für die Qualität des Party Service.

Aus Sicht dieser Kunden steht keineswegs das Buffet im Mittelpunkt der Veranstaltung. Vielmehr wünschen sie, daß ihre Gäste mit Hilfe eines »Show-Programms« unterhalten und begeistert werden. Sie sind bereit, hierfür einen angemessenen Preis zu bezahlen.

2. Indem Sie Erfolgsmittel für »Show Business« liefern, verändern Sie den Charakter Ihres Party Service.

Bisher sind Sie für die Funktion »Essen und Trinken« verantwortlich. Hierfür bieten Sie beeindruckende Buffets.

Indem Sie die Lieferung von »Show-Elementen« für eine Party übernehmen, erweitern Sie Ihre Verantwortung für den Gesamterfolg der Veranstaltung. Sie erfüllen »zusätzliche« Funktionen:

- Sie liefern Unterhaltung.
- Sie liefern Stimmung und Begeisterung.
- Sie übernehmen die Verwandlung einer Party in ein festliches und »showmäßiges« Ereignis.

In anderen Ländern gibt es diese Unterscheidung längst. In den USA bezeichnet man die Lieferung von Platten und Buffets als »Catering Service«. Erst wenn ergänzende Leistungen hinzukommen, die auch Elemente des Show Business enthalten, spricht man von Party Service.

3. Mit der Lieferung von »Show-Elementen« erhöhen Sie Ihre Gewinnmöglichkeiten.

Bei vielen Leistungen und Produkten sind Kunden nicht gewillt, eine bestimmte Preisgrenze zu überschreiten. Beispielsweise sind Gastgeber selten bereit, wesentlich mehr als einen »branchenüblichen Durchschnittspreis« für belegte Platten zu bezahlen, unabhängig, von welcher Qualität die Speisen sind.

Es gibt andere Bereiche und Produkte, bei denen die Preisgrenze flexibler ist. Hierzu zählen Leistungen auf dem Gebiet des »Show Business«.

- Beim Verkauf von »Showmitteln« werden die Phantasie und Vorstellungskraft eines Kunden geweckt.

  Er wird bereits bei der Bestellung mit dem begeistert, was sich später an Außergewöhnlichem bei seiner Party abspielen wird. Er sieht seinen Erfolg bei seinen Gästen deutlich vor Augen.

- Mit der Lieferung von Showmitteln erhöhen Sie die Bandbreite Ihres Party Service-Angebots.

  Häufig sind es Leistungen, deren »Herstellung« nicht Ihre persönliche Anwesenheit erfordert und die Sie delegieren können.

- Beispielsweise können Sie bei der Beschaffung von Showmitteln mit dem entsprechenden Fachhandel zusammenarbeiten. Genauso kann Ihre Leistung in der Vermittlung einer Showband bestehen, die bei der Party auftritt.

4. Aus einer Reihe von Gründen werden diese Gewinnchancen bisher selten genutzt.

- Viele Kollegen haben auf dem Gebiet des »Show Business« keine Ausbildung und keine Erfahrung. Sie befürchten, ihre Belastung mit fachfremden Leistungen noch zu erhöhen. Häufig fehlen Kapazität, Zeit und Kraft, um sich hiermit zu beschäftigen.
- Es fehlen Erfahrungen mit dem Verkauf dieser Leistungen. Es existieren zuwenig Argumente und unterstützende Werbemittel. Häufig wird befürchtet, nicht den geeigneten Kundenkreis zu haben.

- Bisher existieren zu wenige Ideen, Produkte und Realisierungsmittel für einen »Show Service«. Es fehlen Kooperationspartner, die alles Notwendige liefern.
- Häufig gilt der erste Gedanke niedrigen Kosten. Erst dann kommen Überlegungen zum Thema »außergewöhnliche Leistungen« bei Party Service.

5. Entwickeln Sie Ihren »Show Service« Schritt für Schritt.

Sie haben Ihren traditionellen Party Service stufenweise aufgebaut. Nehmen Sie sich auch für die Entwicklung von »Showleistungen« ausreichend Zeit.

Je mehr Erfahrungen Sie gewinnen, desto größer wird Ihr Angebot. Gleichzeitig werden Leistungen dieser Art für Sie zu einem »normalen« Bestandteil Ihres Party Service.

Dies gilt auch aus Sicht Ihrer Kunden. Je selbstverständlicher und professioneller der Verkauf von »Showleistungen« wird, desto mehr Kunden werden diese nachfragen.

- Sammeln Sie systematisch Ideen für Ihr »Show-Angebot«. Halten Sie die Ideen in einer entsprechenden Kartei fest.
- Beginnen Sie mit Leistungen, deren Herstellung wenig Mühe bereitet. Ergänzen Sie dann Ihr Angebot systematisch.

  Hierzu ein Beispiel. Ein Kunde wünscht für seine Party eine außergewöhnliche Dekoration. Indem Sie den Auftrag annehmen – und bezahlt bekommen – investieren Sie in »Showmittel«, die Sie bei weiteren Veranstaltungen einsetzen können.
- Gehen Sie mit Entschlossenheit an die Aufgabe heran. Betrachten Sie den Verkauf von Showmitteln nicht als Nebentätigkeit, sondern als zentralen Bestandteil Ihres Party Service.

6. Beginnen Sie mit Ihrem »Show Service« beim Buffet.

Starten Sie dort, wo Ihre Stärken liegen. Sie erbringen bereits jetzt Meisterleistungen bei der Gestaltung von Platten und Buffets. Setzen Sie hier mit der Lieferung von »Showelementen« an.

- Gestalten Sie außergewöhnliche »Namensschilder« für die einzelnen Gerichte. Wählen Sie Namen, mit denen Sie die Phantasie und Genußsucht der Gäste wecken.

  Die Namen müssen als »Appetitauslöser« wirken. Beschreiben Sie kurz das »Außergewöhnliche« an einer Speise.

- Hierzu ein Beispiel. Sie liefern ein »asiatisches Buffet«. Alle Namensschilder enthalten ein entsprechendes Motiv. Der Schriftzug wirkt »asiatisch«.

  Über Ihre »Beilage« sagen Sie: »Asiatischer Duftreis – direkt von den Märkten Bangkoks.«

- Lassen Sie die Buffetdekoration und die Tischdekoration von jungen Künstlern entwerfen.

- Wählen Sie für die Buffet-Gestaltung außergewöhnliche Motive.

  Hierzu ein Beispiel. Ein Züricher Traiteur hat den Party Service für die Eröffnung einer Bilderausstellung einer Schweizer Malerin geliefert.

  Er kam auf die Idee, das gesamte Buffet dem schönsten Bild der Künstlerin nachzuempfinden, das einen Sonnenuntergang zeigte.

  Hierzu hat er alle Speisen nach Farben zusammengestellt und mit den anderen Elementen des Buffets der bildlichen Vorlage entsprechend kombiniert.

  (Obwohl die Gerichte hervorragend geschmeckt haben, hat es einiger Überredungskunst bedurft, bis die Gäste gewagt haben, dieses »Kunstwerk« mit großem Appetit zu »zerstören«).

7. Arbeiten Sie mit Kooperationspartnern zusammen.

Viele Showleistungen können Sie nicht persönlich übernehmen. Beispielsweise wird es Ihnen schwerfallen, als Sänger aufzutreten oder Ihre Mitarbeiterinnen als Tanzgruppe einzusetzen.

Arbeiten Sie deshalb mit Partnern zusammen, deren Leistungen Sie im Rahmen Ihres »Show Service« anbieten.

- Setzen Sie sich mit Künstleragenturen in Verbindung.
- Entwickeln Sie eine Liste begabter »Hobby-Entertainer«.
- Kooperieren Sie mit Produzenten von Partymitteln, die beispielsweise ein Feuerwerk liefern können.
- Arbeiten Sie mit einem Musik-Fachgeschäft oder einem Diskotheken-Service zusammen, die für Musik, die notwendige Technik und einen Diskjockey sorgen.
- Wenden Sie sich an Gesangsvereine oder Heimatvereine, deren Mitglieder als Gesangsgruppe oder Kapelle auftreten.
- Finden Sie heraus, in welchen Lokalen »Jazzbands« auftreten, die Sie einsetzen können.
- Arbeiten Sie mit einer Getränkefirma zusammen, die Ihnen Zelte liefert.
- Ein großes Münchener Hotel arbeitet mit einem Messeausstatter zusammen, der bei größeren Veranstaltungen Tische, Stühle und alle weiteren Ausrüstungsmittel liefert. Für die Zusammenarbeit bedeutet es kein Problem, daß der Partner 100 Kilometer weit von München entfernt angesiedelt ist.

8. Setzen Sie bei der Entwicklung von Showelementen bei Ihren »normalen« Leistungen an.

Sie benötigen eine Methode, mit der Sie ohne Mühe neue Ideen für Ihren »Show Service« gewinnen. Die Vorgehensweise lautet:

- Analysieren Sie die Aufgaben und Funktionen, die Sie bei Ihrem Party Service erfüllen.

  Halten Sie fest, welche Produkte, Serviceleistungen und Partymittel Sie hierzu bereits jetzt liefern.

- Stellen Sie sich anschließend folgende Fragen:

  Welche Aufgaben und Funktionen können wir ab jetzt auf unkonventionelle Weise erfüllen?

  Welche »üblichen« Leistungen können wir auf ungewöhnliche und kreative Weise neu gestalten?

  Was müssen wir hierzu bei uns ersetzen? Wie müssen wir die »Form« von Leistungen verändern, um unserem Party Service »Showelemente« zu verleihen?

Hierzu ein Beispiel. Bei einem gesetzten Essen muß die Sitzordnung gekennzeichnet werden. Üblicherweise geschieht dies mit Tischkarten. Ein Kollege löst die gleiche Aufgabe auf »showmäßige« Weise.

Er befestigt an jedem Stuhl einen Luftballon, der über dem Platz schwebt und den Namen des betreffenden Gastes trägt. Vor dem Setzen zerschneidet jeder Gast seine Ballonschnur, so daß die Ballons als Dekoration über dem Eßtisch an der Decke schweben.

9. Entwickeln Sie ein »Überraschungs-Showprogramm«.

Bieten Sie hier Leistungen, die für die meisten Gäste ungewöhnlich sind.

Beispielsweise gibt es in ganz Deutschland nur wenige Hersteller von »Miniatur-Heißluftballons«. Die Ballons gleichen in jeder Hinsicht Original-Ballons. Man kann sie von einem Garten oder einer Wiese aus starten lassen. Sie sind so groß, daß sie noch lange Zeit nach dem Start am Himmel verfolgt werden können.

Ein anderes Beispiel ist das Engagement von einem Zauberer, einer Wahrsagerin oder einem Astrologen, die den Gästen ihre »persönliche Zukunft« vorhersagen. Kaum ein Gast wird diesem Angebot widerstehen können.

10. Werben Sie konsequent für Ihren »Show Service«.

- Halten Sie außergewöhnliche Erlebnisse und besondere Erfolge schriftlich fest, damit sie Ihnen als »Story« für den Verkauf von Showleistungen zur Verfügung stehen.
- Dokumentieren Sie alle Showideen, die Sie realisiert haben. Halten Sie einzelne Ereignisse auf Photos fest. Bauen Sie hiermit einen beeindruckenden Informationsband über Ihren »Show Service« auf.
- Bitten Sie zufriedene Kunden um Dank- und Anerkennungsschreiben auch für »gelungene Unterhaltung«.
- Arbeiten Sie auch hier nach dem Prinzip »Das Gegenteil ist richtig«. Bieten Sie Showleistungen nicht nur als Ergänzung zu Speisen und Getränken an.

  Gewinnen Sie Kunden vielmehr mit der Beschreibung einer faszinierenden »Party-Show«, für die Sie »zusätzlich« auch das Buffet liefern.

Bieten Sie Ihren Kunden ein »Sicherheits- und Zuverlässigkeits-System«

1. Kunden möchten Sicherheit und Zuverlässigkeit.

Für die Gastgeber ist die Party ein besonderes Ereignis, dessen Erfolg über ihr Ansehen bei ihren Gästen entscheidet.

Gastgeber haben deshalb ein ausgeprägtes Sicherheitsbedürfnis. Sie wählen den Anbieter, der ihnen bei Party Service die größte Sicherheit bietet und dessen Zuverlässigkeit sie von Anfang an erkennen.

2. Die übliche »Zuverlässigkeitsroutine« reicht nicht aus.

Aus der Sicht von Traiteuren ist »Zuverlässigkeit« eine Selbstverständlichkeit. Sie ist normaler Bestandteil der täglichen Arbeit und des Party Service.

Die meisten Kollegen glauben, daß ihre Einstellung hierzu allen Kunden bekannt und bewußt sein müßte. Viele halten es für überflüssig, ihren Kunden gegenüber die eigene Zuverlässigkeit deutlich herauszustellen.

Aus der Sicht von Kunden reicht die übliche »Zuverlässigkeitsroutine« nicht aus. Sie möchten immer wieder die Bestätigung erhalten, einen verläßlichen und vertrauenswürdigen Partner gewählt zu haben.

3. Kunden sind ständig auf der Suche nach Indikatoren für die Verläßlichkeit des Anbieters.

Vielen Kunden fällt es schwer, von sich aus ein Sicherheitsgefühl zu entwickeln. Sie sind auf der Suche nach Anzeichen, aus denen sie den Grad der Zuverlässigkeit ableiten können. Sie schließen vom Stil und Verhalten im Einzelfall auf die Verläßlichkeit insgesamt.

Liefern Sie deshalb Ihren Kunden »Sicherheit« von Anfang an:

- Gehen Sie im Gespräch sofort auf Informationen des Kunden ein. Zeigen Sie, daß Sie die Informationen für Ihre Party-Planung nutzen. Greifen Sie das, was Ihnen der Kunde an Informationen geliefert hat, im Gespräch immer wieder auf.
- Sprechen Sie ihn so häufig wie möglich mit seinem Namen an. Zeigen Sie Referenzen und Dankschreiben, in denen besonders auf Ihre Zuverlässigkeit eingegangen wird.
- Erledigen Sie gegebene Zusagen schnell und pünktlich. Informieren Sie ihn beispielsweise auf das schnellste über das Ergebnis Ihrer Kalkulation.
- Erledigen Sie versprochene Rückrufe schnell und zuverlässig.
- Geben Sie von sich aus Zwischenbescheide. Rufen Sie beispielsweise an, um den Stand der Party-Planung zu schildern. Bestätigen Sie bei einer »Zwischenmeldung« noch einmal den Liefertermin und die Lieferzeit.

  Fragen Sie den Kunden, ob von seiner Seite aus noch Veränderungen eingetreten sind.
- Machen Sie ihn mit Ihren Mitarbeiterinnen vertraut. Sorgen Sie dafür, daß er die Namen der zuständigen Mitarbeiterinnen erfährt und behält. Setzen Sie hierzu Visitenkarten ein.

  Je mehr Kontaktpunkte und »Anlaufhäfen« Ihr Kunde im Laden hat, desto größer sind sein Sicherheitsgefühl und seine Vertrautheit mit Ihrem Geschäft.

4. Sichern Sie Verläßlichkeit auch bei Ihren Mitarbeiterinnen.

- Entwickeln Sie eine oder mehrere Mitarbeiterinnen zu »Party Service-Spezialistinnen«.
- Sorgen Sie dafür, daß Ihre Mitarbeiterinnen alle Informationen erhalten, um kompetent und zuverlässig mit Kunden umgehen zu können.

Sichern Sie beispielsweise, daß die zuständigen Mitarbeiterinnen über die aktuellen Aufträge genau Bescheid wissen. Sorgen Sie für hervorragende Namenskenntnis.

- Entwickeln Sie eine Checkliste mit »Zuverlässigkeits-Regeln«:

  Den Kunden mit dem Namen ansprechen.

  Versprochenes schnell erledigen.

  Nachfragen, wenn etwas nicht verstanden wurde.

  Schriftliche Notizen machen.

- Besprechen Sie mit Ihren Mitarbeiterinnen die Wichtigkeit des Themas »Zuverlässigkeit und Sicherheit«.

5. Nutzen Sie schriftliche Kooperations- und Kommunikationsmittel.

- Führen Sie kein Beratungs- und Verkaufsgespräch ohne schriftliche Arbeitsmittel.

  Notieren Sie Informationen des Kunden sofort. Auf diese Weise erkennt er, daß keine Daten verlorengehen.

- Arbeiten Sie mit Auftrags- und Bestellformularen und mit schriftlichen Auftragsbestätigungen.

- Geben Sie dem Kunden eine Kopie der Auftragsbestätigung mit. Diese muß alle wichtigen Informationen enthalten. Besonders müssen der Liefertermin und die Lieferzeit hervorgehoben sein.

- Unterschreiben Sie gemeinsam mit Ihrem Kunden den Auftrag beziehungsweise die Auftragsbestätigung.

  Dies dient nicht nur der Absicherung gegenüber möglichen Mißverständnissen. Vielmehr ist es ein »zeremonieller Akt«, der dem Kunden die Gewißheit liefert, alle wichtigen Fragen ausreichend und zuverlässig besprochen zu haben.

- Nutzen Sie Ihre Kundenkartei.

  Informieren Sie sich zu Beginn des Verkaufsgespräches über die Leistungen, die Sie dem Kunden in der Vergangenheit geboten haben. Zeigen Sie ihm, daß Sie eine hervorragende Kenntnis seiner »persönlichen« Daten besitzen.

6. Entwickeln Sie ein spezielles »Sicherheits- und Zuverlässigkeits-Programm«.

Analysieren Sie die »Risikofaktoren«, die zu Fehlern, Mißverständnissen und zeitlichen Engpässen führen können. Halten Sie fest, welche Ereignisse Ärger und Beanstandungen auslösen. Analysieren Sie, was nicht nur bei Kunden, sondern auch bei Ihnen zu Belastungen führt.

Entwickeln Sie schrittweise einen »Maßnahmenplan«, um gezielt gegen diese Risikofaktoren vorzugehen. Legen Sie gemeinsam mit Ihren Mitarbeiterinnen fest, wie Sie diese Schwachstellen und Ursachen für »mangelnde Zuverlässigkeit« in Zukunft ausschließen werden.

Hierzu ein Beispiel: Ein erfolgreicher Kollege hat von einem Stammkunden einen großen Auftrag erhalten. Er hat Wochen vor dem Liefertermin ein ausführliches Beratungsgespräch geführt, in dem alle Detailfragen besprochen worden sind und der Auftrag schriftlich festgehalten worden ist.

An einem Freitagmittag ruft der Kunde im Geschäft an. Er fragt, ob denn für die Lieferung am selben Abend alles fertiggestellt worden sei. Für den Traiteur bricht alles zusammen. Die Lieferung war für genau eine Woche später vereinbart worden.

Der spätere Liefertermin war auch auf der unterschriebenen Auftragsbestätigung enthalten. Der Engpaß war aber, daß nur der Traiteur die Auftragsbestätigung besaß. Der Kunde hatte keine Kopie mit dem Lieferdatum erhalten.

Ihr Kollege war gezwungen, den gesamten Party Service noch am selben Abend zu liefern. Er konnte den Kunden unmöglich im Stich lassen. Nicht nur der restliche Tag, sondern das gesamte Wochenende des Kollegen wurden vom Streit ruiniert, der aufgrund der Arbeitsüberlastung im Geschäft ausbrach.

7. Die Lösung und das »Sicherheits-Programm« zu diesem Fall lauten:

- Bei allen Aufträgen hat der Kunde eine schriftliche Auftragskopie zu erhalten.
- Auf der Kopie müssen das Lieferdatum und die Lieferzeit besonders hervorgehoben werden. Die Auftragsbestätigung muß einen großen »Kasten« enthalten, in dem das Lieferdatum in großen Buchstaben und Ziffern auf Anhieb erkennbar ist.
- Es reicht nicht aus, wenn nur Sie eine schriftliche Bestätigung haben. Es reicht nicht aus, das Lieferdatum »kleingeschrieben« einzutragen.

Der Ansatz lautet: Gerade bei »selbstverständlichen« Vereinbarungen und Daten ist eine »außergewöhnliche« Sorgfalt nötig.

Nur auf diese Weise können Sie einem Kunden Sicherheit und Zuverlässigkeit liefern. Nur auf diese Weise wird auch die »Zuverlässigkeit des Kunden« Ihnen gegenüber gesichert.

8. Liefern Sie Ihren Kunden Sicherheit dort, wo der Bedarf am größten ist.

Auch für Kunden gibt es bei Party Service »Spitzenbelastungen«. Besonders hier müssen Sicherheit und Verläßlichkeit geboten werden.

Ein Beispiel bildet ein »Pünktlichkeits-Programm« für die Anlieferung von Party Service.

Die Lieferung erfolgt üblicherweise zu einem Zeitpunkt, zu dem bei vielen Kunden große Nervosität herrscht, kurz vor Beginn der Party. Jeder Gastgeber stellt sich die gleichen Fragen: »Wird vor dem Eintreffen der Gäste noch alles fertig? Wird alles pünktlich geliefert und aufgebaut?«

Erfolgreiche Kollegen haben diese Belastung und Sorge der Gastgeber erkannt. Sie arbeiten bereits mit einem entsprechenden »Zuverlässigkeits- und Pünktlichkeits-Programm«:

- Sie rufen einen Tag vor der Party an, um zu bestätigen, daß am nächsten Tag pünktlich geliefert werden wird.
- Sie rufen ein weiteres Mal am Tag der Party an, kurz bevor der Lieferwagen zum Kunden abfährt.
- Sollte es zu einer kurzen Verzögerung oder Verspätung kommen, zum Beispiel durch einen Verkehrsstau, informieren sie den Kunden sofort telefonisch.
- Die ausliefernden Mitarbeiter stellen sich beim Gastgeber mit ihrem Namen vor. Sie übergeben ihre Visitenkarte. Sie tragen ein deutlich lesbares Namensschild.

  Hiermit wird von Anfang an ein persönlicher Kontakt beim Aufbau des Buffets hergestellt.

9. Auch andere Anbieter arbeiten mit einer »Schnelligkeitsgarantie«.

Auch andere Anbieter von »Essen und Trinken« haben die Bedeutung von Schnelligkeit und Pünktlichkeit für ihre Gäste erkannt. Hierzu ein Beispiel.

Vor Jahren gab es für die Gäste eines Züricher Mövenpick-Restaurants folgendes Angebot: Ein Gast, der länger als 15 Minuten auf sein Mittagessen warten mußte, hatte nichts zu bezahlen.

Die Hoffnung der Gäste ging aber nie in Erfüllung. Zu ihrem Leidwesen haben die Köche und Kellner des Mövenpick pünktlich und schnell gearbeitet und geliefert.

Entwickeln Sie ein »Freundlichkeits-Programm« für den Service nach der Party

1. Nach der Party verändert sich die Stimmung der Gastgeber.

Nach der Party hat der »Alltag« die Gastgeber wieder. Auch wenn die Veranstaltung ein voller Erfolg war, liegt sie doch in der Vergangenheit. Aus der Sicht der Gastgeber beginnt die »Aufräumphase«.

Alles, was vom Party Service übrig ist, sind die gelieferte Dekoration, Speisereste und das ungewaschene Geschirr. Gemeinsam mit der meist herrschenden Unordnung wirkt dies in keiner Weise stimulierend. Alles »Festliche« des Party Service ist zunächst einmal verlorengegangen.

2. Der »letzte Eindruck« entscheidet.

Der letzte Eindruck der Gastgeber entscheidet über ihre Bewertung des Party Service. Alle Spitzenleistungen bei der Vorbereitung und der Party selbst können von einem negativen letzten Eindruck zerstört werden.

Die Erinnerung der Kunden an die gelieferten Leistungen wird mit von dem bestimmt, was sich nach der Veranstaltung beim Abholen des Geschirrs, beim Aufräumen und bei der Verabschiedung von den Party Service-Mitarbeitern abspielt.

3. Sie benötigen deshalb ein »Freundlichkeits-Programm« für das Verhalten und die Leistungen nach der Party.

Ziel ist es, einem Kunden gerade dort Außergewöhnliches zu bieten, wo er es am wenigsten erwartet.

Es gibt genügend Ansatzpunkte, um einen Kunden vor und während der Party zu begeistern. Seine Vorfreude und die Stimmung bei der Party erleichtern dies enorm. Es existiert aber wenig, mit dem er nach der Veranstaltung in einer Phase der »Ernüchterung« fröhlich und heiter gestimmt wird.

Für einige Kollegen gilt der Ansatz: »Die Party ist vorbei, das Buffet ist leer, die Leistung ist erbracht – jetzt bloß noch das Geschirr abholen und hin zum nächsten Auftrag.«

Das Gegenteil ist richtig: Gerade nach dem »Höhepunkt« der Zusammenarbeit, also der Party selbst, ist äußerste Sorgfalt im Umgang mit Kunden nötig.

- Das Abholen des Geschirrs und der Partymittel ist ein Bestandteil des Party Service. Es muß zu einem »zeremoniellen Akt« werden, mit dem der Auftrag »offiziell« abgeschlossen wird.
- Dieser Abschluß muß gleichzeitig der »Startschuß« für ein neues Party Service-Projekt werden.
- Nötig ist deshalb ein Programm, mit dem aus einer »lästigen Pflicht« ein »besonderes Ereignis« gemacht wird, das der »Stimmungsqualität« aller anderen Party Service-Leistungen angemessen ist.

4. Entscheidend ist das Verhalten der beteiligten Personen.

Für viele Kollegen und deren Mitarbeiter ist das Abholen von verschmutztem Geschirr, benutzten Geräten und gebrauchten Partymitteln keine stimulierende Aufgabe.

Bei der Lieferung werden voller Stolz das Buffet und alle weiteren Elemente präsentiert. Alles wird vollendet aufgebaut. Das Abholen gleicht dagegen häufig einer »Abbruchaktion«, bei der die Reste des ehemals so beeindruckenden Buffets eingesammelt werden müssen.

Bei vielen Mitarbeitern führt das zu einer Verhaltensänderung. Vor der Party waren sie voller Stimmung und Enthusiasmus. Beim Abholen ist wenig davon geblieben. Ihr Blick ist eher düster. Dies gilt umso mehr, wenn sie vor Ort das verschmutzte Geschirr zählen müssen.

Ein Kunde nimmt diese Stimmungsänderung sofort wahr. Er schließt daraus, daß das fröhliche und heitere Verhalten vor der Party möglicherweise nicht »echt« war. Er erhält das Gefühl, nun würden die Mitarbeiter ihr »wahres Gesicht« zeigen. Dieser negative Eindruck bestimmt dann sein Bild vom Party Service insgesamt.

5. Entwickeln Sie für die Aufgabe des »Abholens« Standard-Verhaltensweisen.

- Verdeutlichen Sie Ihren Mitarbeitern und sich selbst, daß das Abholen der Partymittel ein Bestandteil Ihres Party Service selbst ist. Das Projekt ist erst beendet, wenn Sie sich endgültig vom Auftraggeber verabschiedet haben.
- Sichern Sie bei Ihren Mitarbeitern, daß gerade hier mit größter Freundlichkeit und Fröhlichkeit gearbeitet wird.

  Es darf keine bösen Blicke auf schmutziges Geschirr geben. Das gilt auch, wenn etwas zu Bruch gegangen ist.

  Die Lösung und Verhaltensweise bei zerbrochenem oder unzureichend gereinigtem Geschirr müssen vor der Party festgelegt worden sein. Beim Abholen darf es hierüber keine kontroverse Diskussion mehr geben.
- Die Mitarbeiter müssen so gekleidet und ausgerüstet sein, daß der Abtransport schnell und »elegant« vor sich geht. Beispielsweise sollten funktionelle Transportkisten existieren, in die Geschirr schnell einsortiert werden kann, ohne daß etwas zerstört wird.
- Sprechen Sie den Kunden beim Abholen auf den Erfolg seiner Party an. Fragen Sie ihn gezielt, welche Gerichte bei seinen Gästen am besten »angekommen« sind. Fragen Sie ihn, womit er bei seinen Gästen den größten Beifall erzielt hat.

  Hiermit lenken Sie ihn auf »positive Gedanken«, die auch in Zukunft seine Erinnerung an den erfolgreichen Party Service bestimmen werden.
- Stellen Sie beim Abholen eine andere Aufgabe in den Vordergrund.

Bitten Sie beispielsweise den Gastgeber, Ihnen eine Empfehlung für einen anderen Kunden zu geben. Bitten Sie ihn, Ihnen seine Vorstellungen für die nächste Veranstaltung bereits jetzt zu liefern, so daß Sie sich im Bedarfsfall schnell darauf einstellen können.

Indem Sie eine andere Funktion betonen, verleihen Sie Ihrem Zusammentreffen mit dem Kunden einen anderen »Anlaß« als das Abholen von Partymitteln. Sie nutzen die Gelegenheit, um eine Verbindung zum nächsten Auftrag zu schaffen.

– Nutzen Sie die Gelegenheit, um das Projekt mit einem »zeremoniellen Akt« zu beenden.

  Beispielsweise können Sie oder Ihre Mitarbeiter dem Gastgeber ein kleines »Überraschungspräsent« überreichen, mit dem Sie sich für seinen Auftrag bedanken. Sein letzter Eindruck ist dann, ein Geschenk von Ihnen erhalten zu haben.

  Gleichzeitig wird aus der »Pflicht« des Abholens ein »stilvolles Ereignis«, das der Qualität Ihres Party Service angemessen ist.

Entwickeln Sie speziellen »Party Service für Firmen«

1. Party Service für Firmen bietet außerordentliche Leistungs- und Gewinnmöglichkeiten.

Party Service für Firmen bietet Chancen, die häufig über das hinaus gehen, was an Leistungen gegenüber privaten Kunden möglich ist.

- Das finanzielle Potential von Unternehmen ist häufig größer.

  Obwohl in Firmen »genau gerechnet« wird, besteht ein entscheidender Unterschied zu Privatkunden. Der Auftraggeber muß nicht »aus der eigenen Tasche« bezahlen. Vielmehr werden die Kosten der Party aus dem Firmenbudget gedeckt.

- Es bestehen große Chancen für einen höheren Auftragswert. Das gilt für die erzielbaren Preise, den Umfang der Leistungen und eine höhere Teilnehmerzahl.

- Gerade in Unternehmen entsteht eine Vielzahl unterschiedlicher Anlässe für Veranstaltungen. Jeder Anlaß kann gezielt für ein Party Service-Angebot genutzt werden.

- Privatkunden wünschen Party Service meist am Wochenende oder in den Abendstunden. Bei Firmen bestehen dagegen mehr Möglichkeiten für Veranstaltungen an Wochentagen und während der üblichen »Geschäftszeiten«.

  Damit wird eine zeitliche Entflechtung der Aufträge möglich. Es gibt weniger »Belastungsspitzen«.

- Jeder Teilnehmer einer Firmenveranstaltung ist ein potentieller Privatkunde. Mit beeindruckenden Leistungen bei Firmen-Party Service können Sie Top-Kunden als private Auftraggeber gewinnen.

2. Die Zahl möglicher Aufträge pro Kunde ist größer.

Für die meisten Privatkunden ist eine Party ein Ausnahmeereignis. Häufig ist sie mit gewissen Belastungen verbunden, beispielsweise weil sie in der eigenen Wohnung stattfindet.

Die meisten Privatkunden geben deshalb nur in größeren Abständen ein Fest. Es fällt nicht leicht, hier die Zahl der Aufträge je Kunde zu erhöhen.

In vielen Unternehmen herrscht eine andere Einstellung. Für die Mitarbeiter ist jede Veranstaltung eine willkommene Abwechslung. Gleichzeitig entsteht immer wieder ein neuer Anlaß für ein Fest, einen Empfang oder die Versorgung mit Speisen und Getränken.

Für viele Firmen ist es deshalb selbstverständlich, auch in kürzeren Zeitabständen Party Service zu bestellen. Party Service wird nicht als Ausnahme, sondern als Lösung für eine Vielzahl von »Aufgaben« empfunden.

3. Jedes Unternehmen besteht aus verschiedenen Abteilungen.

Ein größeres Unternehmen ist für Sie nicht nur ein »Einzelkunde«. Vielmehr besteht es aus unterschiedlichen Geschäftsbereichen und Abteilungen. Jeder Bereich kann als eigenständiger Auftraggeber auftreten.

Beispielsweise bestellt die Vertriebsabteilung Party Service, um einen Verkaufserfolg zu feiern. Der Marketingbereich benötigt Party Service, um Kunden und Journalisten bei der Vorstellung eines neuen Produktes zu bewirten. Der Auslands-Geschäftsbereich bestellt ein Buffet, weil ausländische Führungskräfte das deutsche Partnerunternehmen besuchen.

4. Unterschiedliche Geschäftsbereiche und Abteilungen bieten auch unterschiedliche Anlässe für Party Service.

- Erschließen Sie das ganze Unternehmen als Kunden, nicht nur eine einzelne Abteilung.
- Machen Sie Ihre Leistungen in allen Geschäftsbereichen bekannt. Häufig entscheidet in jeder Abteilung ein anderer Mitarbeiter über die Bestellung von Party Service. Sorgen Sie deshalb dafür, daß alle Bereiche über Ihr Leistungsangebot informiert sind.
- Lassen Sie sich innerhalb des Unternehmens weiterempfehlen. Bitten Sie Ihren Ansprechpartner nach einer erfolgreichen Party um ein Dankschreiben. Bitten Sie ihn um Erlaubnis, dieses Schreiben gegenüber anderen Interessenten als »Referenz« einsetzen zu dürfen.
- Versuchen Sie, den Namen und die Position weiterer Ansprechpartner herauszufinden. Bringen Sie in Erfahrung, wen Sie anzusprechen haben, um von anderen Unternehmensbereichen Aufträge zu erhalten.
- Häufig finden in Unternehmen Diskussionen statt, bei wem Party Service bestellt werden soll. Sorgen Sie deshalb dafür, daß möglichst viele Personen Werbematerial von Ihnen erhalten.

  Je mehr Mitarbeiter Ihr Leistungsangebot kennen, desto größer ist die Wahrscheinlichkeit, daß Sie gewählt werden.

5. Für Firmen ist »offensive Werbung« selbstverständlich.

Alle Kollegen sind an den Umgang mit Privatkunden gewöhnt. Diese Kunden kommen zu Ihnen ins Geschäft.

Um Firmen als Auftraggeber zu gewinnen, ist aber eine offensive Werbung nötig. Viele Kollegen haben Hemmungen, von sich aus auf Unternehmen zuzugehen und ohne aktuellen Anlaß für die eigenen Leistungen zu werben.

Meist wird befürchtet, es könnte der Eindruck entstehen, »man habe es nötig«. Kein Kollege möchte als »Bittsteller« erscheinen. Häufig fehlen Erfahrungen über die Reaktion der angesprochenen Firmen-Mitarbeiter.

Alle diese Sorgen und Bedenken sind überflüssig.

- Für Unternehmen ist eine aktive Werbung etwas Selbstverständliches. Jeder leitende Mitarbeiter ist daran gewöhnt, täglich eine Vielzahl von Produktinformationen und Werbeunterlagen zu erhalten.
- Jede Firma betreibt selbst Werbung für die eigenen Produkte. Kein Mitarbeiter kommt deshalb auf die Idee, einen Anbieter von Party Service abwertend als »Selbstbewerber« einzustufen.

  Das Gegenteil ist richtig: Kein Firmen-Mitarbeiter würde es verstehen, wenn ein Traiteur aufgrund der genannten Bedenken zögern würde, seine Leistungen anzubieten. Das eigene Können und die eigene Leistungsfähigkeit herauszustellen, wird als das »Normalste der Welt« betrachtet.
- Überwiegend erhalten Mitarbeiter Informationen über Produkte, die mit ihrer beruflichen Tätigkeit »sachlich« verbunden sind.

  Informationen über Party Service sind die große Ausnahme. Sie heben sich auf spannende Weise von den »üblichen Tagesthemen« ab. Sie werden deshalb weniger als »Werbung«, sondern mehr als Informationen für den »persönlichen Genuß« empfunden.
- Die meisten Mitarbeiter stehen unter Zeitdruck. Sie sind daher dankbar für alle Informationen, die ihnen bei der Auswahl eines kompetenten Partners für Party Service helfen.

  Das gilt auch, wenn der Bedarf erst zu einem späteren Zeitpunkt entsteht. Es wird der Anbieter gewählt, der bereits frühzeitig Informationen geliefert und den Entscheidungsprozeß erleichtert hat.

6. Betreiben Sie aktive Werbung für Firmen-Party Service.

Das Beispiel eines Wiener Traiteurs zeigt die Erfolgschancen. Nach seiner Aussage tritt er aktiv an Unternehmen heran, sobald er die Möglichkeit für den Verkauf von Party Service sieht. Seine Entschlossenheit und Professionalität bringen ihm im Durchschnitt neun von zehn angebahnten Aufträgen.

- Versenden Sie konsequent Werbematerial an Firmen, mit denen Sie zusammenarbeiten möchten.

  Tun Sie dies frühzeitig – auch ohne aktuellen Anlaß. Selbst wenn Ihr Informationsmaterial längere Zeit ungenutzt bleibt, wird es bei entsprechendem Bedarf hervorgeholt.

- Suchen Sie gezielt nach dem »richtigen« Ansprechpartner, also nach der Person, die für die Bestellung zuständig ist.

  Rufen Sie ohne Hemmungen im Unternehmen an, und fragen Sie nach dem Namen und der Durchwahlnummer der betreffenden Person. Kündigen Sie an, nicht nur schriftliche Unterlagen, sondern eine kleine »Kostprobe« zuzusenden.

- Häufig sind die Sekretärinnen leitender Mitarbeiter für die Bestellung verantwortlich. Wenden Sie sich mit Ihren Informationen gezielt an diesen Kreis.

- Arbeiten Sie auch hier mit einem Stufenplan. Senden Sie zunächst eine Bestellkarte, mit der weitere Informationen über Ihren Party Service angefordert werden können.

  Bitten Sie den Empfänger, in die Karte den Namen, die Telefonnummer und die Abteilung der Person einzutragen, die im Unternehmen für die Auftragsvergabe zuständig ist.

  Die Karte ist gleichzeitig ein Gutschein. Jeder, der sie zurückschickt, erhält ein »Party Service-Geschenk«, gemeinsam mit dem angeforderten Informationsmaterial.

- Verteilen Sie Ihre »Party Service-Visitenkarten« in Unternehmen. Verteilen Sie Aufkleber mit Ihrer Telefonnummer.

Häufig ergeben sich in Firmen kurzfristig Anlässe für Veranstaltungen. Es wird der Anbieter ausgewählt, dessen Name und Telefonnummer griffbereit sind.

7. Lassen Sie sich von Ihrem Kunden einladen.

Arbeiten Sie nach der Methode des »indirekten Vorgehens«. Viele Unternehmen veranstalten mit großer Freude Betriebsbesichtigungen.

Lassen Sie sich hierzu einladen. Erzählen Sie während der Betriebsbesichtigung, was auf dem Gebiet des Party Service alles möglich ist. Versuchen Sie gleichzeitig, die Namen der Personen in Erfahrung zu bringen, die für eine Bestellung verantwortlich sind.

Bedanken Sie sich für die Besichtigung, indem Sie selbst Informationsmaterial und »Party Service-Kostproben« verteilen.

Revanchieren Sie sich, indem Sie für die betreffenden Personen selbst eine »Betriebsbesichtigung« veranstalten. In Ihrem Geschäft können Sie Ihre Party Service-Leistungen dann beeindruckend demonstrieren.

Auf diese Weise erhalten Sie nicht nur eine Vielzahl von Möglichkeiten, um gezielt zu werben. Sie schaffen darüber hinaus einen engen persönlichen Kontakt zu den Mitarbeitern des Unternehmens.

Sie erhalten alle wichtigen Informationen, um gezielt Party Service für die »firmeneigenen Anlässe« anzubieten. Sie erhalten Anregungen, um ein »individuelles Angebot« zu gestalten.

8. Stellen Sie Ihre Zuverlässigkeit und Qualität besonders heraus.

Zuverlässigkeit und Qualität sind bei Firmenkunden beinahe noch wichtiger als bei Privatkunden. Für den verantwortlichen Firmen-Mitarbeiter ist die gelieferte Sicherheit ein entscheidendes Auswahlkriterium.

In Firmen entscheidet der Erfolg einer Veranstaltung über das Ansehen des zuständigen Mitarbeiters bei seinen Vorgesetzten und Kollegen.

Gerade bei bedeutenden Ereignissen wird seine Position im Unternehmen beeinflußt, beispielsweise, wenn wichtige Firmenkunden zu Gast sind. Sollte die Veranstaltung mißlingen, hat das meist negative Auswirkungen auf sein »Image«.

Umgekehrt steigert eine gelungene Party sein Ansehen bei Kunden und Vorgesetzten. Veranstaltungen werden als »Prüfstein« für sein Organisationsvermögen, seine Umsicht und seine Zuverlässigkeit gewertet.

Für einen Mitarbeiter, der für den Erfolg einer Veranstaltung zuständig ist, ist deshalb die Auswahl des »richtigen« Party Service eine zentrale Aufgabe und Sorge. Auf dem Spiel stehen nicht nur das Gelingen der Veranstaltung an sich, sondern seine persönliche Sicherheit im Unternehmen.

Um diese Sicherheit zu erhalten, wählt er den Anbieter, der ihm höchste Zuverlässigkeit und Qualität bietet. Er wird bereit sein, einen angemessen hohen Preis für die »Erfolgssicherung« zu bezahlen.

9. Betonen Sie die Bedeutung der Veranstaltung.

Viele Anlässe, für die Party Service bestellt wird, sind für die Unternehmen von größter Bedeutung. Hierzu einige Beispiele:

- Wichtige Kunden besuchen das Unternehmen, um über einen umfangreichen Auftrag zu entscheiden.
- Ein neues Produkt wird der Öffentlichkeit vorgestellt.
- Alle Verkäufer des Unternehmens werden zusammengeholt, um einen »Motivationsschub« für das nächste Quartal zu erhalten.
- Vorgesetzte des ausländischen Mutterunternehmens besuchen die deutsche Niederlassung, um über den Geschäftserfolg und geplante Investitionen zu beraten.

Zeigen Sie den verantwortlichen Mitarbeitern, welche Unterstützung Sie mit Ihrem Party Service bei diesen Anlässen bieten können. Beschreiben Sie Ihre Produktqualität. Nennen Sie Ihre speziellen Serviceleistungen.

Beschreiben Sie insbesondere, was Sie an »Außergewöhnlichem« bieten, um die Veranstaltung zu einem Erfolg zu machen. Auch hierzu ein Beispiel:

Ein Unternehmen erwartet Gäste aus den USA. Das von Ihnen gelieferte Buffet enthält deshalb deutsche Spezialitäten, die von Amerikanern besonders geschätzt werden.

Das Buffet und die Tische werden mit kleinen amerikanischen Flaggen dekoriert. Einzelne Speisen erhalten Namen berühmter Persönlichkeiten oder bedeutender Ereignisse der amerikanischen Geschichte. Beispielsweise gibt es eine »Lincoln-Torte« und einen »Unabhängigkeits-Cocktail«.

Die Gäste werden von der Präsentation des Buffets begeistert sein. Die Geschäftsverhandlungen laufen in einer völlig veränderten Atmosphäre ab. Ihr Party Service schafft einen außergewöhnlichen Rahmen, der entscheidenden Anteil am Verhandlungserfolg hat.

Ein Unternehmen, dem Sie derartige Leistungen vorschlagen, kann gar nicht anders, als Ihr Angebot anzunehmen. Der Preis spielt bei der Bedeutung der Veranstaltung und der Wirkung Ihrer Party Service-Leistungen eine untergeordnete Rolle.

10. Beschreiben Sie Anlässe und Einsatzmöglichkeiten.

Auch bei Firmen können Sie die Nachfrage mit einem »Stufenplan« erhöhen. Wecken Sie zunächst Bedarf, indem Sie Anlässe und Einsatzmöglichkeiten beschreiben. Verkaufen Sie anschließend Party Service als »Lösung« für die jeweilige Aufgabe.

Stellen Sie deshalb eine Liste möglicher Anlässe zusammen. Legen Sie diese Ihrem üblichen Informationsmaterial bei. Die Unternehmen erkennen, daß Sie Experte für Firmen-Party Service sind. Hierzu einige Beispiele:

- Empfang und Verhandlungen mit wichtigen Kunden.
- Präsentation neuer Produkte.
- Pressekonferenzen.
- Abschluß des Geschäftsjahres (das in vielen Fällen nicht identisch mit dem Kalenderjahr ist).
- Ehrung der besten Verkäufer.
- Feier eines bedeutenden Verkaufserfolges oder eines überdurchschnittlichen Umsatz- und Gewinnergebnisses.
- Konferenzen, die regelmäßig stattfinden, beispielsweise die Informations- und Motivationsveranstaltung für den Start einer neuen »Verkaufsrunde« für Außendienst-Mitarbeiter.
- Start oder Abschluß eines Projektes.
- Wichtige firmeninterne Konferenzen, in denen weitreichende Entscheidungen getroffen werden sollen.
- Vorstellung und Begrüßung neuer Mitarbeiter.
- Feier anläßlich einer Beförderung.
- Abschiedsfeier für einen Mitarbeiter, der in eine andere Firmenniederlassung wechselt oder pensioniert wird.
- Jubiläumsfeiern für Mitarbeiter, die eine bestimmte Zeit dem Unternehmen angehören.
- Firmeninterne Schulungen.
- Einweihung neuer Produktionsanlagen.
- Grundsteinlegung, Richtfest und Einweihung bei einem neuen Firmengebäude.

- Firmen-Jubiläen. Beispielsweise können Sie im Handelsregister nachschlagen, wann die betreffende Firma gegründet worden ist. Sie können dann Party Service für das »23jährige Firmenjubiläum« anbieten. Die Firmenleitung wird zuerst verblüfft und dann begeistert sein, da kaum jemand im Unternehmen weiß, an welchem Datum genau es gegründet worden ist.
- Besuch von Gästen aus der Muttergesellschaft oder aus Tochterfirmen.

11. Verknüpfen Sie sich mit der »Lebenswelt« Ihrer Kunden.

Jede Firma hat ihren eigenen Stil, der beispielsweise in den Firmenfarben oder im Firmensignet zum Ausdruck kommt.

Jedes Unternehmen hat eigene Produkte und Dienstleistungen, um die das Denken und Handeln der Mitarbeiter kreisen. Jede Firma hat insbesondere eine eigene Sprache, also spezielle Begriffe, Beschreibungen und Formulierungen.

Alle diese Elemente bestimmen die »Identität« des Unternehmens. Sie sind den Mitarbeitern vertraut. Sie beeinflussen die Gedanken und die Vorstellungswelt, in der sich die Mitarbeiter bewegen.

Die große Meisterleistung für den Verkauf von Party Service besteht darin, sich mit dieser »Welt des Unternehmens« zu verknüpfen.

Der Ansatz lautet: Wählen Sie für die Beschreibung Ihrer Party Service-Produkte Begriffe aus der Kundensprache. Setzen Sie direkt am Anlaß an, für den Sie Party Service liefern.

Hierzu ein Beispiel: Die meisten Unternehmen veranstalten als Start eines wichtigen Projektes ein sogenanntes »Kick-Off-Meeting«. Ziel der Veranstaltung ist es, die Mitarbeiter mit Informationen, Antrieb und Motivation für die anstehenden Aufgaben zu versorgen. Hier könnten Ihre Leistungen folgende »Namen« tragen:

- »Kick-Off-Frühstück«.

- »Ideen-Lunch«.
- »Einhundert Prozent Power-Buffet«.
- »Energie-Cocktail«.

Ein zweites Beispiel handelt von der Jahresfeier eines bekannten Computerherstellers. Alle Speisen des Buffets wurden anhand von Begriffen aus der »Computerwelt« benannt, also mit Begriffen aus der »Sprache des Kunden«.

- Kleine Knabbereien hießen »Chips«.
- Alle Getränke wurden unter dem Titel »Software« angeboten.
- Das Buffet selbst war die »Hardware«.
- Kleinere Gerichte, zum Beispiel Vorspeisen, hießen »Bits«.
- Die Hauptgerichte wurden unter dem Namen »Bytes« präsentiert.

12. Stellen Sie das Unternehmen oder die Gäste des Unternehmens in den Mittelpunkt Ihrer Leistungen.

Hierzu ein Beispiel: Ein Kollege aus Darmstadt hat viele internationale Unternehmen als Kunden, die häufig ausländische Gäste empfangen.

Im Laufe der Jahre hat er einen Fundus der unterschiedlichsten Nationalflaggen angeschafft, mit denen er das Buffet dekoriert, das bei einem Empfang für ausländische Gäste geliefert wird. Er verfügt sowohl über kleine »Stehfähnchen« als auch über große Flaggen, die er zum Teil als Tischdecken verwendet.

Ein zweites Beispiel gibt ein Haus der Mövenpick-Restaurants in Zürich. In einem Restaurantraum sind an den Wänden Messingtafeln angebracht mit den Namen der besten (Firmen-)Kunden, deren Mitarbeiter häufig mit Geschäftsfreunden zum Mittag- oder Abendessen kommen.

Schließlich ein drittes Beispiel. Zu ihrem Abschied hat eine Mitarbeiterin eines französischen Kosmetik- und Modeunternehmens ihr Management in ein Feinschmecker-Restaurant eingeladen. Das Essen war ein voller Erfolg. Die »besondere Leistung« bestand aber nicht im Menue.

Vielmehr hatte sich die Mitarbeiterin die Mühe gemacht, am Vorabend das Signet des Unternehmens beim Restaurant vorbeizubringen, so daß es in die handgeschriebenen Speisekarten einkopiert werden konnte.

Die Überraschung und Freude bei den Gästen waren so groß, daß sich der Restaurantchef entschlossen hat, die Idee zu übernehmen. Er bittet nun alle Firmenkunden um das Signet ihres Unternehmens, um mit diesem die Menuekarte zu gestalten.

13. Erweitern Sie Ihr Leistungsangebot gegenüber Firmen.

Bieten Sie Unternehmen, die Sie für Party Service gewonnen haben, weitere Leistungen an. Versuchen Sie beispielsweise, »standardisierbare Daueraufträge« zu erhalten.

Eine Möglichkeit ist die Lieferung eines »Mittagstisches«. Viele kleinere oder mittlere Unternehmen verfügen über keine eigene Kantine. In jeder Mittagspause ziehen die Mitarbeiter los, um sich in den umliegenden Geschäften zu versorgen.

Bieten Sie diesen Firmen an, regelmäßig ein wechselndes »Mittagsmenue« zu liefern. Die gleichen Speisen können Sie parallel als »Fertiggerichte« in Ihrem Geschäft anbieten.

Hierzu ein Beispiel: Das Sheraton in München bietet in seiner »Sandwich Bar« fünfmal in der Woche wechselnde Mittagsgerichte zu »Schmankerl-Preisen«.

Stammkunden wird die Speisekarte der kommenden Woche zugesandt, damit sie ihr Mittagessen planen können. Jeden Tag gibt es ein ausgewähltes Gericht. Gleichzeitig wird eine gleichbleibende »Spezialität der Woche« als zweite Wahlmöglichkeit angeboten.

Andere Anbieter von »Mittagstischen« nutzen inzwischen das Telefax, um ausgewählten Stammkunden das aktuelle Tagesangebot jeden Vormittag »frisch« zu übermitteln.

VII. Unternehmerische und professionelle Mitarbeiter

Arbeiten Sie mit dem Ansatz eines »Mitarbeitererfolgs-Programms«

1. Die langfristige Machbarkeit von Party Service hängt vom Können und Einsatz Ihrer Mitarbeiter ab.

Von den Leistungen Ihrer Mitarbeiter schließen Ihre Kunden auf das professionelle Gesamtniveau des Party Service. Ein »unqualifizierter« Mitarbeiter kann alle Bemühungen und Leistungen zerstören.

Hierzu ein Beispiel. Ein Kunde ist von der gebotenen Beratung und dem gelieferten Buffet begeistert. Seinen letzten Eindruck bestimmen aber mürrische und unfreundliche Mitarbeiter, die mitten in der Nacht das benutzte Geschirr und die Reste des Buffets abholen müssen.

Ohne entsprechend ausgebildete Mitarbeiter können Sie sich zeitlich und kräftemäßig nicht entlasten. Es wird Ihnen schwergemacht zu delegieren. Sie müssen ständig persönlich präsent sein.

Mangelnde Mitarbeiter-Qualifikation ist eine zentrale Quelle für Fehler und Belastungen. Es muß ständig kontrolliert werden, was »schiefgehen« könnte.

Beispielsweise werden Aufträge unvollständig entgegengenommen, so daß Sie gezwungen werden, nachträglich die fehlenden Informationen persönlich zu beschaffen.

2. Analysieren Sie die Gründe, aus denen die Chancen eines Mitarbeiter-Einsatzes für Party Service vielfach ungenutzt bleiben.

- Viele Kunden sprechen direkt den Traiteur an. Sie möchten »vom Chef selbst« beraten werden und nicht von einer Mitarbeiterin.

  Sie wünschen auch während der Party die Anwesenheit des Traiteurs. Es reicht ihnen nicht aus, von einer anderen Person betreut zu werden.

- Die meisten Kunden wissen nicht, wer von den Mitarbeiterinnen für Party Service zuständig ist. Sie kennen nicht den Namen der betreffenden Person. Sie wissen nichts über ihre Qualifikation.

  Gleichzeitig fehlt ein äußeres Erkennungszeichen, zum Beispiel eine spezielle Party Service-Kleidung.

- Insgesamt geschieht zuwenig, um das Vertrauen der Kunden in die betreffende Mitarbeiterin zu steigern und sie zu einem gesuchten Ansprechpartner zu machen.

- Die Kunden werden nicht informiert, wer das Buffet liefern wird und wer für das Abholen des Geschirrs zuständig sein wird.

- Die Zeit und Kraft vieler Kollegen reichen nicht aus, um sich ausreichend mit der Aufgabe der Mitarbeiter-Entwicklung bei Party Service zu befassen.

3. Betreiben Sie eine systematische »Mitarbeiter-Entwicklung« speziell für Party Service.

Entwickeln und sichern Sie bei jeder Party Service-Mitarbeiterin langfristig ein »Standard-Qualitätsniveau« für die Erfüllung ihrer Aufgaben.

Nötig ist ein regelrechtes »Mitarbeitererfolgs-Programm«, in dem die Regeln und Verhaltensweisen für den Umgang mit Kunden bei Party Service festgelegt sind.

Ziel ist es, die speziellen Aufgaben, Kenntnisse und Fähigkeiten einer »Party Service-Spezialistin« zu entwickeln und zu etablieren.

Schaffen Sie die Position einer »Party Service-Spezialistin«

1. Entwickeln Sie ausgewählte Mitarbeiterinnen zu »Party Service-Spezialistinnen«.

Viele Kollegen sind erfolgreich bei der Ausbildung ihrer Mitarbeiterinnen zu Spitzen-Fachverkäuferinnen. Die meisten Mitarbeiterinnen werden von den Kunden außerordentlich geschätzt. Für die Kunden ist es eine Freude, sich von ihnen beim Einkauf beraten und unterstützen zu lassen.

Viele Erfolgsfaktoren, die für den Verkauf im Ladengeschäft gelten, lassen sich auf den Umgang mit Kunden bei Party Service übertragen. Gleichzeitig ist eine Vielzahl zusätzlicher und anderer Funktionen professionell zu erfüllen.

Es reicht daher nicht aus, Mitarbeiterinnen »nebenbei« auch noch mit Aufgaben des Party Service zu betrauen. Hiermit würden Sie nur einen Teil der Möglichkeiten nutzen, die für Ihre Entlastung und eine gewinnbringende Steigerung des Geschäftsbereiches bestehen.

Der Ansatz lautet: Bilden Sie ausgewählte Mitarbeiterinnen zu »Party Service- Spezialistinnen« aus.

Versorgen Sie Ihre Mitarbeiterinnen mit dem Wissen und den »Werkzeugen«, mit denen ein professioneller Einsatz bei Party Service möglich wird.

2. Entwerfen Sie eine Stellenbeschreibung.

In den meisten Fällen werden die für Party Service zuständigen Mitarbeiterinnen auch weiterhin Verkaufsaufgaben im Geschäft wahrnehmen. In dieser Funktion wissen sie, welche Aufgaben im einzelnen zu erfüllen sind.

Umso wichtiger ist es, eine genaue Stellenbeschreibung auch für die Position einer Party Service-Spezialistin zu schaffen.

Eine Stellenbeschreibung macht die zuständigen Mitarbeiterinnen handlungsfähig. Sie werden motiviert. Sie können Schritt für Schritt in die Aufgabe hineinwachsen.

Halten Sie die Aufgabenbereiche Ihrer Party Service-Spezialistinnen schriftlich fest:

- Bei welchen Aufgaben möchten Sie bei Party Service stärker entlastet werden?
- Welche Aufgaben können Ihre Mitarbeiterinnen vollständig übernehmen?
- Auf welchen Gebieten können Sie stärker als bisher mit Ihren Mitarbeiterinnen zusammenarbeiten?
- Was machen Sie noch selbst, obwohl Sie es schon längst hätten delegieren sollen?

3. Legen Sie fest, welche Funktionen im einzelnen zu erfüllen sind.

Zunächst haben Sie die Aufgabenbereiche Ihrer Party Service-Spezialistinnen abgegrenzt. Bestimmen Sie nun, welche Funktionen in jedem Aufgabenbereich zu erfüllen sind.

Beispielsweise zählen zum Aufgabenbereich »Party Service-Beratung« folgende Einzelfunktionen, die einer Mitarbeiterin genannt werden können:

- Liefern Sie Informationen über sämtliche Produkte.
- Liefern Sie Informationen über alle Serviceleistungen.
- Schildern Sie Erfolgsbeispiele aus anderen Aufträgen.
- Gewinnen Sie Informationen über den Kunden, den Anlaß und das Umfeld der Party.

- Halten Sie den Auftrag schriftlich fest.
- Sichern Sie alle wichtigen Daten für die Abwicklung und für die Kundenkartei.
- Besichtigen Sie bei größeren Aufträgen den Ort der Party.
- Besprechen Sie den gesamten Ablauf mit dem Kunden.
- Übergeben Sie ihm alle schriftlichen Informationen.
- Achten Sie bei längeren Gesprächen auf »Gastgeberschaft«. Servieren Sie dem Kunden beispielsweise eine Tasse Kaffee oder ein Glas Wein.
- Beenden Sie das Beratungs- und Verkaufsgespräch mit einem »zeremoniellen Akt«, indem Sie den Kunden persönlich zur Tür begleiten.

4. Entwickeln Sie konkrete Ziele.

Nennen Sie zu jedem Aufgabenbereich die Ziele, die erreicht werden sollen. Beschreiben Sie, worum es im einzelnen geht.

Dies betrifft nicht alleine finanzielle Größen, sondern vielmehr »qualitative« Leistungen:

- Wie viele Beratungs- und Verkaufsgespräche soll eine Spezialistin pro Tag führen?
- Wie viele Kunden soll sie im Geschäft von sich aus auf Party Service ansprechen?
- Wie viele neue Ideen pro Woche sollen gewonnen werden? Wenn zwei Spezialistinnen pro Woche je eine neue Idee liefern, sind dies 104 Party Service-Ideen im Jahr.
- Welche Informationen sollen von Kunden gewonnen werden?

  Was essen die Kunden am liebsten?

  Wo bestellen sie bisher Party Service?

  Über welche Leistungen würden sie sich am meisten freuen?

- Welche Steigerung des Auftragswertes je Party soll innerhalb eines halben Jahres erreicht werden?
- Welche Produkte und Dienstleistungen sollen besonders gefördert werden, zum Beispiel der Verkauf von Geschirr und Dekoration?
- Wie viele Adressen möglicher Neukunden sollen gewonnen werden?
- Bei wie vielen Kunden soll schriftlich geworben werden?
- Wie viele Dankschreiben für gelungenen Party Service wollen wir erhalten?

  Der Ansatz kann lauten: Pro Woche ein Dankschreiben. Für jedes Dankschreiben, das die Spezialistin erhält, bekommt sie eine kleine Anerkennungsprämie.

5. Bestimmen Sie die Regeln für den Umgang mit Kunden.

Bestimmen Sie die Standardregeln, an die sich jede Mitarbeiterin im Umgang mit Kunden zu halten hat:

- Welche Standard-Verhaltensregeln gibt es?
- Wie soll sich eine Mitarbeiterin verhalten, wenn ein Kunde Preiszugeständnisse fordert?
- Bei welchen Fragen und Problemen muß sie ihren Chef hinzuziehen?
- Welche Begriffe und Formulierungen sollen verwendet werden? Welche »Tabu-Begriffe« sollen gestrichen werden und mit besseren Formulierungen ersetzt werden?

  Beispielsweise gibt es kein einfaches »Buffet« mehr, sondern nur noch ein »Delikatessen-Buffet«. Es wird nicht mehr von »Kalten Platten«, sondern von »Kalten Köstlichkeiten« gesprochen.
- Wie soll sie sich verhalten, wenn sich ein Kunde beschwert?
- Welche »Ausweichangebote« soll sie machen, wenn ein kurzfristiger Auftrag die Kapazität sprengt?

Beispielsweise kann dem Kunden ein »Salatbuffet« angeboten werden, dessen Herstellung wenig Mühe bereitet. Der Kunde wird gebeten mitzuhelfen, indem er die Gerichte selbst abholt.

– Was soll geschehen, wenn sich ein Kunde bedankt und die Qualität des Party Service lobt?

  Hier kann die Standard-Verhaltensweise lauten, den Kunden um ein kurzes schriftliches Dankschreiben zu bitten. Für diese Mühe erhält er eine kleine Anerkennung.

– Welche Grundregeln sind bei der Anlieferung und beim Abholen zu beachten?

  Welche Verhaltensregeln gelten für die Anwesenheit bei einer Party?

6. Liefern Sie Ihren Mitarbeiterinnen das nötige »Erfolgs-Rüstzeug«.

Eine Stellenbeschreibung, Leistungsziele und Verhaltensregeln reichen für eine erfolgreiche Tätigkeit nicht aus. Vielmehr benötigen Ihre Spezialistinnen Kenntnisse und Arbeitsmittel, mit denen ihre Aufgaben erleichtert und das gewünschte Verhalten sichergestellt werden.

– Welche Kenntnisse und welches Fachwissen benötigen Ihre Party Service-Spezialistinnen?

  Kenntnis einer »Warenkunde für Party Service«.

  Wissen um die Zusammenstellung einzelner Speisen zu einem begeisternden Buffet.

  Kenntnis der passenden Weine und Getränke.

  Kenntnis aller Serviceleistungen.

– Mit welchen aktuellen Informationen müssen Sie Ihre Mitarbeiterinnen versorgen?

  Neue Informationen über Kunden.

  Informationen über Aufträge, die andere Mitarbeiter angenommen haben, so daß es nicht zu zeitlichen Überschneidungen kommt.

  Preisinformationen – in einigen Fällen werden die gleichen Leistungen zu unterschiedlichen Preisen verkauft, je nachdem, wer das Verkaufsgespräch führt.

Neue Ideen, Anschaffungen und Leistungsmöglichkeiten.

- Welche »Ausrüstung« und welche Arbeitsmittel benötigen die zuständigen Mitarbeiterinnen? Welche schriftlichen Kommunikationsmittel werden benötigt?

  Schriftliche Werbemittel?

  Party Service-Bildband?

  Spezielle Visitenkarten mit dem Titel »Party Service-Spezialistin«?

  Auftragsformulare?

- Für welche Aufgaben werden »Checklisten« verwendet?

  Hierzu ein Beispiel. Jede Spezialistin erhält eine Checkliste »Was wurde vergessen«? Am Ende jedes Beratungsgespräches wird die Checkliste gemeinsam mit dem Kunden abgehakt, um zu sehen, was noch hätte besprochen werden müssen.

  Checklisten sind das wirkungsvollste »Erfolgssicherungs-Instrument« überhaupt.

Stellen Sie Ihre Party Service-Spezialistin deutlich heraus

1. Ihre Mitarbeiterinnen können Sie nur entlasten, wenn sie von den Kunden als kompetente Gesprächspartnerinnen anerkannt werden.

Ist dies nicht der Fall, werden die Kunden weiterhin verlangen, über Party Service stets mit dem Chef zu sprechen.

Dies gilt nicht nur für die Beratung, sondern auch für den Verkauf. Je stärker das »Expertentum« der betreffenden Mitarbeiterinnen verdeutlicht wird, desto eher werden Kunden bereit sein, die von Ihnen angebotenen Leistungen zu bestellen.

Ihre Mitarbeiterinnen werden motiviert. Indem sie herausgestellt werden, erhalten sie die Aufmerksamkeit und Anerkennung der Kunden. Je erfolgreicher sie bei den Kunden sind, desto stärker werden sie sich für Party Service einsetzen.

2. Indem Sie Ihre Mitarbeiterinnen als »Spezialistinnen« bekanntmachen, eröffnen Sie neue Einsatzbereiche.

Hierzu ein Beispiel. Viele Gastgeber wünschen die persönliche Anwesenheit des Traiteurs bei der Party. Dies wird auch in Zukunft so bleiben. Gleichzeitig ist es aber möglich, sich von ausgewählten Mitarbeiterinnen hierbei unterstützen zu lassen. Je größer die Anerkennung ist, die eine »Party Service-Spezialistin« genießt, desto leichter wird es ihr fallen, ihren Chef bei einzelnen Veranstaltungen zu vertreten.

Ebenso kann sie Aufgaben vor Ort übernehmen, zum Beispiel die Anlieferung und den Aufbau des Buffets. Wenn ein Kunde die Party Service-Spezialistin persönlich kennt, wird er sich freuen, sie als Kooperationspartnerin bei sich zu begrüßen.

Der mögliche Zeitgewinn für Sie ist enorm. Sie müssen nicht mehr von Anfang an bei einer Party dabeisein. Sie können eine Veranstaltung eher verlassen, beispielsweise, um einen zweiten Auftrag auszuführen. Der erste Kunde ist jedoch nicht verärgert, da er weiterhin von einer »Spitzenkraft« Ihres Geschäftes betreut wird.

3. Einer der erfolgreichsten Schweizer Traiteure hat dieses Prinzip erkannt.

Nach Abschluß einer Veranstaltung tritt er vor die Gäste, um sich für ihre Anerkennung und für ihr Lob zu bedanken. Gleichzeitig dankt er aber auch seinen Mitarbeiterinnen, die erfolgreich »im Hintergrund« tätig waren.

An dieser Stelle seiner Dankworte treten seine Mitarbeiterinnen vor die Gäste, indem sie gemeinsam das Dessert der Party hereintragen und präsentieren.

Die Gäste sind beeindruckt. Sie sehen ein aus Spezialistinnen bestehendes »Party-Team«, das ihnen auch bei anderen Veranstaltungen hervorragenden Service bieten wird.

Der Ansatz lautet: Es steht nicht mehr alleine der Traiteur im Mittelpunkt. Vielmehr wird für jede Mitarbeiterin eine Verbindung zu Gastgebern und Gästen geschaffen.

4. Verleihen Sie den zuständigen Mitarbeiterinnen einen beeindruckenden Titel.

Die Formulierung »Frau Müller ist bei uns für Party Service zuständig« löst weder bei Ihrer Mitarbeiterin noch bei Ihren Kunden Begeisterung aus. Vielmehr ist ein Titel nötig, der dem Aufgabenfeld und der Position angemessen ist.

Der Begriff »Party Service-Spezialistin« ist nur eine Möglichkeit. Setzen Sie Zeit und Kreativität ein, um einen Titel zu finden, von dem sowohl Ihre Mitarbeiterinnen als auch Ihre Kunden begeistert sind.

Zwei Beispiele aus anderen Branchen zeigen die Bedeutung dieser Aufgabe für die Motivation Ihrer Mitarbeiterinnen.

Die Schweizer Schuhfirma »Bally« hat lange Zeit vergeblich nach weiteren »Verkäuferinnen« für ihr Züricher Hauptgeschäft gesucht. Erst nachdem in Stellenanzeigen der Begriff »Schuh-Hostessen« verwendet wurde, hat sich eine Vielzahl von Interessentinnen beworben. Bally hat also seinen »Verkäuferinnen« einen neuen, interessanteren Titel verliehen.

Das zweite Beispiel stammt von der Fluggesellschaft Swiss Air. Hier hatte man Schwierigkeiten, für die Wartung der Flugzeuge eine ausreichende Zahl qualifizierter Mitarbeiter zu finden. Nachdem der Begriff des »Flight Engineers« anstelle von »Mechaniker« eingeführt wurde, konnte auch dieser personelle Engpaß gelöst werden.

Der Ansatz lautet: In beiden Fällen wurden Mitarbeiter gewonnen und motiviert, indem ihnen ein Titel verliehen wurde, der ihr Ansehen gegenüber Kunden und Kollegen gesteigert hat.

Suchen Sie deshalb nach weiteren beeindruckenden Namen für Ihre Party Service-Mitarbeiterinnen.

- Party Service-Expertin.
- Traiteur-Beraterin.
- Traiteur Service-Beraterin.
- Qualitäts-Spezialistin.
- Party-Spezialistin.
- Qualitäts-Expertin.

5. Stellen Sie Ihre Spezialistinnen persönlich vor.

Ihre Kunden müssen auf Anhieb erkennen, welche Eigenschaften und Fähigkeiten eine Party Service-Spezialistin auszeichnen. Sie müssen auch erkennen, wer im Geschäft für diesen Bereich zuständig ist.

- Beschreiben Sie die Qualifikation der betreffenden Mitarbeiterinnen. Teilen Sie Ihren Kunden mit, über welches Wissen und welche Erfahrungen Ihre Spezialistinnen verfügen.

  Beschreiben Sie dies nicht nur mündlich, sondern auch in Ihrer Party Service-Informationsbroschüre.
- Hängen Sie am Ort der Party Service-Beratung Photos mit Namen und Titel der betreffenden Mitarbeiterinnen auf.
- Stellen Sie Ihre Spezialistinnen den Kunden persönlich vor. Ziehen Sie zu einem Beratungsgespräch jeweils eine Mitarbeiterin hinzu.

  Beim nächsten Auftrag ist es dann für den Kunden eine Selbstverständlichkeit, mit dieser Mitarbeiterin zu verhandeln.
- Informieren Sie Ihre Kunden insbesondere, wer für die Auslieferung und den Aufbau des Buffets verantwortlich sein wird.

  Liefern Sie schriftlich die Namen der verantwortlichen Mitarbeiterinnen.

6. Rüsten Sie Ihre Mitarbeiterinnen mit Visitenkarten aus.

Die Karten enthalten den Namen und den Titel der »Party Service-Spezialistin«. Mit eigenen Visitenkarten werden Ihre Mitarbeiterinnen gegenüber den Kunden auf ein anderes Niveau »gehoben«.

Stellen Sie bei Ihrer Druckerei fest, wie teuer es ist, Visitenkarten mit einem Photo der Mitarbeiterin herstellen zu lassen. Eine solche Karte schafft eine völlig veränderte Beziehung zu den Kunden. Die Karte wird zu einem Mittel der »Verpersönlichung«.

Die Visitenkarten Ihrer Mitarbeiterinnen sind gleichzeitig ein Werbemittel für Ihren Party Service insgesamt. Bisher haben viele Mitarbeiterinnen Hemmungen, eine Visitenkarte zu übergeben. Wenn die Karten aber außergewöhnlich und beeindruckend gestaltet sind, werden Ihre Mitarbeiterinnen diese Aufgabe mit Freude erfüllen.

Schließlich erleichtern es Visitenkarten Ihren Kunden, die zuständigen Mitarbeiterinnen im Geschäft auf Party Service anzusprechen, besonders dann, wenn die Karte das Photo der Spezialistin enthält.

7. Machen Sie bekannt, wofür Ihre Spezialistinnen verantwortlich sind.

Je mehr die Kunden über die Aufgaben der Mitarbeiterinnen wissen, desto eher werden sie ihnen vertrauen und die angebotenen Leistungen tatsächlich in Anspruch nehmen. Es ist zu zeigen, welche Funktionen im einzelnen kompetent wahrgenommen werden.

Befestigen Sie deshalb im Geschäft ein Plakat mit den Namen der zuständigen Mitarbeiterinnen und der Überschrift: »Diese Mitarbeiterinnen unseres Geschäftes helfen Ihnen, aus Ihrer Party einen großen Erfolg zu machen«.

Führen Sie dann detailliert auf, worin diese Hilfe besteht:

- »Sie nehmen Ihre telefonische Bestellung entgegen.«
- »Sie beraten Sie gerne über unsere Produkte und Dienstleistungen.«
- »Sie stellen unsere Speisen und Gerichte zu einem beeindruckenden Buffet zusammen, das genau zu Ihrem Anlaß paßt.«
- »Sie zeigen Ihnen alle unsere ›Party-Erfolgsmittel‹, wie unsere Geschirrauswahl.«
- »Sie stehen Ihnen gerne bei Rückfragen zur Verfügung.«
- »Sie freuen sich, eine Besichtigung ›vor Ort‹ durchzuführen.«
- »Sie betreuen Ihr persönliches ›Party-Projekt‹ von A bis Z.«

8. Ihre Party Service-Spezialistinnen dürfen im Geschäft nicht »untergehen«.

Ein Münchener Feinkostgeschäft bietet Party Service an. Auf die Frage, wer denn hierfür verantwortlich sei, antwortet die angesprochene Verkäuferin: »Das macht bei uns die Kleine da hinten.«

Bei einem Blick in die angegebene Richtung erkennt man nach längerem Suchen hinter der Fleisch- und Wursttheke eine junge Verkäuferin, die, völlig überlastet, von einer Schlange wartender Kunden verdeckt wird.

Ihre Kleidung unterscheidet sich in keiner Weise von der ihrer Kolleginnen. Sie ist so mit dem Tagesgeschäft ausgelastet, daß keine Chance für ein Beratungsgespräch besteht.

9. Für einen Kunden muß auf Anhieb erkennbar sein, wer für ein Gespräch über Party Service zuständig ist.

Er muß bereits von weitem erkennen, wen er ansprechen kann. Ihm muß die Hoffnung geliefert werden, überhaupt ein solches Gespräch führen zu können, möglicherweise nach einer kurzen Wartezeit.

Kennzeichnen Sie deshalb, wenn möglich, den »Stammarbeitsplatz« Ihrer Party Service-Spezialistin mit einem großen Schild oder Plakat. Rüsten Sie Ihre Mitarbeiterin mit einer speziellen Kleidung aus, mit der sie auch von weitem sofort erkennbar ist.

Dies ist nicht nur eine Erleichterung für Ihre Kunden. Es ist vielmehr eine hervorragende Werbung für Party Service insgesamt.

Die erkennbare Möglichkeit, eine Mitarbeiterin auf Party Service anzusprechen, löst bei vielen Kunden erst den Gedanken aus, sich mit diesem Thema zu beschäftigen. Sie werden angeregt, sich einmal unverbindlich zu erkundigen, beispielsweise über die »Buffet-Spezialität des Monats«, für die im Schaufenster geworben wird.

Der Ansatz lautet: Eine Mitarbeiterin, die während des Tagesgeschäfts eine besondere »Party Service-Kleidung« trägt, wird von den Kunden auf ihre spezielle Funktion und damit auf Party Service angesprochen.

Sorgen Sie deshalb für eine fröhliche und auffällige Kleidung Ihrer Spezialistinnen im Geschäft:

- Helle und fröhliche Farben.
- Eine »Party-Schleife« oder eine andere Kopfbedeckung.
- Deutlich lesbarer Name und Titel auf einem Namensschild oder, noch besser, in die Kleidung eingenäht.
- Einheitliche Kleidung der Mitarbeiterinnen bei der Auslieferung von Party Service.
- Sorgen Sie auch bei allen anderen Kolleginnen für eine schicke »Berufskleidung«, wenn Sie Ihre für Party Service zuständigen Mitarbeiterinnen neu ausrüsten. Hiermit vermeiden Sie möglichen Streit und Ärger.

Motivieren Sie Ihre Mitarbeiterinnen für Party Service

1. Für Party Service benötigen Sie ein spezielles »Motivations-Programm«.

Der Schwerpunkt von Party Service liegt in den Abendstunden und am Wochenende. Gerade für diese Zeiten fällt es schwer, Mitarbeiterinnen zu »gewinnen« und zu motivieren. Viele Kollegen betrachten dies als zentralen Engpaß.

Als Lösung werden bisher vornehmlich finanzielle Mittel eingesetzt. Es ist aber eine größere Bandbreite von Einflußmöglichkeiten nötig, um Mitarbeiterinnen nachhaltig zu motivieren und zu begeistern.

Ziel ist es, den gleichen Enthusiasmus und die gleiche Leistungsqualität sicherzustellen, die bereits im Tagesgeschäft herrschen.

2. Die Erfolgsregel lautet: Vor der »Motivation« kommt die Entfernung der »Demotivation«.

Häufig ist mangelnde Motivation nicht auf fehlende Anreize zurückzuführen. Mangelnde Motivation entsteht vielmehr dann, wenn Mitarbeiterinnen bei ihrer Arbeit gebremst, am Vorankommen gehindert und ihrer Stimmung beraubt werden. Schalten Sie deshalb alle Faktoren aus, die Ihre Mitarbeiterinnen bei Party Service »demotivieren«. Entwickeln Sie ein regelrechtes »Anti-Demotivations-Programm«.

Dieser Ansatz gilt nicht nur für Ihre Mitarbeiterinnen, er gilt besonders auch für Ihre persönliche Arbeit. Analysieren Sie, welche Faktoren die Teamarbeit zwischen Ihnen und Ihren Mitarbeiterinnen am stärksten behindern.

Entfernen Sie einen Belastungsfaktor nach dem anderen:

- Was »bremst« Ihre Mitarbeiterinnen bei der Arbeit am stärksten?
- Was verursacht bei Party Service den größten Ärger?
- Was führt zu Mißverständnissen?
- Was führt zu Verzögerungen und Zeitverlusten?
- Was wird immer wieder vergessen?
- Für welche Fragen sollten Grundsatzentscheidungen getroffen werden, damit es nicht immer wieder zu neuen Diskussionen kommt?
- Welche eigenen Verhaltensweisen gegenüber den Mitarbeiterinnen sollten geändert werden?

  Viele Mitarbeiterinnen klagen beispielsweise darüber, daß ihr Chef kurzfristig Sonderwünsche eines Kunden entgegennimmt, die dann zeitlich nicht mehr bewältigt werden können.
- Welche »Standard-Verhaltensregeln« ihrem Chef gegenüber sollten die Mitarbeiterinnen einhalten?
- Was muß organisatorisch geändert werden, um den Ablauf bei Party-Projekten zu erleichtern?
- Welche schriftlichen Arbeitsmittel sind nötig oder müssen verbessert werden?

  Können beispielsweise auf dem Bestellformular die meisten Leistungen angekreuzt werden, so daß eine aufwendige Schreibarbeit entfällt? Dient das Auftragsformular gleichzeitig als Lieferschein? Enthält es genügend Platz für nachträgliche Änderungen?
- Für welche Aufgaben sind »Checklisten« nötig, so daß nichts vergessen wird und eine gleichbleibende Qualität gesichert wird?

3. Liefern Sie Ihren Mitarbeiterinnen den Stolz, Mitglieder einer »Eliteorganisation« zu sein.

Wenige Faktoren liefern solchen Antrieb, wie das Gefühl, Mitglied einer »Eliteorganisation« zu sein.

Heben Sie deshalb die Merkmale und Grundsätze von Fleischerfachgeschäften und Feinkostgeschäften der Spitzenklasse hervor. Stellen Sie die Qualität Ihrer Leistungen bei Party Service in den Mittelpunkt.

Hängen Sie beispielsweise eine große Urkunde mit dem Titel »Unser Qualitäts-Credo« im Geschäft auf. Lassen Sie die Urkunde von allen zuständigen Mitarbeiterinnen unterschreiben.

Je deutlicher Ihre Qualitätsregeln für Party Service nach außen hin sichtbar werden, desto mehr beeinflussen Sie das Denken und Verhalten Ihrer Mitarbeiterinnen. Selbstbewußtsein und Motivation werden erhöht, sowohl beim Verkauf als auch bei der Erbringung der einzelnen Leistungen.

4. Zeichnen Sie Ihre Mitarbeiterinnen für »besondere Leistungen« erkennbar aus.

Ihre Mitarbeiterinnen werden besonders motiviert, wenn sie Lob und Anerkennung erhalten, die auch für Kunden sichtbar sind.

Eine Auszeichnung, die auch der Kunde erkennt, steigert sein Vertrauen in die Mitarbeiterin. Gleichzeitig erhält diese den Antrieb, sich weiterhin für außergewöhnliche Leistungen einzusetzen.

Übertragen Sie deshalb das Prinzip der »Orden und Ehrenzeichen« auf Party Service:

- Überreichen Sie einer erfolgreichen Mitarbeiterin eine »Ehrennadel für besondere Leistungen bei Party Service«. Bitten Sie Ihre Mitarbeiterin, die Ehrennadel täglich zu tragen.

  Hierzu ein Beispiel. Jede Mitarbeiterin, die erfolgreich an 50 Parties mitgewirkt hat, erhält eine solche Nadel. Nach 100 Parties wird ihr dann die »Ehrennadel in Silber« überreicht. Die Auszeichnungen steigern sich also mit der Zahl der Leistungen.
- Verzieren Sie die Kleidung Ihrer Spezialistinnen mit Sternen oder Streifen, wie es bei Fluggesellschaften längst der Fall ist.

Ihre führende Party Service-Spezialistin erhält beispielsweise drei goldene »Partystreifen«. Eine Mitarbeiterin, die neu hinzukommt, startet dagegen mit einem Streifen. Sie wird alles unternehmen, um in möglichst kurzer Zeit zu ihrem zweiten Streifen oder Stern zu kommen.

- Machen Sie die Auszeichnung Ihrer Mitarbeiterinnen zu einem »zeremoniellen Akt«.

  Überreichen Sie eine Ehrennadel nicht »nebenbei«, sondern im Rahmen einer kleinen Feier. Je stimmungsvoller das Umfeld ist, desto wirkungsvoller ist die Motivation.

5. Verleihen Sie Ihren Mitarbeiterinnen ein »Party Service-Diplom«.

Zeichnen Sie nicht nur einzelne Mitarbeiterinnen aus, sondern das gesamte »Party Service-Team«. Entwickeln Sie ein »Party Service-Diplom«, das Sie in Form einer großen Urkunde im Geschäft befestigen.

Die Urkunde enthält die Namen und Photos aller Party Service-Mitarbeiterinnen. Mit dem Diplom wird jedem Team-Mitglied der Titel einer »Party Service-Spezialistin« verliehen.

6. Stellen Sie einen persönlichen Bezug zu den angebotenen Produkten her.

Hängen Sie jeden Monat das Photo einer anderen Mitarbeiterin im Geschäft auf. Unter dem Photo befindet sich der Text: »Meine Lieblingssorte für Ihren Party Service.«

Bitten Sie hierzu jede Mitarbeiterin, ihr persönliches Lieblingsgericht für Party Service zu nennen. Im Verkauf wird sie sich dann begeistert für das von ihr vorgeschlagene Produkt einsetzen.

Sie erhält Anknüpfungspunkte für Beratungsgespräche mit Kunden. In diesen Gesprächen wird sie sich auch für alle anderen Produkte und Leistungen einsetzen, die im Zusammenhang mit »ihrem Lieblingsprodukt« angeboten und mitbesprochen werden können.

7. Entwickeln Sie »Hilfs-Kräfte« für Party Service.

Nutzen Sie die unterschiedlichsten Quellen, um zusätzliche Mitarbeiter zu gewinnen, die Sie bei Bedarf einsetzen können. Hier einige ausgewählte Beispiele von Kollegen:

- Setzen Sie ältere Mitarbeiterinnen ein, für die es eine Freude ist, ein- oder zweimal in der Woche bei einer Party mitzuwirken.
- Versuchen Sie, ausgewählte Kundinnen für Party Service-Einsätze zu gewinnen.

  Viele Hausfrauen suchen nach einer solchen Aufgabe. Es bereitet ihnen große Freude, eine Party oder ein Fest mitzugestalten.

  Voraussetzung ist, geeignete Einsatzgebiete zu finden. Dies können beispielsweise das Beratungsgespräch »vor Ort« oder die Anlieferung beziehungsweise der Aufbau des Buffets und der Dekoration sein.
- Arbeiten Sie mit Studenten. Treffen Sie eine Vereinbarung mit dem nächstgelegenen Studenten-Service.
- Setzen Sie Praktikanten aus Hotelfachschulen ein.
- Suchen Sie nach früheren Mitarbeitern von Restaurants.

  Viele möchten hier nicht mehr arbeiten, da die Arbeitszeiten zu ungünstig sind. Sie möchten aber gerne an einigen Abenden in der Woche etwas hinzuverdienen. Sie haben Spaß daran, einige Stunden in der Woche in ihrem Beruf tätig zu sein.

8. Setzen Sie Kinder als »Mitarbeiter« bei einer Party ein.

Stellen Sie im Beratungsgespräch die Frage, ob möglicherweise die Kinder der Gastgeber und deren Freunde bei einer Party »mitarbeiten« möchten.

Die meisten Kinder haben an einer solchen Aufgabe den größten Spaß. Sie sind mit Feuereifer dabei. Sie können es beispielsweise übernehmen, die Gäste während der Party mit frischen Getränken zu versorgen.

Liefern Sie gleichzeitig alles, mit dem die Kinder bei der Party herausgestellt werden. Beschaffen Sie zum Beispiel eine fröhliche »Berufskleidung«, wie Schürzen, Kochmützen und ähnliches.

Besprechen Sie mit den Gastgebern, auf welche Weise die Kinder belohnt werden. Beispielsweise kann jeder Gast anstelle der Blumen für die Gastgeberin ein kleines Geschenk für die Kinder mitbringen. Die Geschenke werden während der Party unter den Kindern verlost.

Auf diese Weise wird eine Party in außergewöhnlichem Maße »verpersönlicht«. Die Gäste genießen die Fröhlichkeit und Heiterkeit, mit der Kinder ihre Aufgaben übernehmen.

VIII. Praxisforschung und Ideengewinnung

Entwickeln Sie eine Kundenkartei

1. Sie benötigen eine professionell geführte Kundenkartei.

- Sie erfüllen im Laufe eines Jahres eine Vielzahl von Aufträgen. Die Auftragszahl ist so groß, daß sie unmöglich alle wichtigen Informationen im Gedächtnis behalten können. Sie benötigen deshalb einen schriftlichen »Informationsspeicher«.
- Kunden bestellen in unregelmäßigen Abständen Party Service. Zwischen zwei Aufträgen eines Kunden liegen möglicherweise Monate. Einige geben nur einmal im Jahr eine Party, die dann aber einen hohen Auftragswert hat.

  Ohne professionell geführte Kartei besteht die Gefahr, daß Kunden in Vergessenheit geraten. Es werden immer nur die aktuellen Aufträge gesehen.
- Alle Informationen, die in einer Kundenkartei untergebracht sind, belasten Sie nicht mehr gedanklich. Sie haben den Kopf frei für alle anstehenden Aufgaben und Projekte.

2. Eine Kundenkartei dient Ihren Mitarbeiterinnen als Informationsquelle.

Alle Mitarbeiterinnen sollten in bezug auf einen Kunden über den gleichen Informationsstand verfügen. Sie müssen bei einem Auftraggeber wissen, um wen es sich im einzelnen handelt.

Informationen nur mündlich weiterzugeben reicht hierzu nicht aus. Mitarbeiterinnen, die einen Auftrag entgegennehmen oder bearbeiten, benötigen eine verläßliche schriftliche Informationsquelle.

Ein Kunde muß von Anfang an das Gefühl haben, mit einer kompetenten, zuverlässig informierten Gesprächspartnerin zu tun zu haben.

3. Eine Kundenkartei erleichtert professionelle Beratungs- und Verkaufsgespräche.

Mit wenigen Leistungen sind Kunden so zu verblüffen und zu beeindrucken, wie mit der genauen Kenntnis ihrer persönlichen Daten.

Kunden erinnern sich bestens an den in der Vergangenheit gelieferten Party Service. Sie reagieren wenig verständnisvoll, wenn Informationen zu ihrer Person und zu diesen Veranstaltungen »vergessen« worden sind.

Sie schließen vom Grad der vorhandenen Informationen auf das Interesse, das ihnen vom Traiteur entgegengebracht wird.

4. Die Daten der Kundenkartei bilden die Grundlage für eine aktive Kundenbindung.

Die meisten Kollegen sind mit dem Tagesgeschäft und den anstehenden Aufträgen völlig ausgelastet. Sie haben kaum Zeit, sich zusätzlich um Aktionen für die Kundenbindung zu kümmern.

Maßnahmen der Kundenbindung und Beziehungspflege können mit Hilfe einer Kundenkartei langfristig vorbereitet und organisiert werden. Sie können an die für Party Service zuständigen Mitarbeiterinnen delegiert werden.

Hierzu ein Beispiel. Einmal im Jahr werden sämtliche Geburtstagskarten für die folgenden zwölf Monate »vorgeschrieben« und nach Daten in eine »Geburtstagskartei« einsortiert.

Hiermit stellen Sie sicher, daß auch in Zeiten großer Belastung keine Geburtstagsgrüße an wichtige Kunden vergessen werden. Ein Blick und ein Griff in die Kartei genügen, um diese Aufgabe zu erfüllen.

Das gleiche System können Sie nutzen, um bei Kunden für »wiederkehrende Anlässe« zu werben, für die Sie schon in der Vergangenheit Party Service geliefert haben, beispielsweise Hochzeitstage oder Namenstage.

5. Nutzen Sie Ihre Kundenkartei für ein »Beziehungspflege-Programm«.

Anhand der Karteidaten können Sie anläßlich eines neuen Auftrages erkennen, wie häufig ein Kunde in der Vergangenheit Party Service bestellt hat. Sie können feststellen, wie sich das Auftragsvolumen entwikkelt hat.

- Dies gibt Ihnen die Möglichkeit für ein »Bedank-Programm«. Sie können gezielt auf die vergangenen Veranstaltungen Bezug nehmen:

  »Heute ist das zehnte Mal, daß Sie Party Service bei uns bestellen. Dürfen wir uns mit einem kleinen Geschenk bei Ihnen für Ihre Treue bedanken?«

- Mit den Informationen Ihrer Kundenkartei können Sie den »Wert« eines Auftraggebers genau einschätzen.

  Sie können ermitteln, welchen Umsatz und welchen Gewinn Sie mit einem Kunden jetzt und in der Vergangenheit gemacht haben. Sie haben die Möglichkeit, besonders guten Kunden beispielsweise bei der nächsten Veranstaltung einen »Treuerabatt« zu gewähren.

  Gleichzeitig sehen Sie, welche Kunden geeignet sind, um sie um Dankschreiben, Informationen oder eine andere Art der Unterstützung zu bitten.

- Für ein aktuelles Verkaufsgespräch stehen alle Daten bereit. Sie können studieren, was in der Vergangenheit geliefert worden ist. Die Vorlieben und Wünsche Ihres Auftraggebers sind genau festgehalten.

  Hiermit sichern Sie einen individuellen Verkauf von Anfang an. Preisverhandlungen werden erleichtert. Da Sie auf »Erfolge in der Vergangenheit« Bezug nehmen können, fällt es viel leichter, einen weiteren Auftrag zu erhalten.

6. Sorgen Sie für vollständige Informationen.

Organisieren Sie Ihre Kundenkartei nach Ihren Bedürfnissen. Name und Adresse eines Kunden genügen nicht. Vielmehr benötigen Sie weitere Informationen, um die oben genannten Chancen nutzen zu können. Hierzu einige Vorschläge:

- Vollständige Namen des Auftraggebers und seiner Familienmitglieder.
- Persönliche Daten, beispielsweise Geburtstag, Namenstag und Hochzeitstag.
- Daten der in der Vergangenheit ausgeführten Aufträge: Datum der Party, Teilnehmerzahl und, wenn erhältlich, Teilnehmerliste.
- Informationen über alles, was in der Vergangenheit geliefert wurde:

  Welche Buffets wurden geliefert?

  Was wurde an Geschirr, Tischdecken und Partymitteln geliefert?

  Welche Dekoration wurde geliefert?

  Welche Serviceleistungen wurden verkauft?

  Welche Einfälle und Party-Ideen kennt der Kunde bereits, zum Beispiel Mottos?
- Was war ein besonderer Erfolg?
- Gab es einen speziellen Kritikpunkt oder ein Ärgernis? Gibt es etwas, was in Zukunft vermieden werden sollte?
- Welche Preise wurden für welche Leistungen verlangt und vom Kunden bezahlt?

  Welches Budget stand ihm in der Vergangenheit zur Verfügung?

  Waren die Preisverhandlungen schwierig?

  Welche Preise kennt der Kunde bereits?

  Wurden in der Vergangenheit Preiszugeständnisse gemacht, wenn ja, welche?

7. Erschrecken Sie nicht vor der Vielzahl möglicher Informationen.

Beginnen Sie langsam aber konsequent, Ihre Kundenkartei aufzubauen.

Machen Sie die Informationsgewinnung zur Routine. Notieren Sie sich bei einem Auftrag alle gewünschten Daten auf einem vorstrukturierten Datenblatt. Fügen Sie dieses Informationsblatt in Ihre Kundenkartei ein, indem Sie es einfach hinter die eigentliche Kundenkarte legen.

Auf diese Weise müssen Sie nicht »auf einmal« eine umfangreiche Kartei entwickeln. Vielmehr können Sie Schritt für Schritt eine Information nach der anderen hinzufügen.

8. Teilen Sie Ihre Auftraggeber in A-, B- und C-Kunden ein.

Einige in Ihrer Kartei enthaltenen Kunden werden weit häufiger Party Service bestellen als andere. Es wird Kunden geben, mit denen es eine Freude ist, zusammenzuarbeiten. Es wird andere geben, deren Aufträge eher eine Belastung darstellen. Vermerken Sie auch dies. Teilen Sie Ihre Kartei nach entsprechenden »Kundengruppen« ein.

Hiermit erhalten Sie einen Anhaltspunkt, für wen sich besondere Bemühungen lohnen. Sie können sich auf Kunden konzentrieren, die Ihnen gewinnbringende Aufträge liefern. Dies sind Ihre sogenannten A-Kunden. Entwickeln Sie für diese ein »Kundenbindungs-Programm«:

- Schicken Sie ihnen regelmäßig aktuelle Informationen über Party Service. Senden Sie ihnen Informationen über Angebote im Geschäft.
- Laden Sie diese Kunden ein, wenn Sie besondere Veranstaltungen bieten, zum Beispiel eine Spezialitäten- oder Weinprobe.
- Werben Sie bei diesen Kunden gezielt für Anlässe für Party Service, beispielsweise anläßlich von Feiertagen oder zu Beginn einer neuen Jahreszeit.

Nutzen Sie die Party für die Gewinnung neuer Adressen

1. Bei jeder Party können Sie Adressen neuer Auftraggeber gewinnen.

Eine Party besteht nicht nur aus der Abwicklung des Auftrages. Vielmehr sollte sie genutzt werden, um neue Kunden zu gewinnen. Ziel ist es, Gäste in »Ladenkunden« und »Party Service-Kunden« zu verwandeln. Hierzu müssen Sie die Namen und Adressen der Gäste erhalten.

2. Der Wert gewinnbringender Kundenadressen ist enorm.

In anderen Branchen werden für Adressen interessierter Kunden hohe Beträge bezahlt. In einigen Branchen bilden die »richtigen« Adressen die zentrale Voraussetzung für den Verkauf von Produkten und Leistungen überhaupt.

Der finanzielle Wert einer Kundenadresse läßt sich leicht berechnen. Er entspricht dem Umsatz beziehungsweise dem Gewinn, den Sie mit diesem Kunden bei Party Service im Laufe der Jahre realisieren.

3. Es fällt nicht leicht, die Namen der Gäste zu gewinnen.

Viele Kollegen sind von der Auftrags-Ausführung zu belastet, um sich um diese Aufgabe kümmern zu können. Ihnen fehlt eine Vorgehensweise, die ihnen die Gewinnung und Nutzung von Kundenadressen so einfach wie möglich macht.

Gleichzeitig behalten viele Gastgeber die Gästenamen aus Gründen der Diskretion für sich, besonders, wenn sie keinen »Gegennutzen« erhalten.

4. Bieten Sie Gastgebern und Gästen eine Gegenleistung.

Sicher werden Sie nicht bei jeder Veranstaltung um die Namen und Adressen der Gäste bitten können. Konzentrieren Sie sich deshalb auf die für Sie wichtigsten Parties.

Der Ansatz lautet: Bieten Sie eine außergewöhnliche Gegenleistung.

Entwickeln Sie Serviceleistungen, die den Erfolg der Party erhöhen und die Ihnen gleichzeitig die gewünschten Informationen bringen.

- Bieten Sie den Service, Einladungen schreiben und versenden zu lassen.
- Bieten Sie an, die Gästenamen in Speisekarten und Tischkarten drukken zu lassen. Schlagen Sie vor, die Speisekarten als Erinnerung nach der Party zu versenden.
- Bieten Sie den Gästen bei der Party die Gelegenheit, etwas Außergewöhnliches aus Ihrem Party Service-Angebot oder aus Ihrem Geschäft zu bestellen. Bei der Bestellung hinterlassen die Gäste ihren Namen und ihre Adresse.
- Entwickeln Sie einen »Geschenk-Service« mit einer Auswahl an Gastgeschenken. Schlagen Sie den Gastgebern vor, den Gästen ein Geschenk zuzusenden, als Dank für die Teilnahme an der Party.
- Hinterlegen Sie bei der Party einen Gutschein, mit dem die Gäste schriftlich ein Überraschungspräsent aus Ihrem Geschäft anfordern können. Bieten Sie etwas Besonderes an, zum Beispiel ein Geschenk für die Kinder der Gäste.
- Veranstalten Sie viermal im Jahr ein »Jahreszeiten-Gewinnspiel«. Zu Beginn jeder Jahreszeit verlosen Sie unter den Teilnehmern drei Gewinne, beispielsweise Geschenkkörbe.

  Verteilen Sie hierzu bei jeder Party die entsprechenden Teilnahmelose. Von jedem Gast, der sich am Gewinnspiel beteiligt, erhalten Sie automatisch Namen und Adresse.

  Kennzeichnen Sie die Lose, so daß Sie später erkennen können, bei welcher Party der Teilnehmer Gast war.

Gewinnen Sie Referenzen und Dankschreiben

1. Referenzen sichern das Vertrauen zukünftiger Kunden.

Mit wenigen anderen Werbemitteln können Sie Kunden stärker beeindrucken als mit Referenzen und Dankschreiben für erfolgreichen und professionellen Party Service.

Erstens liefern Dankschreiben zufriedener Gastgeber neuen Kunden ein Sicherheitsgefühl. Zweitens wecken sie ihre Neugier. Es ist für sie äußerst spannend, zu erfahren, wofür und auf welche Weise sich andere Gastgeber bedankt haben.

2. Die wenigsten Kollegen sind für die Gewinnung von Referenzen und Dankschreiben organisiert.

Vielen ist es unangenehm, um ein Dankschreiben zu bitten. Sie fürchten, den Gastgeber damit zu belasten. Sie möchten sich nicht in eine »Bittstellersituation« begeben.

Meist reicht die Zeit nicht aus, um am Tag nach der Party nachzufassen und um ein kurzes Anerkennungsschreiben zu bitten. Die meisten Kollegen sind bereits von neuen Aufgaben besetzt. Sie verfügen auch nicht über die nötige »Ausrüstung«, um diese Aufgabe so einfach wie möglich zu machen.

Wenige haben festgelegt, was sie Gastgebern als »Gegenleistung« für eine kurze schriftliche Anerkennung liefern.

3. Das gleiche gilt für die Nutzung vorhandener Dankschreiben.

Selbst erfolgreiche Anbieter, die über eine Vielzahl beeindruckender Dankschreiben verfügen, setzen diese kaum aktiv im Verkauf ein.

Hierzu ein Beispiel. Ein renommierter Kollege besitzt geradezu eine Galerie sorgfältig gerahmter Dankschreiben. Sie befinden sich aber nicht im Schaufenster oder im Laden, wo sie von jedem Kunden studiert werden könnten. Vielmehr sind sie in den Fluren seiner Büros versteckt, in die sich kaum einmal ein Kunde verirrt.

4. Ein Kunde, der Ihnen ein Dankschreiben geliefert hat, wird zu Ihrem »Partner«.

Die Befürchtung, einem Kunden mit der Bitte um ein Dankschreiben zuviel zuzumuten, ist unbegründet. Das Gegenteil ist richtig. Die meisten Gastgeber freuen sich über die Möglichkeit, sich auf diese Weise für die erhaltenen Leistungen zu revanchieren.

Viele Kunden möchten sich bedanken. Sie möchten ihre Anerkennung für die gelieferte Qualität und Professionalität zum Ausdruck bringen. Sie möchten »ihrem« Traiteur eine Unterstützung für zukünftige Erfolge liefern.

Wenn es Ihnen gelingt, von einem Kunden ein Dankschreiben zu erhalten, verwandeln Sie ihn in einen »Partner«. Indem er schriftlich formuliert, womit Sie ihm besonderen Nutzen geboten haben, »verinnerlicht« er seine Anerkennung und Wertschätzung Ihnen gegenüber.

Indem er Ihnen eine Unterstützung in Form eines »Referenzschreibens« liefert, verändert sich seine Einstellung Ihnen gegenüber. Er ist daran interessiert, Ihnen mit seinem Schreiben tatsächlich geholfen zu haben. Er wird auch zukünftig an Ihrem Geschäftserfolg interessiert sein.

Aus den gleichen Gründen fällt es leichter, Folgeaufträge von Kunden zu erhalten, die sich in einem »zeremoniellen Akt«, also schriftlich, bei Ihnen bedankt haben.

5. Organisieren Sie die Gewinnung von Dankschreiben.

Sie können nicht von jedem Gastgeber oder von allen Gästen Anerkennungsschreiben erhalten. Ziel ist es vielmehr, systematisch eine »Sammlung« ausgewählter und beeindruckender Schreiben aufzubauen.

Entscheiden Sie deshalb, bei welcher Party und von welchem Gastgeber Sie ein Dankschreiben erhalten möchten.

Wählen Sie zu Beginn gute Kunden aus, zu denen Sie eine freundschaftliche Beziehung haben. Zeigen Sie anschließend deren Anerkennungsschreiben anderen Kunden, von denen Sie diese Unterstützung ebenfalls erhalten möchten.

Bedanken Sie sich grundsätzlich Ihrerseits. Revanchieren Sie sich mit einem kleinen Geschenk oder einer kleinen Überraschung.

Laden Sie den betreffenden Kunden zu einem Glas Champagner in Ihr Geschäft ein. Das gibt Ihnen auch Gelegenheit, weitere Informationen und Ideen zu gewinnen.

6. Machen Sie es einem Kunden so einfach wie möglich, Ihnen schriftlichen Dank und Anerkennung zu liefern.

Erleichtern Sie ihm das Formulieren und Schreiben des Dankbriefes. Erbitten Sie deshalb nicht sein »allgemeines Urteil«, bei dem er lange überlegen muß.

Werden Sie vielmehr so speziell wie möglich. Stellen Sie ihm Fragen, die gleichzeitig Anregungen für seine Antworten bilden. Geben Sie ihm gezielt »Themen« vor, zu denen er sich äußern kann.

Je genauer die Fragestellung ist, desto leichter fällt es ihm, eine präzise und beeindruckende Aussage zu formulieren. Je spezieller die Antworten ausfallen, desto aussagekräftiger sind sie für andere Kunden.

Bitten Sie den Gastgeber, seine Antworten kurz schriftlich festzuhalten. Sagen Sie ihm, daß eine handschriftliche Notiz ausreicht. Sie können seinen Text später mit Schreibmaschine auf ein entsprechendes Formular übertragen und kurz von ihm unterzeichnen lassen.

- »Welches Gericht hat Ihnen am besten geschmeckt?«
- »Welche Mitarbeiterin war besonders freundlich?«
- »Welche Information bei der Beratung hat Ihnen besonders geholfen?«
- »Welche Überraschungsidee hat Ihren Gästen die größte Freude bereitet?«
- »Was hat Ihnen an unserem Service am besten gefallen, waren es möglicherweise unsere Schnelligkeit und Zuverlässigkeit?«
- »Könnten Sie uns bitte kurz sagen, weshalb Ihnen unsere Spezialität, unser Spanferkel, so gut geschmeckt hat?«

7. Entwickeln Sie Ihr »Goldenes Gastgeber-Partybuch«.

Einige der Gastgeber, von denen Sie ein Dankschreiben erhalten möchten, werden nach der Party zu wenig Zeit für einen ausführlichen Dankbrief haben. Es erfordert aber keine Mühe, während oder direkt nach der Veranstaltung eine kurze handschriftliche Anerkennung zu liefern.

Das fällt um so leichter, da zu diesem Zeitpunkt die Begeisterung des Gastgebers über die gelieferten Leistungen am höchsten ist.

Entwickeln Sie deshalb ein »Goldenes Gastgeber-Partybuch«. Legen Sie es dem Kunden während oder kurz nach der Party vor. Bitten Sie ihn, auf einer für ihn reservierten Seite eine kurze Bemerkung über die Qualität des Party Service zu schreiben.

Stellen Sie auch hier eine gezielte Frage, um eine kreative und aussagekräftige Antwort zu erhalten. Die Konzeption eines »Goldenen Gastgeber-Partybuchs« hat folgende Vorteile:

– Viele Kunden haben weniger Hemmungen, sich in fröhlicher Stimmung in ein solches Buch einzutragen, als später einen langen Brief zu verfassen.

  Dies hindert Sie nicht daran, von ausgewählten Gastgebern zusätzlich ein ausführlicheres Dankschreiben zu erbitten.

– Jeder Kunde und jede Party erhält eine »eigene Seite«, auf der auch das Datum groß eingetragen ist.

  Auf diese Weise dokumentieren Sie einen Großteil Ihrer Parties. Sie können das »Goldene Partybuch« anderen Kunden während des Beratungsgespräches vorlegen. Sie können gezielt die Seiten aufschlagen, auf denen die besten Aussagen zu finden sind.

– Das Buch hat eine beeindruckende Gestaltung. Es gleicht beispielsweise dem »Goldenen Stadtbuch«, in das sich prominente Persönlichkeiten während ihres Stadtbesuches im Rathaus eintragen.

  Der betreffende Gastgeber wird also von Ihnen »ehrenvoll« in Ihr »Goldenes Partybuch« aufgenommen.

8. Nutzen Sie die gewonnenen Anerkennungs- und Dankschreiben für Ihre Werbung.

– Bitten Sie um Erlaubnis, die Dankschreiben veröffentlichen zu dürfen.

– Lassen Sie die besten Anerkennungsschreiben rahmen, und präsentieren Sie diese im Schaufenster oder gut lesbar im Geschäft. Ergänzen und aktualisieren Sie die Schreiben regelmäßig.

– Wählen Sie die schönsten Formulierungen aus Dankschreiben aus, um sie in Ihrem Werbeprospekt für Party Service zu veröffentlichen.

– Sammeln Sie zunächst alle Schreiben in Klarsichthüllen und in einem außergewöhnlichen Ordner.

  Wenn eine ausreichende Zahl von Briefen vorhanden ist, lassen Sie diese von einer Buchbinderei binden. Dies hat eine höhere Wirkung als »lose Blätter«.

Das Buch trägt in goldenen Buchstaben Ihren Namen und den Titel Ihres Party Service. Es wird in Ihrem Geschäft ausgelegt.

– Hängen Sie Photos von den Mitarbeiterinnen auf, die in Dankschreiben lobend erwähnt werden. Unterlegen Sie die Photos mit dem Text des entsprechenden Schreibens.

  Stellen Sie sicher, daß sich eine Mitarbeiterin bei einem Gastgeber bedankt, von dem sie ein schriftliches Lob erhalten hat.

Gewinnen Sie das Wissen und Urteil Ihrer Kunden

1. Die größten »Experten« für Party Service sind häufig die Kunden.

Ein Gastgeber macht sich über seine Party weit mehr Gedanken als jeder Lieferant. Kunden haben eine ausgeprägte Sehfähigkeit für Stärken und Schwächen bei Party Service.

Sie haben ein großes Empfinden für außergewöhnliche Leistungen und registrieren jede noch so kleine Minderleistung. Sie sind wach und kreativ bei der Beurteilung all dessen, was im Zusammenhang mit Party Service abläuft.

Für sie ist die Party ein besonderes Ereignis. Als Gastgeber sind sie verantwortlich für das Wohlergehen ihrer Gäste. Dies erhöht ihr Vorstellungsvermögen darüber, was alles schiefgehen könnte.

Gleichzeitig sammeln sie eine Erfolgsidee nach der anderen, um die eigene Party so attraktiv wie möglich zu gestalten.

2. Nutzen Sie das Urteil Ihrer Kunden für Ihre »Stärken-Schwächen-Analyse«.

Gerade erfolgreichen Kollegen fällt es schwer, die eigenen Leistungen aus »Kundensicht« zu betrachten.

Viele sind auf die Qualität ihrer Leistungen konzentriert. Sie betreiben Party Service mit Enthusiasmus und Hingabe, so daß eine »distanzierte, kritische Sichtweise« schwerfällt.

Jeder Anbieter verfügt aber über individuelle Stärken. Gleichzeitig gibt es Bereiche mit Verbesserungsmöglichkeiten.

- Sie benötigen deshalb eine Vorgehensweise für die Analyse Ihrer eigenen »Stärken und Schwächen«.

- Insbesondere benötigen Sie das Urteil von Gastgebern und Gästen. Es ist dies eine zentrale Informationsquelle, um Chancen besser zu nutzen und die eigene »Klasse« weiterzuentwickeln.
- Der Ansatz lautet: Machen Sie sich die Ideen und das »Expertenwissen« Ihrer Kunden zunutze.

  Keine andere Ideenquelle ist so ergiebig. Je mehr Sie über das Urteil Ihrer Kunden wissen, desto besser können Sie Ihre Leistungen an den Vorstellungen von Gastgebern und Gästen ausrichten.

  Je konkreter Ihre Leistungen auf die Wünsche Ihrer Kunden zugeschnitten sind, desto erfolgreicher können Sie höhere Preise verlangen.

3. Den meisten Kollegen fällt es schwer, das Urteil ihrer Kunden zu gewinnen.

Die wenigsten Kunden geben von sich aus konkrete Anregungen. Für beeindruckende Leistungen gibt es selten ein spezielles Lob.

Den Kunden wird es auch nicht erleichtert, Ideen und Verbesserungsvorschläge zu liefern. Unmittelbar nach der Party fehlt häufig die Gelegenheit für ein ruhiges Gespräch zwischen Traiteur und Gastgeber.

Viele Kollegen zögern, direkt nach einer Beurteilung zu fragen. Sie befürchten, den Kunden auf »Kritikpunkte« zu lenken. Die wenigsten verfügen über ein geeignetes »Instrumentarium«, um nutzbringende Antworten zu erhalten und nicht nur Pauschalurteile.

4. Arbeiten Sie mit einem »Party-Beurteilungsbogen«.

In jedem Hotel ist es üblich, den Gast mit Hilfe eines »Beurteilungsbogens« um seine Meinung und sein Urteil über die erbrachten Leistungen zu bitten. Nur wenige Kollegen nutzen diese Chance für Party Service.

- Entwickeln Sie deshalb einen »Party-Beurteilungsbogen«, beispielsweise mit dem Titel »Ihre persönliche Meinung«.

- Liefern Sie diesen Bogen jedem Gastgeber zusammen mit dem Party Service. Bitten Sie ihn, den Bogen beim Abholen des Geschirrs abzugeben oder beim nächsten Besuch des Geschäftes mitzubringen.
- Bedanken Sie sich von Anfang an für seine Zeit und Mithilfe. Versprechen Sie ihm ein kleines Präsent.

  Veranstalten Sie einmal im halben Jahr eine Auslosung unter allen Kunden, die den Beurteilungsboten ausgefüllt haben. Zu gewinnen gibt es ein »Traiteur-Überraschungspaket«. Auf diese Weise setzen Sie Ihren »Testbogen« auch als Werbemittel ein.
- Nutzen Sie den Beurteilungsbogen für die Gewinnung von Daten über Gastgeber und Gäste.

  Beispielsweise kann der Gastgeber den Tag und Monat seines Geburtstages eintragen, so daß Sie eine »Geburtstagskartei« guter Kunden aufbauen können.
- Laden Sie besonders engagierte Kunden zu sich ins Geschäft ein, um in einem persönlichen Gespräch weitere Ideen und Anregungen zu erhalten.

  Auch bei der Übergabe des ausgefüllten Testbogens können Sie ein Gespräch mit dem Gastgeber beginnen. Sie können sein schriftliches Urteil mit ihm besprechen. Auf diese Weise entwickeln Sie ein persönliches und »freundschaftliches« Verhältnis.

5. Gestalten Sie Ihren Party-Beurteilungsbogen so beeindruckend wie möglich.

Viele Hotels gestalten ihren Testbogen weniger sorgfältig als das übrige Werbematerial. Das ist ein zentraler Fehler.

Im Party-Beurteilungsbogen bitten Sie Ihre Kunden um deren Mithilfe. Gleichzeitig ist der Bogen ein eigenständiges Werbemittel. Ihre Kunden werden um so eher bereit sein, Informationen zu liefern, je sorgfältiger der Testbogen gestaltet ist.

Die Kunden schließen aus der »Qualität« des Testbogens darauf, wie sehr ihre Meinung und ihre Mithilfe tatsächlich geschätzt werden. Gestalten Sie deshalb Ihren Befragungsbogen genauso beeindruckend wie Ihr übriges Informations- und Werbematerial.

- Bestes Papier. Praktisch alle Photokopiergeräte kopieren heute auf sogenanntem »Normalpapier«, das hervorragende Qualität haben kann.
- Schöne, gut lesbare Schrift, auch Schreibmaschinenschrift.
- Die meisten Fragen müssen mit »Ankreuzen« zu beantworten sein, damit ein Kunde nicht zuviel Zeit verliert.
- Unterschreiben Sie jeden ausgegebenen Bogen persönlich. Schreiben Sie auch die Anrede handschriftlich.
- Übersichtliche Gestaltung. Verwenden Sie besser zwei Seiten, dafür aber mit großer Schrift und ausreichenden Abständen.
- Sollten Sie Ihr übriges Werbematerial drucken lassen, entschließen Sie sich auch für Ihre Testbogen zu diesem Aufwand.
- Ausreichender Raum für persönliche Anmerkungen des Gastgebers. Diese bieten häufig den größten Nutzen.
- Wenn sie freie Zeilen für persönliche Notizen lassen, dann numerieren Sie die Zeilen. Es fällt einem Kunden weit leichter, beispielsweise »drei« Gedanken zu äußern, als eine »freie Fläche« gedanklich zu strukturieren und auszufüllen.

6. Wählen Sie Ihre Fragen sorgfältig aus.

Im Party-Beurteilungsbogen können Sie die Meinungen und Anregungen Ihrer Kunden erfragen, ohne befürchten zu müssen, mit »falschen Formulierungen« negative Gedanken oder ungerechtfertigte Kritik auszulösen.

Vielmehr können Sie die Fragen so formulieren, daß Sie das aufrichtige Urteil Ihrer Kunden gewinnen und daß auch bei Verbesserungsvorschlägen aus Kundensicht ein »positives Gesamtbild« der Leistungen erhalten bleibt.

– Werden Sie so »speziell« wie möglich.

  Stellen Sie nicht die Frage: »Wie beurteilen Sie unsere Qualität?« Fragen Sie vielmehr: »Ist Ihnen die Frische unserer Gerichte aufgefallen?«

– Vermeiden Sie direkte negative Formulierungen.

  Fragen Sie nicht: »Welches Gericht hat Ihnen weniger geschmeckt?« Fragen Sie vielmehr: »Welches Gericht blieb am längsten übrig?«

– Verwenden Sie so viele positive Fragestellungen wie möglich. Auch hiermit erhalten Sie Anhaltspunkte, welche Leistungen verbessert werden sollten.

  Wenn beispielsweise auf die Frage »Welche Gerichte haben bei den Gästen die größte Begeisterung ausgelöst?« immer dieselben drei Speisen genannt werden, so ist dies ein Hinweis, die Rezepte der anderen Gerichte zu verbessern oder einen Tausch vorzunehmen.

7. Entscheiden Sie, über welche Leistungen Sie von Ihren Kunden Informationen erhalten möchten.

– »Welche Gerichte haben Ihre Gäste am stärksten begeistert?«

– »Wie sehr haben Sie die Frische unserer Gerichte geschmeckt?«

– »Welches Gericht war Ihre persönliche Lieblingsspeise?«

– »Welche Informationen im Beratungsgespräch waren für Sie besonders wertvoll?«

– »Welche Erfahrungen haben Sie gemacht, die Sie bei Ihrer nächsten Party nutzen werden?«

– »Was hat besonders zur Begeisterung und zu einer guten Stimmung Ihrer Gäste beigetragen?«

- »Was hat Ihnen die größte Mühe bereitet, wobei hätten Sie sich während der Party Unterstützung gewünscht?«
- »Welches Gericht war als erstes ›weg‹?«
- »Gab es ein Gericht, das länger übrigblieb als die anderen?«
- »Haben Sie zuviel oder zuwenig von einzelnen Speisen bestellt?«
- »Wofür haben Sie von Ihren Gästen das größte Lob bekommen?«
- »Welche ›Unterhaltungsidee‹ hat Ihre Gäste am meisten begeistert?«
- »Welches Element der Buffet-Dekoration hat Ihre Gäste am stärksten beeindruckt?«
- »Haben unsere Mitarbeiter das Buffet und die Dekoration schnell und sorgfältig aufgebaut?«
- »Waren unsere Mitarbeiter so freundlich und höflich, wie Sie dies erwartet haben?«
- »Was ist Ihr größter Wunsch an uns für unser nächstes gemeinsames Party-Projekt?«
- »Haben Ihre Gäste Sie um unsere Adresse gebeten?«
- »Mit welcher Leistung haben wir Ihnen am meisten geholfen, aus der Party einen Erfolg zu machen?«
- »Mit welcher Leistung haben wir Sie am stärksten entlastet?«
- »Gibt es ein spezielles ›Argument‹, mit dem Sie uns weiterempfehlen würden?«
- »Sehen Sie bei unseren Speisen und bei unserem Buffet noch Verbesserungsmöglichkeiten, beispielsweise bei der Zusammenstellung oder der Dekorationsgestaltung?«
- »Welche zusätzlichen Leistungen sollten wir in unser Programm aufnehmen?«

8. Mit dem Party-Beurteilungsbogen verwandeln Sie Ihre Kunden in »Partner«.

Mit kaum einer anderen Maßnahme können Sie einen Kunden so sehr gewinnen wie mit der Bitte um seine persönliche Meinung. Der Party-Beurteilungsbogen ist daher gleichzeitig ein Instrument der Kundenbindung.

Jeder Kunde, dem Sie die Möglichkeit gegeben haben, Ihnen schriftliche Anerkennung zu liefern, wird genau diese Aussagen auch anderen Kunden gegenüber als Argumente für Ihren Party Service verwenden.

Der Ansatz lautet deshalb: Lassen Sie sich von Ihren Kunden beraten. Sie gewinnen nicht nur Informationen, Sie verändern auch die Art Ihrer persönlichen Beziehung.

Sie entwickeln Ihre Kunden zu »Erfolgspartnern«.

Nutzen Sie die besten Party-Ideen Ihrer Kunden

1. Nutzen Sie den Ideenreichtum Ihrer Kunden.

Viele Gastgeber entwickeln von sich aus meisterhafte Ideen und Partymittel, um ihre Gäste zu erfreuen und die Party zu einem Erfolg zu machen. Viele verfügen über außerordentlichen Einfallsreichtum und Kreativität.

Ein Beispiel ist die Gestaltung von Einladungen. Hier werden alle Mittel eingesetzt, bis hin zu einem Photokopiergerät, mit dem verkleinert oder vergrößert werden kann.

Nutzen Sie diese Ideenquelle gezielt. Wenn Sie aus allen Parties einer Woche nur zwei Ideen gewinnen, sind dies über 100 »Top-Party-Ideen« im Jahr.

2. Arbeiten Sie mit einem regelrechten »Kunden-Ideengewinnungs-Programm«.

- Besuchen Sie regelmäßig Parties, um Anregungen zu gewinnen. Nutzen Sie jeden Auftrag für die Ideengewinnung.

  Betrachten Sie dies als Standard-Aufgabe für Ihren Party Service. Betreiben Sie die Ideensuche nicht »nebenbei«.

- Suchen Sie bei jeder Veranstaltung nach der »besten Idee«. Der Ansatz lautet: »Was gefällt den Gästen am meisten?«

  Hierzu ein Beispiel: Ein Unternehmer hat für seine Geburtstagsfeier zwei Damen engagiert, die in historischen Kostümen auf einem Leierkasten spielen. Eine solche »Show-Idee«, die bei den Gästen hervorragend angekommen ist, kann sofort festgehalten werden.

- Machen Sie die Ideengewinnung zu einer zentralen Aufgabe für Ihre Mitarbeiterinnen. Der Auftrag lautet: Pro Party ist eine gute Idee zu gewinnen.

Die Mitarbeiterinnen tragen die gewonnenen Ideen auf einer »Ideenkarte« ein. Diejenige Mitarbeiterin, die die besten Ideen geliefert hat, wird belohnt.

– Nutzen Sie Ihre Ideensuche für sämtliche Bereiche. Arbeiten Sie hierzu mit einer »Ideen-Checkliste«:

  Welche Gerichte, die die Hausfrau selbst »beigesteuert« hat, kommen bei den Gästen am meisten an?

  Welche »Show-Ideen« gibt es?

  Welches Motto?

  Wie sind die Einladungen gestaltet?

  Gibt es eine ungewöhnliche Dekoration?

  Hat sich der Gastgeber eine besondere Begrüßungsrede einfallen lassen?

  Gibt es einen speziellen Begrüßungs-Cocktail?

3. Lassen Sie sich auch hier von Ihren Kunden beraten.

Befragen Sie ausgewählte Kunden, die als Gastgeber oder Gäste »Experten« für Parties sind. Sprechen Sie Kunden an, zu denen Sie ein freundschaftliches Verhältnis haben.

Auch hier gilt: Alle Kunden, von denen Sie sich haben beraten lassen, entwickeln ein Eigeninteresse am Erfolg ihrer Beratungsleistung. Sie werden Ihnen auch in Zukunft Ideen und Anregungen liefern.

– Laden Sie diese Kunden ins Geschäft ein. Schaffen Sie eine entspannte Atmosphäre, in der Sie auf unaufdringliche Weise über Party Service »plaudern« können.

– Bewirten Sie Ihre Gäste. Schaffen Sie eine Party-Atmosphäre, beispielsweise indem Sie einen »Party-Happen« aus Ihrem Angebot servieren.

– Fragen Sie gezielt nach den besten Einfällen für Party Service. Fragen Sie, was Gastgeber und Gäste am meisten schätzen und was sie als »fürchterlich« empfinden.

- Bedanken Sie sich bei Ihren »Ideen-Lieferanten«. Informieren Sie einen Kunden unbedingt, wenn Sie eine seiner Anregungen in Ihr Programm aufgenommen haben. Es ist das größte Kompliment überhaupt.

  Bedanken Sie sich mit einem kurzen persönlichen Brief und mit einem kleinen Geschenk.

4. Entwickeln Sie eine »Ideenkartei«.

- Verwenden Sie »Ideen-Karten«, auf denen Sie jeden Einfall und jede Anregung sofort schriftlich festhalten.
- Rüsten Sie auch Ihre Mitarbeiterinnen mit Ideen-Karten aus. Es darf keine Anregung verlorengehen, die beispielsweise während einer Party gewonnen wird.
- Ordnen Sie Ihre Ideen-Karten in einer »Ideenkartei«, die anhand der entsprechenden Sachgebiete gegliedert ist.

  Es gibt zwei unterschiedliche Ideenkarteien. In der ersten sind alle Ideen festgehalten, die Sie bereits ausgearbeitet haben und die realisierungsreif sind.

  Während eines Verkaufsgespräches können Sie unter dem entsprechenden Stichwort nachschlagen, um Ihrem Kunden eine begeisternde Party-Idee zu liefern.
- Die zweite Kartei enthält »Ideen-Rohmaterial«, das Sie bei Parties oder bei Gesprächen mit Kunden gewonnen haben. Dieses Material müssen Sie erst noch auswerten. Möglicherweise sind Anschaffungen nötig, um die Ideen umsetzen zu können.

  Aber auch hier gilt: Indem die Anregungen in einer entsprechenden Kartei festgehalten sind, gehen sie nicht verloren. Sie können Schritt für Schritt in die »Realisierungs-Kartei« übernommen werden.

5. Entwickeln Sie für Ihre Ideenkartei eine passende Gliederung:

- Produkt-Ideen (mit Namen).
- Neue Buffet-Typen.
- Anlässe und Mottos.
- Gestaltung von Einladungen und Tischkarten.
- Dekorations-Ideen.
- Einfälle für die Unterhaltung von Gästen (»Show-Ideen«).
- Ideen für die Verbesserung der Organisation.
- Die erfolgreichsten Produkte und Serviceleistungen.
- »Schwachstellen« und die zugehörigen Verbesserungs-Ideen.
- Wünsche von Gastgebern und Gästen.
- Ideen für neue Leistungsbereiche.
- Neue Partymittel.
- Ideen für die Verbesserung von Beratungs- und Verkaufsgesprächen.

Nutzen Sie die Chancen der Konkurrenzbeobachtung und Konkurrenzanalyse

1. Viele Kollegen beobachten die Leistungen von Mitbewerbern wach und aufmerksam.

Die wenigsten haben aber Zeit, diese Aufgabe professionell wahrzunehmen. Die Entwicklung der eigenen Leistungen erfordert so viel Kraft, daß keine Energie mehr für eine systematische Analyse dessen bleibt, was Mitbewerber bei Party Service bieten.

2. Sichern Sie eine systematische Konkurrenzbeobachtung.

- Sie liefert Ihnen eine Vielzahl von Informationen und Anregungen. Sie ist eine Quelle für Ihre Ideengewinnung und die Entwicklung eigener Leistungen.
- Sie können Ihr Angebot und Ihre Qualität weit einfacher beschreiben und darstellen, wenn Sie wissen, was andere bieten.

  Es fällt weit leichter, eigene Stärken hervorzuheben, wenn man mögliche »Schwachstellen« von Mitbewerbern genau kennt.

  Beispielsweise bieten Sie an, noch am Abend nach der Party das Geschirr und alle anderen Partymittel abzuholen.

  Wenn Sie wissen, daß kein Mitbewerber diesen Service bietet, können Sie im Verkaufsgespräch gezielt auf diesen »Leistungsvorsprung« hinweisen.
- Sie werden mutiger. Die Beobachtung der Mitbewerber liefert aus zwei Gründen Antrieb:

  Erstens erkennen Sie bei erfolgreichen Anbietern, was alles möglich ist und was für ein Erfolgspotential besteht. Sie sehen, welche Leistungen bei Kunden besonders gut ankommen.

Zweitens sehen Sie Mitbewerber, die weit weniger bieten als Sie selbst. Sie erkennen, wieviel Sie schon geleistet haben und auf welche Weise Sie sich längst von anderen abheben.

Auch dies liefert Antrieb. Es liefert die Bestätigung, auf dem richtigen Weg zu sein. Es liefert die Entschlossenheit, diesen Weg mit noch größerer Energie fortzusetzen.

- Je mehr Informationen Sie über andere haben, desto sicherer werden Sie bei Entscheidungen über eigene Leistungen.

  Möglicherweise haben Sie mit der Realisierung einer Idee gezögert, weil Sie sich über die Erfolgsaussichten nicht sicher waren. Das Erfolgsbeispiel anderer liefert Ihnen den Antrieb, die eigenen Ideen zu verwirklichen.

- Sie gewinnen einen genauen Eindruck vom Preisgefüge. Möglicherweise waren Sie bisher bei der Einschätzung Ihrer »preislichen Machtmöglichkeiten« zu zurückhaltend.

3. Veranstalten Sie gezielte »Konkurrenztests«.

Die Konkurrenzbeobachtung erfaßt alle Bereiche des Party Service, beispielsweise Werbung und Serviceleistungen von Mitbewerbern. Im Mittelpunkt der Analyse steht aber die Qualität der angebotenen Speisen und Buffets.

Einige Kollegen veranstalten deshalb regelmäßig »Produkttests«. Mit Hilfe von Freunden bestellen Sie bei ausgewählten Anbietern ein Buffet. Alle Buffets werden am selben Abend geliefert.

Gemeinsam mit den Freunden wird dann ein regelrechter »Buffet-Test« durchgeführt. Alle Gerichte werden gekostet. Die Stärken und Schwächen jedes Buffets werden analysiert.

Die Teilnehmer wissen nicht, von wem das einzelne Buffet stammt und wieviel es gekostet hat. Schließlich wird eine Rangfolge anhand der vergebenen Qualitätsnoten gebildet.

Erst dann wird bekanntgegeben, ob das »teuerste« Buffet tatsächlich auch das »beste« war.

4. Überprüfen Sie die Leistungs-Qualität anderer Anbieter.

Bestellen Sie bei Mitbewerbern Party Service. Analysieren Sie mit Hilfe einer Checkliste die Qualität der gelieferten Leistungen. Halten Sie schriftlich die wichtigsten Ergebnisse fest:

- Wie gut ist die Beratung am Telefon? Welche Informationen werden geliefert?
- Wie zuverlässig ist der Anbieter? Wird schnell und pünktlich geliefert?
- Wie freundlich sind die Mitarbeiterinnen – bei der Beratung und bei der Lieferung des Buffets?
- Wie appetitlich und geschmackvoll wirkt das Buffet?
- Welche »Geschmacksnoten« erhalten die einzelnen Speisen?
- Wie groß ist die »Kreativität« bei der Zubereitung und der Zusammenstellung der Gerichte?
- Paßt alles zusammen? Passen die Gerichte zu den gelieferten Getränken?
- Wie sauber ist alles?
- Welche Qualität hat die gelieferte »Ausstattung« – Geschirr, Dekorationsmaterial und andere Partymittel?
- Wie verhalten sich die Mitarbeiterinnen beim Abholen des Geschirrs?
- Wie ordentlich und sauber ist die Rechnungsstellung?
- Wie wirkt das gesamte »Preis-Leistungs-Verhältnis«, speziell bei Speisen und Getränken?
- Tragen die Gerichte außergewöhnliche Namen? Gibt es eine beeindruckende Beschreibung der Produkte und Serviceleistungen?

- Was wird »Besonderes« geboten? Wo liegt die individuelle Stärke des Mitbewerbers?
- Würden wir bei diesem Anbieter noch einmal Party Service bestellen? Wenn ja oder nein, weshalb?

5. Holen Sie sich Anregungen aus anderen Branchen.

Es gibt eine Reihe von Branchen, für die »Service-Qualität« eine Grundvoraussetzung für den Geschäftserfolg ist. Viele Unternehmen haben hier ein hohes Maß an Kreativität und Professionalität entwikkelt.

Sie bieten Ihnen eine Vielzahl von Anregungen, die Sie auf Party Service übertragen können. Sammeln Sie deshalb systematisch Informationen und Ideen aus anderen Branchen. Überlegen Sie, wie Sie diese mit Hilfe eines »Transfers« für Ihre Leistungen nutzen können.

Hierzu ein Beispiel. Fluggesellschaften haben nur wenige Möglichkeiten, sich erkennbar von der Konkurrenz abzuheben. Sie konzentrieren sich daher mit großem Aufwand auf die Beschreibung von Serviceleistungen, mit denen sie sich von ihren Mitbewerbern unterscheiden.

Studieren Sie deshalb Anzeigen oder Prospekte, in denen Fluggesellschaften für neue Serviceleistungen werben. Die Texte sind mit großem Aufwand von Profis gestaltet worden.

Nutzen Sie diese »Fremdleistung» für Ihren Party Service. Greifen Sie die Begriffe und Formulierungen heraus, die am besten geeignet sind, Ihr Party Service-Angebot beeindruckend zu beschreiben.